ELENA BURKE
La Señora Sentimiento

UNOSOTROS
MÚSICA

Zenovio Hernández Pavón

© 2021 Zenovio Hernández Pavón

©Unos&OtrosEdiciones, 2021

ISBN- 978-1-950424-41-2

Título: Elena Burke. La Señora Sentimiento

Edición: Armando Nuviola

Correcciones: Dulce Sotolongo

© Zenovio Hernández Pavón

www.unosotrosediciones.com

Una publicación de UnosOtrosEdiciones

Prohibida la reproducción total o parcial, de este libro, sin la autorización previa del autor.

Queda prohibido bajo las sanciones establecidas por las leyes escanear, reproducir total o parcialmente esta obra por cualquier medio o procedimiento así como la distribución de ejemplares mendiante alquiler o préstamo público sin previa autorización.

Gracias por comprar una edición autorizada.

Hecho en Estados Unidos de América, 2021

A Ofelia Pavón Ávila, mi querida, generosa y abnegada madrecita

Madre, nunca olvidaré que cuando pasaban sus grabaciones por la radio me llamabas, sonriente y cómplice de mi alegría, con aquel: «ven a escuchar a tu novia que está cantando». Hoy, donde quiera que estés, sé que compartes mi satisfacción por este modesto tributo a la voz cubana del sentimiento. Elena a partir de ahora me estremecerá más hondamente, ella me ayudará a comprender una tristeza que no podemos sentir en toda su dimensión hasta la partida de esos seres que, como tú, son el amor más grande para cualquier ser humano

Ya ves, y yo sigo pensando en ti.
Elena canta una canción de amor.
Su voz afirma el mundo que ella canta.

Contra el odio y contra el olvido
la canción nos advierte
que defender la vida es el más noble
de los oficios que conoce el hombre.

Elena canta en Cuba, y la canción
afirma el mundo que ella canta
contra el rencor, contra la indiferencia;
canta el amor que reconstruye el mundo
de norte a sur, de oriente hasta occidente,
por las rutas que siguen
la alondra de la tarde y el ruiseñor del alba.

Pablo Armando Fernández

AGRADECIMIENTOS

En La Habana:
En el Museo Nacional de la Música a su director, el doctor Jesús Gómez Cairo, y a los especialistas Isabel Barreto, Yadira Vargas e Iván Quiñones.

En el Centro de Investigaciones y Desarrollo de la Música Cubana (Cidmuc), a su bibliotecaria Hanaina Castro Díaz.

En la Biblioteca Nacional José Martí: a los especialistas de la Sala de Arte, en la de Publicaciones Periódicas a José Carlos Medina y Yovany Valdés Infante Garrido. Por su parte en la Sala de Música a todos sus técnicos, particularmente a Guadalupe Pubill Pereira, quien ha sido sostén de muchos empeños como este.

En la biblioteca del Instituto de Literatura y Lingüística a Odalys Ríos Fernández y Sonia Gómez, quienes durante años han colaborado muy generosamente en nuestras investigaciones.

En la Egrem a Jorge Rodríguez y Élsida González.

En la productora de documentales Hurón Azul a la realizadora Niurka Pérez.

También a los testimoniantes Cary Vega, Caristina Cañas Lugo y Raúl Acosta Palacios, amigos de la cancionera que preservan su memoria y legado.

En Santiago de Cuba:
A los trabajadores de la Sala de Fondos Raros y Valiosos de la Biblioteca Provincial Elvira Cape y los del Museo de la Música Pablo Hernández Balaguer.

En Holguín:
Al presidente de la Uneac Julio Méndez Rivero y su secretaria

Ana María Arce Miranda, así como a Ivón Leyva García, de la Sala de Navegación.

En la Biblioteca Provincial Alex Urquiola: a María Rodríguez González y Élsida Martín Tamayo.

En las emisoras de radio: a Rubiel Corona y Víctor Osorio Zaldívar.

Especialmente, mi gratitud, por su apoyo a la compositora Marta Valdés, Raúl Acosta, el guitarrista Rey Ugarte, a Malena Burke, por derecho, a Roiny Velázquez y Eduardo Puente, quienes procesaron junto a mí toda la información empleada; al escritor y editor Fidel Fidalgo, por la revisión de los originales, así como a periodistas, escritores y fotógrafos que como el notable Alberto Korda han dejado en la prensa periódica y en otras fuentes un verdadero tesoro, de imprescindible consulta para este y otros libros que la cultura cubana necesita.

El Autor

Si me dijeran quieres pasar por todas esas historias de sentimiento y alegría, yo diría que lo único que quiero cuando me llegue el momento de partir, es que sea cantando todavía.

ELENA BURKE*

Nota: Todos los testimonios en el libro marcados con *, pertenecen al Programa *Ayer y de siempre*. Director y guionista, Ramón Fajardo. Havana Radio y Radio Havana Cuba.

ÍNDICE

Agradecimientos 9

Prólogo 15

Kabiosile Elena Burke 19

Al lector 23

Sus primeros años 27

De Mil Diez al cuarteto D'Aida 35

Una voz que se consagra 83

En la década oscura 168

El renacimiento del bolero 188

Entre México y Cuba 219

Anexos 241

Valoraciones de personalidades de la cultura 243

Discográfica 255

Algunas canciones de su repertorio 269

Bibliografía 285

PRÓLOGO

Soy una mujer dichosa. Tuve la gran suerte de nacer en una isla musical. Esa donde las olas arrullan la tierra con melodías como el son, el danzón, el bolero, el mambo, la guaracha, el Chachachá y tantos otros ritmos que nos identifican. Las mismas olas que arrullaron a Juventino Rosas, el autor mexicano del conocido vals. Las que un día vieron irse a artistas de la talla de Miguelito Valdés, Celia Cruz y Ernesto Lecuona, solo por citar algunos. El mismo mar que tantas veces contempló Elena Burke en sus idas y venidas por el mundo y al que retó cuando cantó «Lo material» de Juan Formell:

Sí, yo no quiero hablar del sol
solo quiero el calor
sí, yo no quiero hablar del mar
solo quiero su sal
porque de la vida lo material
solo voy a cantar.
Porque existir me interesa más
que soñar...

Nada más alejado de la verdad porque esta mujer, soñó, amó, cantó a la vida con el alma, tanta emoción la hizo ser reconocida como La Señora Sentimiento y lo reflejó cuando interpretó «Canta lo sentimental», canción del compositor Urbano Gómez Montiel con texto de Yodis Fuentes, que fuera la más popular del año 1963, «Mis sentimientos», de Piloto y Vera.

La historia de este gran país podría hacerse a través de su música desde un siglo XIX que acentuó su cubanía a través de nombres como Brindis de Salas, *el Paganini negro*, Cervantes y José White que se presentaron en los más exigentes escenarios de su época. A finales ya contábamos con el bolero esa manera romántica y sensual de expresar el amor. El amor hecho canción, son tantos los nombres desde su creador Pepe Sánchez con «Tristeza» hasta Pablo Milanés con «Para vivir», daría para toda una enciclopedia, de ello se han encargado autores como Helio Orovio, Raúl Martínez y otros que han dedicado su vida a estudiar este género. El son en la república bajó de las lomas y se vistió no solo de traje y corbata como acostumbra a decirse, sino de bata criolla porque también las mujeres supieron defenderlo.

Soy una mujer dichosa porque de niña tuve la oportunidad de conocer a Elena caminando por esas calles del Vedado, su porte era de reina, pero su trato de mujer sin afeites, mujer de pueblo, siempre dispuesta al diálogo. Mi madre la saludó con mucha familiaridad y le preguntó por las jimaguas, ella le contestó muy alegre «están acabando», y sostuvieron un diálogo que no logro recordar pero que me impacientó mucho, pues lo único que yo quería era tomar helado en el Copelia. Luego le pregunté a mi mamá: ¿de dónde la conoces? y me dijo a Elena la conocemos todos, de la radio, de la televisión, su familia es como mi familia, es muy simpática. Otro día cuando acompañaba a mi amiga Marlen Calvo a cantar al Pico Blanco y después que José Antonio Méndez me dejó acomodada en una de las mesas del paradisíaco Rincón del Bolero, mientras conversaba con César Portillo de la Luz, la noche pareció detenerse y su voluminosa figura lo ocupó todo como un sol en medio de la noche, luciendo una de esas batas criollas como solo ella podía hacerlo, nos convidaba a bailar una guaracha: *Hace un mes que no bailo el muñeco…*, así con doble sentido, con lo mejor de la picaresca española y la sandunga africana, así era ella, esta mulata se crecía en cada actuación haciendo gala de la naturalidad que engalana a los grandes.

Recientemente echaba de menos en el prólogo del libro *De película*, de Lázaro Caballero sobre Rolando Laserie, la ausencia de una biografía sobre Elena. Todos querían escribirla, pero pasa como con el Benny Moré, muy pocos se atrevían, porque su vida es en Cuba, una leyenda, pertenece al imaginario popular y cada cual tiene a su propia Elena con anécdotas, recuerdos, canciones. Mas los años pasan y aunque su voz gracias a su discografía permanece incólume y más de un melómano la escucha una y otra vez, corríamos el riesgo de perder la historia de este ícono de nuestra cancionística, hasta que ahora Zenovio Hernández Pavón, un nombre que ya va siendo imprescindible para los amantes de la música cubana y que nos entregó valiosos trabajos sobre Faustino Oramas, *El Guayabero*,

Ñico Saquito y hasta un *Diccionario de Compositores cubanos* que pronto verá la luz, se dio a la tarea de seguir la vida artística de La Señora Sentimiento en los periódicos y revistas de la época, así que a partir de su propio haber como investigador y las opiniones de escritores, artistas, familia, documentales y programas de radio y televisión, entregarnos este libro donde el denominador común es el trabajo, porque eso fue lo que hizo esta intérprete desde que tenía apenas doce años y decidió que iba a ser cantante. Seguir su carrera ha sido una tarea difícil pero necesaria, en el libro aparece el nacimiento del *feeling*, opiniones y anécdotas de compositores como Portillo de la Luz, Marta Valdés y Alberto Vera, de pianistas como Aida Diestro, quien creó ese cuarteto que llevó su nombre y del cual fueron fundadoras Elena Burke, nuestra Omara Portuondo y Moraima Secada, *la Mora* a la que un día también habrá que hacerle un libro. Decir Elena, también es decir Pablo Milanés, la Nueva Trova heredera de Sindo Garay, Miguel Matamoros, Manuel Corona, entre otros, porque nuestra música es una sola y allí en su trono está Su majestad la Burke, a quienes muchos consideran la mejor cancionera que ha dado Cuba.

DULCE SOTOLONGO

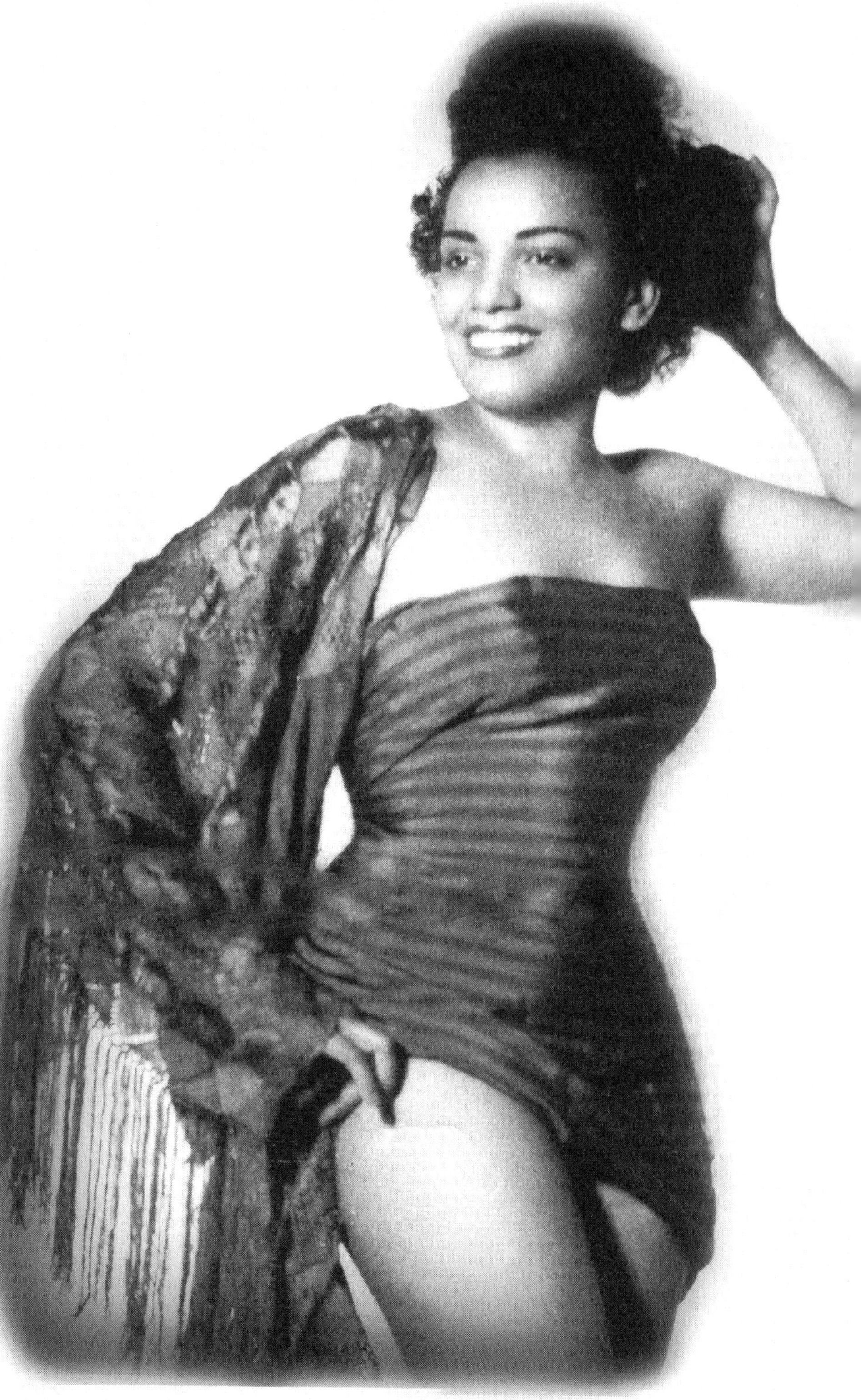

KABIOSILE ELENA BURKE

Ramón Fernández-Larrea
(Libro: *Kabiosile. Los músicos de Cuba*)

Me lo dijo una noche allá en los años ochenta, cuando bajó los párpados, cansada, y tenía voz humana de mujer. Yo regresaba de una guerra absurda, y todavía olía a miedo y muerte. Ella lo supo, lo adivinó, lo respiró en la angustia con la que alzaba mi vaso de alcoholes totales. Me dijo: «Yo le sé mucho a la vida. Yo soy tierra». Fue en el cabaré Parisién del Hotel Nacional, y esa noche, bajo un tímido foco del escenario, cantó para mí y para la muchacha menuda que intentaba ser también tierra bajo mi cuerpo desolado.

Esta es, por eso, la historia de un gran dolor. Tal vez la historia de una inesperada nostalgia.

Elena Burke aquella noche, sola e inabarcable, estremeció los vasos de mi mesa con otras historias que anidaban en su sabio corazón. De pronto todo se hizo tierra, todo reverdeció, y aquel olor a pólvora y miseria que yo traía colgando en las pupilas, se fue cayendo en el mantel como una absurda ceniza.

Ella era la tierra.

Acomodaba sus rocas y sus raíces, y convertía su voz en un gran árbol donde empezaban a nacer las historias del hombre.

Yo descubrí, estremeciéndome, cuando terminó de alzar los párpados cansados, que aquella mujer era remota y múltiple, interminable y sin edad. Y que estaba viviendo una noche repetida miles de veces en el temblor de un terremoto.

Salí a la madrugada húmeda de la ciudad como si acabara de nacer, recorriendo inseguro el mismo trayecto que hacía Elena Burke cada día para salvarle la vida a gente como yo, que pedía a gritos que alguien le explicara los dolores del mundo. Ella era tierra y lo sabía. Era la vida y el dolor, era ninguna y todas, como una hechicera que ha visto nacer el mundo y luego desgajarse por culpa de las incomprensiones del hombre.

Y sin decirlo, contaba las historias humanas en su momento menos cruel: los cantos de una pena de amor, que son como una estrella que nos marca el cuerpo para siempre. Porque la tierra suena cuando acomoda sus entrañas. La tierra lleva dentro un canto, entre rudo y amenazador, que solamente saben escuchar los elegidos.

Romana Burgues era de ellos. Tal vez lo fue sabiendo lentamente, desde aquellas escapadas nocturnas al callejón de Hamel, donde otros orfebres engarzaban la sangre nueva en el sonido del dolor. Era el filin, una manera de protestar dulcemente contra la mala vida, la traición y la sombra.

Nacida bajo el cielo habanero un 28 de febrero de 1928, adivinaba ya, en aquel ahora lejano 1941, que su temblor de abismo tenía un objetivo en este mundo: desatar el hondo ruido de sus entrañas. Por eso ganó en la *Corte Suprema del Arte*. Esa razón la llevó a la emisora radial Mil Diez, donde fue contratada de inmediato. La tierra clamaba en su interior.

Cuando su voz humana me dijo aquella noche lo que me dijo, detrás de sus párpados caídos pasaban veloces, como en un carrusel, las horas de sus vidas milagrosas.

Pasaron los maestros Adolfo Guzmán y Enrique González Mántici, dirigiendo su fuego, en el incontrolable ardor juvenil cuando buscaba las respuestas. Pasó el mulato matancero Dámaso Pérez Prado, su primer pianista acompañante, en la desolación del universo. Pasaron los telones pesados que se abrieron para deleite de los que comenzaban entonces a sufrir, en el teatro Fausto, y Tropicana. Y el Follies Bergere de la Ciudad Luz, donde el Indio Fernández, abismal y telúrico, descubrió aquella voz de hondísimo desencanto, porque él también sabía escuchar las quejas de la tierra.

Y de golpe, también, contra mi vaso de pólvoras que nevaban, pasaron los cuartetos que le llevaron a conformar aún más lo que ya era: el de Facundo Rivero, el de Orlando de la Rosa, y ese olimpo inalcanzable que ha sido el de la hechicera mayor, llamada Aída Diestro, donde el raro aroma del «Tabaco verde» se mezcló en el viento con otras alegrías y otras voces, que se llamaron Haydée, Omara Portuondo, y Moraima Secada.

Todo un largo camino para que fuera Elena Burke bajo la noche apretada de una ciudad llena de historias. Desde ese punto bajo la vieja luna, entraba a los rincones, puntual como la eterna marea, en una cita radial llamada *A solas contigo*, desde el piano de Meme Solís, que parecía una parte de su ser. Y fue tierra y arteria para que los humanos se miraran, sabiendo que el amor era también herida, y de esos cortes sangrientos, podía salir, con una luz distinta, un brillo hondo que se llamaba Elena Burke, el júbilo de estar intensamente vivos. Entonces fue también La Señora Sentimiento, sola, muchas en ella misma, como el bramar de la rabia, como el desconsuelo de un arroyo contra una roca que le interrumpe su caída.

Todo lo que se diga ahora será inútil y alegre. Ahora que la teníamos cubriendo el cielo con su voz. Ahora que todo se movía acompañado por ese aire lento y grueso que sacaba de su pecho, viene la muerte y nos roba su canto.

La muerte inoportuna, cruel y egoísta. Porque yo había aprendido a sentir las vibraciones del amor casi solamente con Elena Burke de fondo.

Mi alegría es superior a mi duelo. Ella existió. Ha estado. Supo como casi nadie espantar el mal sueño. Vibró debajo de mis pies. Hizo que la noche fuera ella misma, y el fulgor desolado de las estrellas cuando va a amanecer.

Nadie podrá amar u odiar sin sentirla. Ella es la tierra. Una tierra compacta a la que siempre volvemos. Un pedazo interminable de lava que nos recorre la vida entera.

Lo llenó todo. Estuvo. En esa marca empiezan los regresos.

Ramón Fernández- Larrea

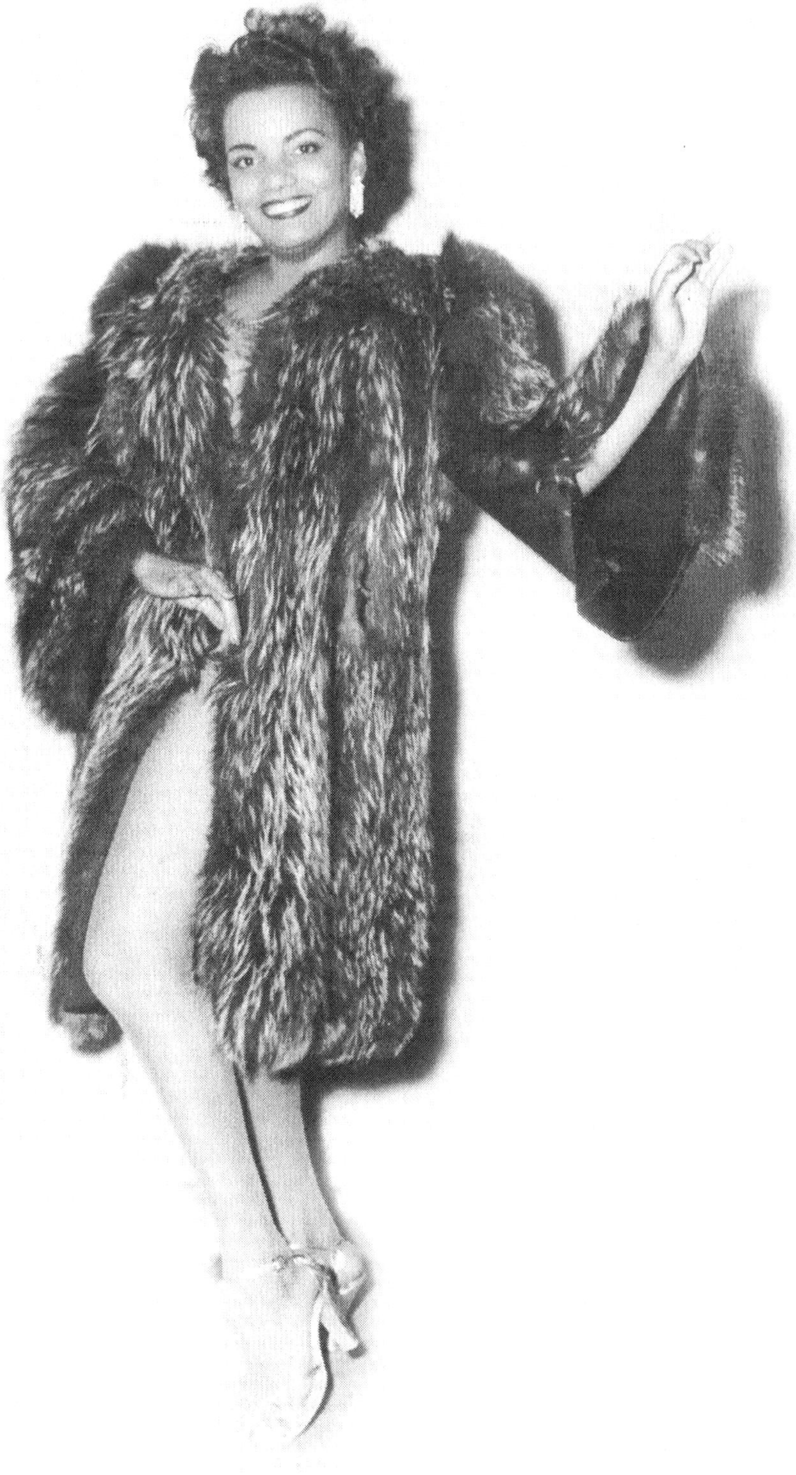

AL LECTOR

Elena Burke es sin discusión una de las voces femeninas más relevantes de la música popular cubana de todos los tiempos. Su nombre está llamado a permanecer con letras de oro junto al de Rita Montaner, María Teresa Vera, Esther Borja, Celeste Mendoza, Celia Cruz, Olga Guillot, Celina González, Teresita Fernández y Omara Portuondo, entre otras figuras que han prestigiado internacionalmente géneros y estilos que van desde la canción guajira hasta las romanzas de Lecuona, Prats y Roig, pasando por la canción afro, la divertida guaracha, el contagioso guaguancó y el romántico bolero. En este último género, tan longevo y fecundo, se inscriben los principales aportes de esta mujer llamada con justicia, La Señora Sentimiento, aunque el calificativo no refleja la potente voz, la versatilidad y el carisma que les permitieron transitar con éxito por otras modalidades de la música criolla e internacional, fundamentalmente de Latinoamérica, la región del mundo más relacionada con su carrera artística que abarcara sesenta años.

Indagar entre los que conocieron de su vida y obra, rastrear a través de la prensa periódica su quehacer junto a una pléyade de figuras prominentes que contribuyeron a forjar algunas de las más grandes conquistas de nuestro patrimonio cultural, es una tarea ardua y prolongada. Por ello hasta ahora nadie ha enfrentado el reto de escribir la amplia y sustancial biografía que amerita su trascendencia en nuestro ámbito sonoro. Elena es de las voces que no pierde su vigencia y seguirá en el futuro marcando pautas, aportando a las nuevas generaciones de cubanos, mientras otras que, incluso parecían eclipsarla durante un breve tiempo en el gusto de algún sector del público, con el paso del tiempo se han ido desdibujando, perdiéndose en los laberintos de la memoria y la nostalgia.

Sencillamente la naturaleza la dotó con un órgano vocal privilegiado y con una entereza que no se doblegó ante modas transitorias, enfermedades, el burocratismo y otras adversidades que marcaron su existencia. Para ella cantar era vivir, amar, sufrir y multiplicar el arte y los más nobles sentimientos hasta el infinito, por ello fue ganando el corazón de muchos con sus graves inigualables y los matices que le imprimía a cada pieza que recreaba con su garganta, como expresan en sus opiniones y remembranzas, con alto vuelo literario y honda admiración, un grupo de personalidades de la cultura al final de estas páginas que, gracias a la editorial UnosOtrosEdiciones llegan finalmente a tus manos.

Esta no es una biografía abarcadora y pretenciosa, es sencillamente un acercamiento a la trayectoria artística de la que muchos consideran la primera cancionera cubana en la segunda mitad del siglo XX. Ella fue una mujer de extracción social muy humilde que, a través de su voz, contribuyó al sustento de su familia, pero sobre todo a su enriquecimiento espiritual y de la cultura de su patria. A grandes trazos la verá usted, apenas adolescente, llegar a la poderosa emisora CMQ, continuar por Mil Diez y otros escenarios cantando los boleros de Orlando de la Rosa, Felo Bergaza, Bobby Collazo, Julio Gutiérrez y Adolfo Guzmán, con quienes luego tendría el regocijo de trabajar en centros nocturnos, la televisión y los teatros, lugares estos últimos donde se sentía más feliz, en plena comunión con el público, con su público que cada día fue creciendo hasta que todo el país y otros muchos la colmaron de esos aplausos que el paso implacable del tiempo no ha derrotado.

He tratado de mostrar no solo a la cancionera consagrada, sino también a la mujer sencilla y esforzada, cordial, amistosa y los múltiples caminos transitados en el mundo del arte. Por eso, no podía faltar la reseña de su faceta de bailarina y cantante de la mano de Rodney, el mago del espectáculo quien la lleva por los teatros de la isla y otras naciones junto a la legendaria Celia Cruz, Vilma Valle y el resto de las fabulosas Mulatas de Fuego, como también más tarde descollarían sus vínculos con los muchachos del *feeling* y su desempeño en los cuartetos de Orlando de la Rosa, Facundo Rivero y las D'Aida, que es mucho decir en la maravilla de empastar voces y derrochar la gracia rítmica de Cuba en cualquier sitio del orbe. No obstante, el talento mostrado, el sosiego económico y la consagración artística se le resistían en un medio muy competitivo, cuajado de figuras de talento que luchaban por ganarse la vida y hacer patria desde la cultura.

Todo comienza a cambiar a mediados de 1958 cuando Guillermo Álvarez Guedes, aquel simpático actor amante de la música, le graba un grupo de canciones en su sello disquero Gema y, súbitamente, salta a los primeros planos de popularidad. Desde entonces, cuando de música cubana se trate, basta decir su nombre, o su apellido, o sencillamente *feeling*, estilo y movimiento del que sigue siendo reina y señora, como luego de la nueva canción, de la obra insoslayable de Juan Formell y de una larga lista de creadores que elevó al firmamento musical con su canto. Elena es mucha Elena para atraparla en unas pocas cuartillas, pero estoy seguro que detrás vendrán otros libros y estudios que, junto a su voz inconfundible, contribuirán a mantener viva para las generaciones futuras su imagen corpórea y esa personalidad tan afincada a las raíces y a la identidad de esta isla que es toda música.

El Autor

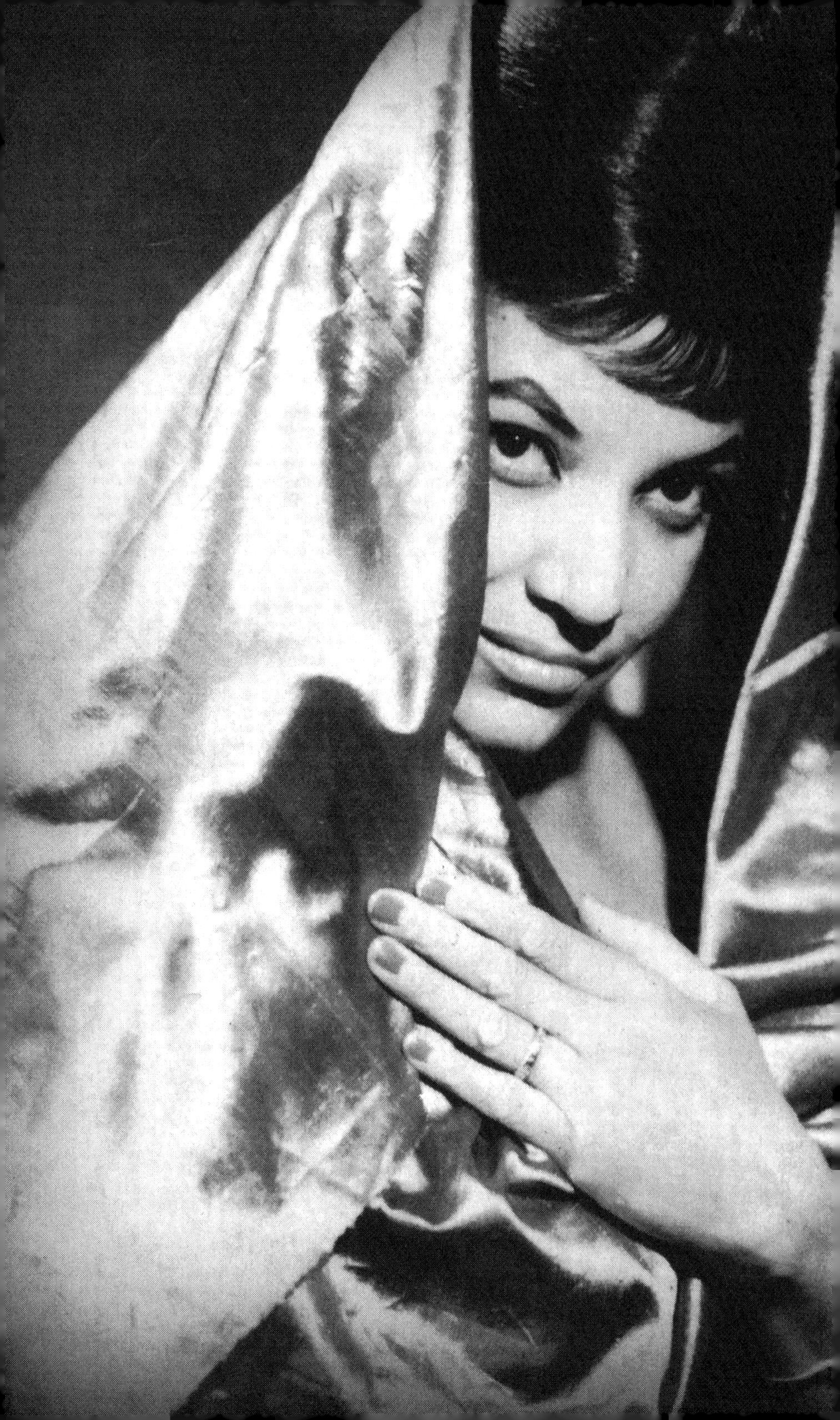

SUS PRIMEROS AÑOS

Aquel 28 de febrero de 1928 en que nace Romana Elena Burgues González, una de las más originales y trascendentes vocalistas del cancionero cubano, La Habana era una ciudad que renovaba su imagen y engrandecía su cultura, a pesar de la crisis económica y otros males que sufría la mayor de Las Antillas. Gerardo Machado había hecho muchas promesas a los más humildes, la mayoría de las cuales no cumple. No obstante, en la capital y otras ciudades se emprenden obras majestuosas y útiles que, aún a esta altura del siglo XXI, continúan maravillando a nativos y visitantes.

En ese progreso constructivo fue muy importante la labor de Carlos Manuel de Céspedes, secretario de Obras Públicas, bautizado por el pueblo como *El Dinámico* y quien, entre 1925 y 1929, permanece al frente de la edificación del Capitolio Nacional, la Carretera Central, el Paseo del Prado, la escalinata, la estatua del Alma Mater y varias de las edificaciones de la Universidad, además de numerosas instituciones de servicios públicos, amplias avenidas y acogedores parques como el de la Fraternidad Panamericana, el cual fue inaugurado como colofón de la sexta conferencia de los pueblos de nuestro continente.

La inauguración del que actualmente llamamos Parque de la Fraternidad, se produjo días antes del nacimiento de Elena, la cual viene al mundo en una vetusta casa pintada de amarillo y marcada con el número ocho de la calle Monasterio, en la barriada del Cerro. Es probable que sus felices padres no imaginaran que en los alrededores del famoso parque, la recién llegada desarrollaría sus primeros pasos en el difícil camino de la música popular. Es precisamente, a pocos metros de distancia de esta área de árboles, bancos e importantes monumentos históricos, donde se ubican los principales teatros, las primeras emisoras de radio y otras instituciones que promueven a los más descollantes artistas y músicos cubanos, entre ellos el Trío Matamoros, el Septeto Nacional, así como a Rita Montaner quien junto al galán Juan José Martínez Casado y los maestros Lecuona y Grenet llevan ese año de 1928 el naciente teatro lírico cubano por gran parte del país.

Además del bolero, el son y la canción lírica, continúa con fuerza la presencia del danzón y de la música española, mexicana y argentina. La primera cantante que marca la vida de la futura cancionera es precisamente Libertad Lamarque, una de las más admiradas intérpretes del tango desde finales de la década de 1930. Sus interpretaciones de «Madreselva» y «Caminito», entre otras composiciones, le dan una gran popularidad en todo el continente a través del disco y las películas. En Cuba casi todos tarareaban sus interpretaciones, por eso a nadie sorprende la inclinación de la niña de contagiosa sonrisa y piel acanelada por el tango y luego por el bolero, el son y la guaracha.

Nace su vocación musical

Dicen crédulos y fanáticos del horóscopo y la astrología, que los nacidos bajo el signo de piscis tienen una gran capacidad creativa para el mundo del arte y, al menos en su caso, la predicción se convierte en realidad rotunda. Desde pequeña es extrovertida, conversadora y muy sociable, destacándose entre sus amiguitas por las jaranas y bromas, pero también por su disposición de ayudar y colaborar en cualquier empeño colectivo. Una anécdota que evidencia su gusto natural por la música y el baile es lo sucedido una noche, contando con unos nueve años de edad, cuando deja una medicina ya comprada en una farmacia para irse detrás de una comparsa en tiempo de carnaval. Se aleja tanto que ignora el camino de regreso, viéndose obligada a esperar el retorno del grupo callejero para volver a su casa donde la familia estaba alarmada por su desaparición.[1]

La música para ella fue siempre goce y entrega apasionada, pero también desde edad muy temprana trabajo, responsabilidad y tabla de salvación de su familia. Cuando la mayoría de las adolescentes aún jugaban a las muñecas, dada la pobreza circundante y la familia en crecimiento, se ve obligada a poner fin a sus estudios para contribuir con sus ingresos al sustento del hogar. Su padre, José Antonio Burgues, desempeña el modesto oficio de zapatero, y su madre Dulce

---
[1] *Juventud Rebelde*, La Habana, 7 de mayo de 1987, p. 4.

María González, es ama de casa y, cuando falta el padre, baluarte en la crianza de sus cinco hijos igual que Elena, quien con su canto pronto se convierte en el principal sostén económico de su familia. Según expresa en diversas entrevistas, sus aptitudes musicales las descubre Rosario, su abuela materna, quien estimula esa vocación por el canto y la danza. Poco después su tía Graciela la lleva al cabaret Sans Souci, donde se reafirman esas inquietudes. Corre el año de 1941, había concluido sus estudios de la enseñanza primaria, y aunque solo tiene trece años, pasaba por más edad, pues ya era una hermosa mulata blanconaza, espigada y vivaracha. Fue entonces que decide probar en uno de los numerosos concursos de aficionados que, tras el éxito rotundo de *La Corte Suprema del Arte*, en 1942, abundan en las emisoras de la ciudad.

En mi casa no había un medio artístico... lo único, mi padre que le gustaba cantar en la casa con mi mamá y más nada. Ellos no eran artistas pero yo siempre desde niña, pues, yo me disfrazaba, me ponía ropa larga y tacones, me pintoreteaba y eso, decía que era Libertad Lamarque, esos... el recuerdo que más tengo presente y después ya seguí, yo empecé a cantar a los doce años, yo surgí de la Corte Suprema, la última *Corte Suprema, del Arte*, entonces de ahí, el señor Miguel Gabriel, me hizo un contrato pero no era profesional todavía, él me hizo profesional, me sorprendió, él me trajo mi carnet, entonces me sorprendió y todo y de ahí pasé a las Mil Diez, fue mi primer contrato profesional. Bueno eso fue una agradable sorpresa que un día me quisieron dar, todavía no tenía quince, «vas a empezar un programa que se llama *Ensoñaciones*», decirme eso, era como si me hubieran dicho aquí tienes un tesoro, porque eso era para mí, era una orquesta de treinta y pico profesores... Guzmán, Mántici y Valdés Arnauz y empecé con unos arreglos, tan bellos, yo creo... Para mí, yo nunca he tenido más bellos que esos, he tenido buenos arreglos pero no más bellos que esos...*

De la CMC a CMQ

De los programas de aficionados, la inquieta adolescente se decide por uno de la CMC de la Cuban Telephone Company, y una noche hacia ella encamina sus pasos. Con sus amiguitas del barrio había ensayado una y otra vez «Caminito», uno de los tangos que se escuchaba con insistencia en la voz de Libertad Lamarque. Siente mucho temor e inseguridad, por eso lee el texto en un papel y cuando le tocan la campana siente como si la sangre se le helara en las venas, pero no se amilana ante el revés y sigue cantando en descargas familiares y fiestas de amigos, hasta que con un poco más de fogueo retorna a otra competición, esta vez en la Cadena Roja, ubicada en Paseo del Prado, frente al Capitolio Nacional. El resultado es nuevamente negativo, pero tampoco pierde el entusiasmo y menos la necesidad de trabajar, al contrario, el apremio económico es cada vez mayor, a causa de la carestía de la vida y otras secuelas de la Segunda Guerra Mundial.

En medio de ese afán del triunfo artístico cumple catorce años y se acercan los quince, aprende a bailar, a maquillarse y lucir más femenina y sobre todo hace suyos los boleros de moda, que será el género que cantará en la próxima competencia en que participe. Juan Bruno Tarraza, Bobby Collazo, Orlando de la Rosa, Osvaldo Farrés, Julio Gutiérrez y Felo Bergaza, entre otros relevantes renovadores del bolero cubano, están dando a conocer piezas que tocan las fibras de su corazón adolescente. La abuela, la tía y otros familiares y amigos la alientan y la aplauden cuando canta «Nuestras vidas», «Tres palabras», «Alma libre» y «Besar», boleros que han popularizado los cancioneros de moda.

Por supuesto, también los cantan los aficionados y el público que abarrota los estudios durante las trasmisiones de *La Corte Suprema del Arte* en la emisora CMQ, ubicada en la calle Monte, justo frente al Paseo del Prado y el Parque de la Fraternidad. Por allí ya había desfilado un grupo numeroso da valores artísticos que, pasado algún tiempo, alcanza reconocido prestigio nacional e internacional. Entre ellos Rosita Fornés, Obdulia Breijo, Miriam Acevedo, Ramón Veloz, Merceditas Valdés, Raquel Revuelta, Hermanas Martí, Tito Gómez y Olga Guillot. Con la esperanza de convertirse en *Estrella Naciente* de ese popular espacio radial, en mayo de 1943 Elena se decide a competir con «Besar», bolero de Juan Bruno Tarraza. Esa elección evidencia que, desde los inicios, traza un derrotero en el arte y en la vida al que permanece fiel hasta el final de sus días.

...Te besaré las manos/ en un beso corto/
como el rocío besa los lirios/ Te besaré

la frente con tibio beso del corazón y bajaré
mis labios hasta los tuyos donde me espera
el beso más ardiente/ el beso intenso de la pasión.
Te besaré con ansia, con fiebre loca que ya tu boca
no contará los besos porque no hay
cifras en el besar.[2]

En esta, su tercera y última competencia como aficionada, tampoco recibe premio. Aquella noche alguien de mala fe pone la pieza en una nota más alta y no puede salir airosa. Otra vez le tocan la campana,[3] convirtiéndose junto a Benny Moré en una de las perdedoras más ilustres del famoso programa radial. Sin embargo, la suerte le sonríe, porque a Miguel Gabriel, uno de los dos fundadores y propietarios de la planta junto con Ángel Cambó, le gusta su voz y, luego de su ingreso en la Sociedad de Artistas, la contrata por unos tres meses como profesional en esa estelar audición, en la cual es acompañada al piano por el maestro Orlando de la Rosa.[4] Durante esa estadía comienza una valiosa etapa de aprendizaje de la mano de varios intérpretes y compositores, pero especialmente del maestro de la Rosa, quien no obstante contar solo con cuatro años de experiencia, era ya un consumado pianista y un brillante compositor.

A inicios de ese mismo año 1943, por ejemplo, el nieto del gran danzonero Raymundo Valenzuela, había escrito tres hermosos boleros para igual número de cantantes estrellas de CMQ. Esas tres obras son «Nuestras vidas», para el Tenor de las Antillas René Cabel, «Vieja luna» para Reinaldo Henríquez y «Nuestro amor» para Tito Álvarez. Esas y otras piezas de este compositor pasan a ocupar un lugar preferente a lo largo de su vida, por la calidad que poseen y porque eran una forma de expresarle gratitud por las enseñanzas que le trasmite en esa y otras etapas de su carrera. Para ella Orlando era «ingenioso, apacible y sin lugar a dudas el mejor

---

[2] Juan Bruno Tarraza a inicios de 1943 dirigía la orquesta de *La Corte Suprema del Arte*. Según la entrevista que concede a Nivia Montenegro titulada «Yo soy el bolero», revista *Encuentro* 21 y 22 de 2001, «Besar» era su composición preferida. La estrena en CMQ René Cabel, es un bolero de gran fuerza erótica, atrevido para la época, por lo que en la XEW de México llegó a estar prohibido.
[3] *Juventud Rebelde*, La Habana, 7 de mayo de 1987, p. 4.
[4] Las revistas *Radio-Guía* y *Radiomanía* de junio de 1943, son dos de las publicaciones que destacan la acogida favorable a las interpretaciones de Elena en ese programa de CMQ.

pianista acompañante que he tenido. Me adivinaba, me hacía vibrar... Aprendí con él a hacer las primeras voces, hice un coro de veinticinco voces, me puso hacer segunda, yo no sabía y él me demostró que sí».[5]

Con Orlando y otros grandes de la música popular cubana la joven comienza a alternar en los más variados escenarios del país. Uno de los primeros fue el Palacio de los Trabajadores, durante el homenaje que a nombre del pueblo de Cuba se le tributa a Joaquín Ordoqui, el 8 de agosto, en el que participan además Rosita Fornés, Rita María Rivero, Zoila Gálvez, Manolo Álvarez Mera y Miguel Matamoros y su trío.[6] Es probable que haya sido la primera, de las muchas veces, que canta bajo la guía orquestal del maestro Enrique González Mántici.

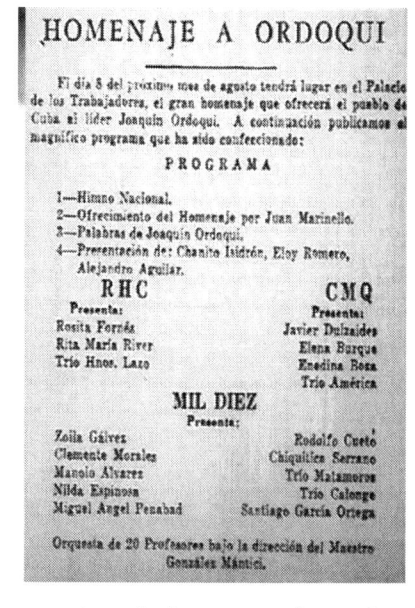

Justo una semana antes de esa actividad, el primero de agosto, es adquirida la mitad de la propiedad de CMQ, la correspondiente a Miguel Gabriel, por el grupo empresarial de los Hermanos Mestre Espinosa, quienes en 1950 adquieren también la de Cambó. A Partir de la llegada de los Mestre se inician ambiciosas transformaciones para enfrentar a su rival, la poderosa RHC Cadena Azul. Cuando uno analiza la programación que la CMQ inicia el 1 de octubre de 1943, salta a la vista que no dan espacio prácticamente a los artistas noveles, invierten cuantiosos recursos para alcanzar la supremacía y ganar el favor de los patrocinadores, pues con ello elevaban sus beneficios económicos. Así empieza a recrudecerse la llamada «Guerra del Aire».

[5.] Orlando Quiroga: «Confesiones de La Señora Sentimiento», *Opina*, julio de 1985, Álbum de recortes de la artista, Museo Nacional de la Música.
[6.] Homenaje a Joaquín Ordoqui, *Hoy*, 10 de agosto de 1943, p, 4.

En la RHC Cadena Azul

Amado Trinidad, el guajiro de Ranchuelo como le llamaban muchos, en 1939, gracias a la herencia paterna amasada en la firma cigarrera Trinidad y Hermano, inaugura en Santa Clara, la emisora radial CMHI, en la cual se destacarían figuras de la música cubana como Cascarita, Julio Cueva, Eduardo Saborit y Clavelito, entre otras. Al año siguiente decide trasladar su nuevo negocio a la capital y rivalizar con la CMQ. El primero de abril de 1940 se fusiona la CMHI con la capitalina Radio Habana Cuba (RHC) y surge la RHC Cadena Azul, la primera cadena telefónica que logra llevar a todo el país una interesante y variada programación. En ella sobresale la labor musical de figuras y agrupaciones nacionales e internacionales. Y en su afán de superar a la CMQ, eleva considerablemente los salarios de artistas, músicos y personal técnico contratados, además de trazar cinco puntos de obligatorio cumplimiento para la nueva empresa, entre los que estaban en primer lugar la defensa de la cubanidad y situar al artista criollo en el sitial más alto.

Trinidad emprende numerosas iniciativas que contribuyen al cumplimiento de esos cinco puntos que se traza, como fueron los concursos de canciones y otros géneros que estimularon la creación musical de manera encomiable. En cuanto a intérpretes, pasaron por sus estudios en Paseo del Prado, número 53, talentosos artistas de casi todo el país, aunque CMQ ya había emprendido con éxito proyectos similares, pero muy poco estimulantes para intérpretes y creadores de la música cubana, como los promovidos en *La Corte Suprema del Arte*. La prensa de la época, más de una vez denuncia la explotación a que eran sometidas las llamadas estrellas nacientes, quienes llenaban estudios, teatros y plazas y recibían a cambio pagos míseros.

Al cesar su contrato en CMQ la joven aprendiz busca refugio y apoyo en otras emisoras, entre ellas la RHC de Trinidad, aunque tampoco allí encuentra un espacio fijo, sino ocasional. Sí encuentra apoyo y colaboración de colegas y maestros experimentados, especialmente de Isolina Carrillo, de quien Oscar Luis López en su libro *La Radio en Cuba* cuenta una anécdota, simpática y lacerante a la vez, de cuando Trinidad quiso bajarle el sueldo, el más alto de la planta, y no lo consigue, pues ella hacía diversas labores y todas con notable eficacia.[7]

Sobre Isolina, en una ocasión, Elena le confiesa al periodista Orlando Quiroga otra anécdota aleccionadora: resulta que un día se tropieza en un pasillo de la RHC con la autora del antológico bolero «Dos gardenias», la cual ella misma reconocía que tenía un carácter difícil, y le comenta a alguien lo pesada que le cae. Isolina la escucha y le da una de las más grandes lecciones de educación de su vida, expresándole de una manera correcta que no debía expresarse así de una persona a quien no conocía.[8] Muy pronto se hicieron grandes amigas, compartiendo infinidad de espectáculos y, muchos años después, las populares peñas de boleros que la pianista realiza en diversas instituciones de La Habana.

En esa etapa inicial, la juvenil cancionera también gana la amistad y el afecto de numerosos colegas y gente del mundo cultural, el cual es aún muy intenso en teatros como el Martí, el Principal de la Comedia y el Nacional, en varios de los cuales comienza a presentarse. Luego de esas funciones, o a la salida de los programas radiales, solía visitar el café El Guajiro,[9] situado en Consulado y Virtudes, lugar que era muy visitado por los artistas y donde conoce a Miguel de Gonzalo, Pepe Reyes y Reynaldo Henríquez, tres cancioneros oriundos de Santiago de Cuba que, poco después, son de los primeros que popularizan las canciones del movimiento *feeling*. Es probable que haya sido allí o en la RHC, el encuentro en que el escritor y periodista Honorio Muñoz le sugiere que se entreviste con Ibrahím Urbino, director general de la Mil Diez, pues le veía posibilidades para un contrato en esa emisora.

[7.] Oscar Luis López: «La negrita que gana seiscientos pesos», *La Radio en Cuba*, Editorial Letras Cubanas, La Habana, 1981, p. 196.
[8.] Orlando Quiroga: «Confesiones de La Señora Sentimiento», *Opina*, julio de 1985, Álbum de recortes de la artista, Museo Nacional de la Música.
[9.] La sección Radio, de la revista *Cinema*, el 11 de julio de 1943 destaca su presencia frecuente en ese sitio.

DE MIL DIEZ AL CUARTETO D'AIDA

Gracias a una colecta popular de setenta y cinco mil pesos realizada a inicios de 1943, el Partido Unión Revolucionaria Comunista (URC) realiza la compra de la emisora Radio Lavín, inaugurándose el 10 de marzo de ese año Mil Diez, una institución de singular historia en los predios de la radio y la cultura cubanas. Como precisa Oscar Luis López en su muy documento libro *La Radio en Cuba*: «en realidad se le compraron a Lavín dos plantas, una de onda larga, la CMCX, que era la de frecuencia 1010 kilociclos, con 10 kilowatts de potencia, y otra de onda corta, la COCX, con una potencia de 1 kilowatt.[10]

El uso del llamado canal libre y la excelencia de su programación fueron dos elementos decisivos en el prestigio nacional e internacional alcanzado en su lustro de existencia, tiempo relativamente breve en el que, no obstante pudo labrar un legado imposible de olvidar, pues su programación cumple con creces el lema que ostentaba de *Todo lo bueno al servicio de lo mejor: el pueblo*. Tampoco se debe pasar por alto que su existencia fue posible —muy a pesar de la violencia, la corrupción y otros males imperantes— al ambiente favorable que impera entonces, el cual se inicia con la legalización de los partidos políticos y las elecciones de 1940, ganadas por la Coalición Socialista Democrática (CSD), que tuvo de candidato presidencial al astuto y arribista general Fulgencio Batista y Zaldívar, quien entrega cuatro años después la silla presidencial al doctor Ramón Grau San Martín.

El equipo directriz de Mil Diez tiene entre sus figuras descollantes al talentoso locutor Ibrahím Urbino, el cual es su director general; el periodista Honorio Muñoz se desempeña en la dirección artística y maestros de la música como Félix Guerrero, Adolfo Guzmán, Enrique González Mántici y Roberto Valdés Arnau al frente de su brillante orquesta, además de desempeñarse en otras funciones como son las de compositores, arreglistas y directores de programas u espectáculos

---

[10.] Oscar Luis López. *La Radio en Cuba*, Editorial Letras Cubanas, La Habana, 1981, p. 301.

que se muestran en disímiles escenarios de la capital y otras poblaciones de Cuba. Para los mismos, se logra reunir una verdadera pléyade de notables figuras y conjuntos musicales, entre ellas Arcaño y su Maravillas, Arsenio Rodríguez y su conjunto, Miguel Matamoros y sus agrupaciones, Sindo Garay y Zoila Gálvez, por solo mencionar algunos de los más consagrados, aunque también abundan jóvenes que pronto alcanzan reconocimiento más allá de Cuba: Carlos Alas del Casino, el trío Hermanos Rigual, Raquel Revuelta, Dámaso Pérez Prado y por supuesto Elena Burke, quien siempre reconoce que verdaderamente su labor profesional se inicia en Mil Diez bajo la guía de los maestros González Mántici y Adolfo Guzmán.

El 1 de octubre de 1943 es la fecha en que Elena debuta en la emisora ubicada en la calle Reina, número 314. Fue un día histórico no solo para ella sino también para la radio cubana, pues Mil Diez cumple sus primeros seis meses de labor y la nueva jefatura del Circuito CMQ, empeñada en superar a su rival, marca un hito al renovar su programación, para la que contratan al Conjunto Matamoros, Orlando de la Rosa, Carmelina Rosell, Osvaldo Farrés, Gonzalo Roig, René Touzet, Mario Fernández Porta, Antonio Matas, Fernando Mulens, Julio Gutiérrez, Bobby Collazo, Conjunto Casino, Arcaño y sus Maravillas, Olga Rivero, Alejo Carpentier y Rosita Fornés, entre otros nombres de primer orden.[11]

RHC Cadena Azul exhibe igualmente un elenco de lujo, incluyendo cotizadas estrellas internacionales procedentes de México, España, Argentina y otros países. Aunque ajena a aquella guerra por ganar el *survey* y el apoyo de los patrocinadores, Mil Diez también es capaz de aglutinar reconocidos artistas, algunos de ellos doblaban en una de las dos emisoras contendientes, aunque no faltan figuras que renuncian a excelentes contratos, dispuestas a trabajar solamente en la Emisora del Pueblo por un modesto salario.

Además de los artistas mencionados, en la emisora de la calle Reina hay que exaltar a los músicos de la Gran Orquesta Mil Diez, casi todos procedentes de la Filarmónica y de la Sinfónica. La misma comienza en abril del cuarenta y tres con dieciséis integrantes bajo la guía del maestro González Mántici, pero ya con la nueva programación de octubre cuenta con treinta y dos músicos, y junto a Mántici asume la dirección Adolfo Guzmán,

---

[11.] Periódico *Hoy*, 1 de octubre de 1943, p. 7.

quien a la sazón cuenta con veintitres años de edad, pero quien por sus amplios conocimientos y prestigio en el sector artístico es designado director musical de la planta.

La orquesta dispone de ocho violines, dos violas, dos chelos, cuatro saxofones, dos trompetas, arpa, flauta, clarinete, contrabajo y trombón, pudiéndose desdoblar en diversos formatos y estilos, según el tipo de programa y los excelentes arreglos concebidos por un grupo de verdaderos maestros bajo la guía de Félix Guerrero. Por su notable calidad ese primer año la Agrupación de la Crónica Radial e Impresa (ACRI) la selecciona la mejor orquesta de 1943, superando a la de la CMQ y la RHC, las dos emisoras de mayor audiencia y poder económico.

Reúne maestros del alto nivel interpretativo de Margarita Montero en el arpa, Rafael Ortega en el piano, Juan Valvé en el oboe y los violinistas Roberto Valdés Arnau y Antonio Mompó, es el sostén imprescindible de programas donde se ejecuta la música de clásicos cubanos como Cervantes, Saumell y Lico Jiménez, además de ofrecer audiciones de música de cámara con obras de Mozart, Beethoven y otros maestros universales. También respalda vocalistas populares, entre ellos los de *Caravana de Arte*, espacio dirigido por Mántici en el que Elena debuta y que sale al aire entre lunes y viernes a partir de las 9 y 35 de la noche.

Caravana de Arte, por su irreprochable calidad pasa muy pronto a ser patrocinado por la firma cigarrera Trinidad y Hermano, siendo conducido por el magnífico animador René Miranda. El mismo tiene la peculiaridad de que mezcla sabiamente una amplia gama de géneros que van desde el afro a la zarzuela, del bolero de moda a la más virtuosa aria de ópera, en voces como las de Celia Cruz, las sopranos Margarita Díaz y Rosa Roche, el barítono Zaphir Palma, el tenor Wilfredo Fernández y los cancioneros Tito Álvarez y Carlos Alas del Casino, este último, revelación del año y laureado por la ACRI. De la aceptación de los oyentes y la crítica hablan comentarios favorables insertados en diversas publicaciones, el periódico *Hoy*, por ejemplo, en su edición del 5 de octubre encomia el formidable trabajo de la orquesta, así como el desempeño de la veterana cantante lírica Tomasita Núñez y las jóvenes Julieta Peñalver y Elena Burke, de las que acota: «dos voces cancioneras que siempre han mantenido la atracción del oyente».

Otros espacios musicales que, en la nueva programación de Mil Diez, satisfacen otros gustos de la audiencia y emplean disímiles instrumentos y formatos, eran *Guateque Partagás*, con Justo Vega y otros cultores de la décima y las canciones guajiras, el titulado *Una serenata en la noche*, que realizan Sindo Garay y sus hijos a las doce y media de la noche. Tampoco falta la música bailable de moda y la música argentina que, entre otros valores, aglutina a los guitarristas Landa, Tabranes y Llerena, así como el director y compositor Adolfo Guzmán. Algunos están posteriormente muy unidos al quehacer artístico de la artista cuya vida y obra reseñamos en estas páginas. Indiscutiblemente que de todas esas figuras con las que se relaciona en Mil Diez, el que tiene mayor presencia e influencia en su carrera profesional fue el maestro Guzmán.

El autor de «No puedo ser feliz», «Profecía» y otras canciones antológicas de nuestra música, al comprobar la calidad vocal de la joven decide incorporarla a un nuevo programa que empieza a dirigir desde el 3 de noviembre en el horario de las 12 y 45 de la tarde, el cual tiene por objetivo hacer más grato ese horario del almuerzo a los radioyentes. El mismo era escrito por Honorio Muñoz y animado por Ibrahím Urbino, quien en ocasiones escribe el guión «de forma amena y sutil», según un cronista de la época.[12] En esa primera audición tendría a Wilfredo Fernández y Julieta Peñalver de compañeros de labores[13] quienes ven con satisfacción que desde ese día acude mucho público a los estudios durante esas trasmisiones en las que también son muy aplaudidos Tito Álvarez, Nilda Espinosa y Carlos Alas, entre otros valiosos artistas.

Ya para esta fecha Elena se ubica entre las voces femeninas favoritas de la emisora junto a Celia Cruz, Tomasita Núñez, Rosa Roche, Nilda Espinosa, Chea Lozano, Matilde Camejo, Olga Rivero y Julieta Peñalver, según una encuesta convocada por la misma.[14] Casi todas ellas figuran en *Caravana de Arte*, espacio que durante un tiempo se realiza en dos sesiones nocturnas, e incluso, da nombre a los espectáculos de Mil Diez que, por control remoto, se presentan desde múltiples escenarios y eventos culturales,

---
[12.] Periódico *Hoy*, 18 de enero de 1944, p. 6.
[13.] Periódico *Hoy*, 3 de noviembre de 1943, p. 6.
[14.] Periódico *Hoy*, 15 de octubre de 1943, p. 7.

sociales y políticos, incluyendo los de propaganda antifascista en medio de la Segunda Guerra Mundial.

Una gran sintonía alcanzan las audiciones de Mil Diez, lo que se refleja en la abundante correspondencia que diariamente llega desde las más distantes regiones de Cuba y otros países, la afluencia de público a sus estudios, los elogios de diversas publicaciones y los lauros ganados por sus realizadores y artistas. En diciembre de 1943 la ACRI, además de los premios a la Gran Orquesta Mil Diez y a Carlos Alas del Casino, otorga su galardón a Félix Pita Rodríguez, como el autor dramático más destacado del año y a Arcaño y sus Maravillas, el de mejor orquesta típica. Por su parte la incipiente labor de Elena cantando las piezas de autores como Guzmán, Collazo y Orlando de la Rosa ganaba elogios, especialmente con la interpretación del bolero de Orlando titulado «Quién sabe», el que según la revista *Radio Guía* de diciembre, es un éxito.

Un año de intensa labor

1944 es un año de intensa labor artística para la novel cancionera y todos los artistas que laboran en Mil Diez. Aunque Cuba no tiene una implicación directa en la guerra, la misma origina miseria en los más humildes. Elena es una de las tantas jóvenes que se ve obligada a trabajar, renunciando a los derechos y placeres de su edad, para ayudar al sustento de la familia.

El mismo primero de enero, además de *Cantos y Melodías*, el programa del mediodía con Guzmán, Nilda Espinosa y Carlos Alas, retorna a la emisora a las diez de la noche para compartir con González Mántici, Celia Cruz, Margarita Díaz y el recio actor y recitador Paco Alfonso, la parte artística del acto conmemorativo por el sexto aniversario del Centro Benéfico Jurídico de los Trabajadores de Cuba.[15]

El día siguiente fue similar, programa al mediodía y, en la noche con la *Caravana de Arte*, junto a la pianista Zenaida Romeu, Celia Cruz, la soprano Margarita Díaz y el barítono Zaphir Palma, actuación en el Centro de Dependientes ubicado en Muralla 107 altos, por la toma de posesión del Comité Ejecutivo del Sindicato de Obreros y Dependientes de Almacenes de Víveres.[16] Así es el ritmo

---
[15.] Periódico *Hoy*, 1 de enero de 1944, p. 6.
[16.] Periódico *Hoy*, 2 de enero de 1944, p. 6.

de trabajo en aquel agitado primer semestre de 1944, en que son casi cotidianos los actos de todo tipo. En el orden político uno de los más significativos se produce en el Teatro Nacional el 22 de enero cuando se proclama la transformación de la Unión Revolucionaria Comunista en Partido Socialista Popular (PSP). El mismo, como parte de la lucha por la presidencia del país, incrementa los actos masivos, muchos de los cuales reciben el apoyo del elenco de Mil Diez, el cual también se favorece con el patrocinio que algunos de sus candidatos realizan a varios espacios.[17]

En ese contexto, la emisora realiza cambios en su programación a partir de 15 de febrero, sobre todo en un gran bloque entre las ocho y las doce y media de la noche, en el cual durante cuatro horas y media ofrece incesantes novedades en un bloque que reúne dramas, aventuras, comentarios y música de todo tipo. Para enriquecer la programación musical se contratan artistas como Aurora Lincheta, Miguel de Gonzalo, Doris Santa Cruz y se crean espacios como *México canta*, el cual protagoniza un conjunto cultor de la música típica de ese país con los cantantes Alfredo de la Fe y Rafael Alsinas bajo la dirección de Rafael Ortega; Tres canciones en la noche, el cual tiene como centro las canciones de Guzmán, así como una nueva orquesta Mil Diez para ritmos norteamericanos bailables: jazz, swing, slows, blue, la que dirige Juan (Jhonny) Castro.

Un poco antes, justo el 12 de febrero, el periódico *Hoy*, el que promueve sistemáticamente la programación y los artistas de Mil Diez, saca en la edición de ese día en la página seis la foto de Elena en la sección «Conozca a nuestros artistas» calificándola de «simpática y valiosa artista exclusiva de Mil Diez». Ella junto a numerosas agrupaciones y solistas tiene participación destacada en el gran acto que el PSP organiza el 24 de febrero en celebración de la efeméride de ese día y por la terminación del primer Gran Carro de la Victoria, otra de las iniciativas del dirigente de ese partido Joaquín Ordoqui.

Según reseña el rotativo en primera plana en la edición del 25, era el carro de propaganda «más lujoso y mejor dotado de los que existen en Cuba, posee potentes amplificadores, dos proyectores

---

[17.] El alcalde de Guanabacoa, el joven y dinámico Lolo Villalobos, devino patrocinador de *Cantos y melodías*, uno de los programas en que participa Elena. Por su parte, Carlos Saladrigas, cuya campaña apoya mucho Mil Diez con el slogan «de Oriente a Occidente, ¡Carlos Saladrigas, presidente!», patrocina espacios como *México canta* y *Momento afrocubano* que tiene de figura principal a Celia Cruz.

cinematográficos, un salón para orquesta con su correspondiente piano, canales para luz fluorescente, entre otros recursos». Para rendirle homenaje de agradecimiento a los obreros de esos talleres por su colaboración magnífica y responsable, como proclamaba *Hoy*, y disfrutar del formidable *show* que se ofrece, concurren cientos de habaneros a la carrocería de Medina y Talleres de mecánica de Pepe Díaz, lugar donde se construyó el carro de la victoria, los que estaban ubicados en Calzada del Porvenir, casi esquina a Luyanó.

La actividad se inicia con la actuación del Conjunto Mexicano Mil Diez bajo la dirección del maestro Rafael Ortega, luego se proyecta un filme soviético, posteriormente se trasmite el programa *Recodo Argentino*, actuando al frente de la orquesta el maestro Guzmán, además de los cantantes Nilda Espinosa y Miguel Ángel Penabad acompañados de los guitarristas Landa, Llerena y Tabranes; seguidamente se presenta la orquesta Kubaney con su cantante Fantasmita, dando paso al denominado Mosaico Musical con las actuaciones de Elena, Tito Álvarez, Wilfredo Fernández, Margarita Díaz y Julieta Peñalver. Finalmente se presentan los realizadores del programa *Recordando el pasado*, contando con los vocalistas Alfredo de la Fe y Bienvenido León acompañados del maestro González Mántici y la Orquesta Mil Diez y luego el legendario Trío Matamoros, agrupación insigne de la que Elena luego incorpora varias composiciones a su repertorio.

Entre otras actividades de gigantescas proporciones en las que tiene participación está la verbena *A la luz de la luna*, en homenaje a Segundo Quincosa, secretario general de la Federación de Trabajadores de la provincia Habana, la cual fue realizada en el estadio la Polar, el 1 de abril de 1944, con el auspicio de más de veinte sindicatos. A amenizarla contribuyen además la pianista Zenaida Romeu, Celia Cruz, Zaphir Palma y otros artistas que actúan en un *show* que se presenta a medianoche, así como diecisiete agrupaciones de mucho prestigio, tales como la de Arsenio Rodríguez, Anacaona, Arcaño, Jóvenes del Cayo, Hermanos Contreras, Ideal y Havana Casino.

Ocho días después se produce, en el pintoresco pueblo de Bejucal, la proclamación oficial de Carlos Saladrigas como candidato presidencial de la Coalición Socialista Democrática.[18] Ella era una de

---

[18.] «Miles de personas en los actos celebrados el domingo en Bejucal». *Hoy*, 11 de abril de 1944, p. 4.

las más jóvenes integrantes de la gran caravana que, alrededor de las diez de la mañana del domingo 9 de abril, parte de Carlos III, a los acordes de himnos que son amplificados por el Carro de la victoria, el cual encabeza la comitiva formada por treinta ómnibus y cerca de cuarenta autos, los que realizan paradas en Rancho Boyeros y Santiago de las Vegas.

Luego de vibrante mitin, en el que hacen uso de la palabra Blas Roca y el doctor Rafael Guas Inclán, gobernador de la provincia nominado a ratificarse en ese cargo, se inicia el gigantesco desfile artístico en el que toman parte el Conjunto Matamoros, la Orquesta Kubaney y, bajo la dirección de los maestros Guzmán y Mántici, numerosos intérpretes, preferentemente de la música argentina, mexicana y cubana, entre ellos Rafael Alsina, Bienvenido León, Nilda Espinosa, Aurora Lincheta, Celia Cruz y Elena, quien pocos días después se suma a otras actividades de similar matiz, pero en barrios habaneros.

Entre las más significativas está la realizada el 19 de abril cuando comparte con la profesora Zenaida Romeu y Celia Cruz, en Zulueta 660 altos, en el homenaje que el barrio Arsenal ofrece a dos candidatos por el PSP: Severo Aguirre del Cristo, presidente de la organización Juventud Revolucionaria Cubana y aspirante a representante, y a Rafael Mariera, candidato a concejal. En el acto las palabras centrales las pronuncia Carlos Rafael Rodríguez, dirigente partidista y ministro sin cartera del gobierno de Fulgencio Batista.[19]

Por su parte la noche siguiente, ella y Celia Cruz cantan acompañadas del futuro Rey del mambo, Dámaso Pérez Prado, en las calles Flores y Subirana, en el Cerro, en donde el Comité de ese barrio capitalino proclama candidatos a Blas Roca, secretario general del PSP y aspirante a representante, y a Ramón Nicolau aspirante a concejal y quien era muy estimado en ese barrio donde había nacido y ejercido, igual que el padre de Elena, la modesta labor de obrero zapatero.

El periódico *Hoy* al reseñar esta actividad el día 21, precisa que Blas Roca realiza el resumen del acto, llamando a derrotar la Alianza Auténtico-Republicana, meta que finalmente no pueden lograr.

[19.] «Actividades del PSP». *Hoy*, 19 de abril de 1944, p 4.

La voz estilizada de la canción

La voz de contralto de Elena desde el inicio atrae por su potente registro y su riqueza de matices. Fue un regalo de la naturaleza, una flor que crece de forma espontánea y espléndida. Varios de sus colegas le aconsejaron que estudiando canto, puede llegar muy lejos en su carrera. El propio maestro Guzmán la pone en contacto con el reputado profesor Lalo Elósegui, pero este luego de escucharla detenidamente le aconseja que si no iba a hacer carrera como cantante lírica, mejor era que continuara como hasta entonces y Elena respeta esta recomendación.

Lo del calificativo de La voz estilizada de la canción,[20] es muy probable que haya sido iniciativa de Ibrahím Urbino, pues el director general de Mil Diez no abandona nunca su faceta de locutor y entre los programas que anima con su dinamismo e ingenio característicos se encuentra el espacio *Melodías y canciones*. No hemos escuchado las placas de aluminio y acetato que ella graba para esa emisora,[21] ni tampoco los discos que en 1949 hace para el sello Lina pero es de confiar, por el rigor profesional de Urbino, que el calificativo fuera merecido.

En nuestra opinión ello demuestra que desde una etapa tan temprana de su labor se resaltaban sus cualidades interpretativas, pues muchas veces este tipo de epítetos o calificativos con el que se denominaban a los vocalistas, más bien resaltaban sus atributos físicos que sus virtudes artísticas. Al igual que Elena, otras denominaciones que hacen justicia y no eran trivial alabanza, son las de Wilfredo Fernández a quien denominan El cancionero mejor, Tito Álvarez, La voz del romance. Por su parte Celia Cruz ya se había hecho acreedora al calificativo de La mejor intérprete de la canción afro, modalidad que, sin desdorar su desempeño en otros ritmos y géneros, tal vez fuera su mayor conquista durante décadas.

[20.] La primera referencia que hemos encontrado al calificativo de La voz estilizada de la canción, se encuentra en el periódico *Hoy*, 24 de noviembre de 1943, p. 6.
[21.] José Reyes Fortún, *Un siglo de discografía cubana*, Ediciones Museo de la Música, La Habana, 2017, p. 278, afirma que Elena graba varias placas no comerciales en Mil Diez y la más antigua que ha podido localizar data del 25 de octubre de 1943, en ella canta «Nuestras vidas», de Orlando de la Rosa. Por la otra cara se incluye una pieza por Wilfredo Fernández.

Elena y Celia Cruz

Celia Cruz fomenta con Elena una hermosa amistad que luego se consolida en la rutilante etapa de ambas junto a Rodney, Vilma Valle y Las mulatas de fuego.

Conocí a Elena en 1940 cuando salimos de *La Corte del Arte*, es de las cantantes que pueden estar cantando y cantando, sin ponerse afónica siento una gran admiración por Elena...

Vilma Valle*

Aunque el repertorio asumido, la edad y la experiencia en la escena de ambas en aquellos lejanos años, tienen sus diferencias, puesto que Celia tiene unos cuatro años más de edad y también de estar cantando ante el micrófono, con el paso de los días el vínculo profesional y afectivo las fue acercando mucho. Una simple revisión del periódico *Hoy* demuestra fehacientemente que Elena tiene a Celia por compañera en la mayoría de los programas y espectáculos que realiza para Mil Diez entre 1943 y 1944. Tal vez ese contacto influye en que la más joven vaya abriendo su espectro interpretativo, o al menos al conocimiento de otros estilos que no eran su línea principal.

Aunque gustaba del afro, el tango, el son y la ranchera y tenía condiciones para dedicarse a la interpretación de estos géneros, el bolero y el quehacer de cancioneras como Olga Rivero, Esther Borja, Toña la Negra y Rita María Rivero influyen más en su vocación. También hay que tomar en cuenta su temperamento y personalidad, una opinión muy valiosa es la de la compositora Marta Valdés cuando afirma: «Esta mujer de pocas palabras se enamora de corazón y piensa que el amor es tal y como lo pintan las canciones».[22]

El horóscopo, por su parte, expresa que los nacidos bajo el signo de piscis, tienen una personalidad tranquila y amable, que tienden a existir de forma emocional más que de forma racional, por eso gustan de retirarse a un mundo de sueños y fantasías. En fin, se puede valorar desde diversas perspectivas su preferencia por el bolero, pero más allá de conjeturas y opiniones, no se debe olvidar que el bolero cubano nuevamente se impone en el mundo y los maestros

---

[22] Marta Valdés: *Elena Burke, en Donde vive la música*. Ediciones Unión, La Habana, 2004, p. 120.

que ayudan a moldear su personalidad artística son algunos de los grandes innovadores del mismo y de la cancionística en general.

Elena Burke y Celia Cruz

En el segundo semestre de 1943, por ejemplo, Elena tiene el honor de ser partícipe, bajo la guía de Guzmán, de los primeros arreglos armónicos de la música cantada en Cuba. Nunca antes había sonado de esa manera la orquesta acompañando un canto, pues «se tuvo en cuenta que la orquesta no es la que canta, sino la que acompaña. ¿Y acompaña a quién? A una persona que canta y que tiene su registro, su tesitura, su emoción, su manera de decir, su poesía, su personal calibración del sentido de la palabra».[23] Así que todas esas experiencias explican la justeza del calificativo de *La estilista de la canción* y aún más: allí estuvo la génesis del particular estilo que, poco después, la convierte en reina indiscutible del *feeling*, movimiento del que con toda justicia el maestro Guzmán fue considerado uno de sus baluartes.

---

[23] Oscar Luis López: Obra citada, p. 315.

Los muchachos del feeling

La Cadena de las Américas, fundada por el poderoso monopolio de la CBS, fue una de las vías a través de las cuales la obra de Lecuona, Gonzalo Roig y Osvaldo Farrés, entre otros compositores cubanos, encuentra significativa promoción en Estados Unidos. De la misma manera, por ese y otros importantes medios, especialmente el disco y el floreciente cine musical de entonces, nos llega la música de la que ya se iba convirtiendo en la gran potencia del mundo.

En Cuba, el principal eslabón de la Cadena de las Américas es la RHC Cadena Azul, la cual tiene precisamente en ese intercambio cultural uno de los elementos que la favorecen. Aunque en el ámbito radial y de la cultura en Cuba la influencia de los ritmos y formatos de aquellos predios es significativa desde las primeras décadas del siglo xx. Hasta la Mil Diez tiene entre sus programas de mayor *rating* los que difunden la música norteamericana, por eso nadie en esa emisora pone impedimento alguno cuando empiezan a llegar los cultores del *feeling*, quienes muy pronto se convierten en los grandes renovadores de la trova, el bolero y la cancionística cubana.

Se puede afirmar que ese portavoz del Partido Socialista Popular fue la casa del *feeling*, el nuevo estilo de bolero concebido por un grupo de jóvenes habaneros bajo la impronta del jazz y los *crooners* norteamericanos de moda. De esta forma de cantar, o mejor, decir la canción romántica, se fue pertrechando la novel intérprete que, no obstante, nunca abandonó el repertorio de esa otra valiosa pléyade de pianistas compositores, la cual tiene mayor protagonismo en la escena musical cubana hasta finales de esa década en que el mambo y el *feeling* comienza a ganar el favor del gran público.

Según cuenta Elena, su primer contacto con los artífices del *feeling* fue a través de César Portillo de la Luz: «tan serio siempre, quien llegó a mi casa para enseñarme una canción, así lo conocí, pero yo tenía unos 14 años y estaba en el suelo, jugando a los yaquis con una pelotita. Portillo se quedó helado».[24]

[24.] Orlando Quiroga: «Confesiones de La Señora Sentimiento». *Opina*, julio de 1985, Álbum de recortes de la artista, Museo Nacional de la Música.

Testimonio de César Portillo de la Luz*

Yo la conocí en el año cuarenta y cuatro, hicimos una buena amistad que ha durado hasta estos días. Tenía una voz muy singular... tenía una manera de proyectar lo que cantaba, que está dentro de eso que llamamos *feeling* o sea cantar con sentimiento, no cantar con puro alarde de cantantes, en cuanto a estilo o a voz, o sea me di cuenta que Elena era una artista y que proyectaba todo su interior a través del canto, pienso que a través del tiempo ella ha mantenido una calidad pese a los años que siempre nos restan, siempre ha mantenido una calidad como cancionera nuestra y no por gusto se le dice como La Señora Sentimiento, pienso que Elena todavía tiene algo que darnos y que nosotros todavía debemos esperar de ella algo que nos sorprenda...

Mientras que Elena recuerda al Maestro*

Yo estaba jugando yaqui en el piso y llego César Portillo de la Luz, ese fue el comienzo del todo: «no que yo la vine a buscar para...» yo dije: «hay Dios mío», me avergoncé toda... dijo: «yo también juego yaquis en mi casa», el maestro es así muy espontáneo, yo le dije: «bueno Maestro no...» «que yo la vengo a buscar para que trabaje con nosotros la línea del *feeling*», usted creo que yo puedo vamos.

Ellos se reunían en el Callejón de Hamell en casa de Ángel Díaz y yo de atrevida y fresca me metí en el grupo de hombres, además la mayoría eran hombres, yo estaba fascinada con eso, una vez incluso llegué a las seis de la mañana y estaban mi padre y mi madre esperando, fue mucho lo que me dijeron, yo no estaba haciendo nada, estaba cantando y oyendo, se me olvidó la hora y llegué a las 6 de la mañana.

El *feeling* es un estilo que sigue, a pesar de no ser igual, a la trova tradicional yo pienso que si la trova ha durado tanto y durará, nosotros también tenemos un pedacito ahí, hasta ahora, cincuenta y siete años que yo estoy canta y canta, pues nunca se me ha rechazado, siempre he sido aceptada muy bien y yo invento unas cosas que le dicen *feeling*...

Un día le dicen que los muchachos del *feeling* se reúnen en casa de Angelito Díaz en el Callejón de Hamell y para allá va:

> Yo llegaba a mi casa a veces a las cinco de la mañana, y lo más gracioso, que prácticamente todos eran hombres, y yo allí metida a esa hora. Yo tenía quince años y estaba hecha un bichito, flaquita. Pero me gustaba mucho la música y en la casa de Angelito había locura por la música. Allí también conocí a Aida Diestro, que sería después la directora de nuestro cuarteto [...] Muy buena gente los muchachos del filin. Allí estaban siempre César Portillo de la Luz, José Antonio Méndez, Justo Fuentes, Pablo Reyes, Luis Yáñez, Armando Peñalver, por supuesto Angelito Díaz y su papá, buen compositor, y su hermano Tirso. Y una cosa muy importante: a nuestras reuniones asistía Lázaro, Lázaro Peña. Con él aprendimos mucho acerca de cuestiones sociales, políticas culturales.[25]

Esa etapa inicial del *feeling* coincide con un período muy difícil para el artista cubano, pues a los males de la posguerra, se unen otros que prácticamente le impiden vivir de su arte. Por un lado, en las principales emisoras los programas musicales se realizan con discos o estrellas extranjeras y, por otro, el gobierno de Grau San Martín, para frenar el juego y la corrupción, cierra los cabarets y otros centros nocturnos, lo que trae nefastas consecuencias en los humildes hogares de legiones de artistas y músicos. Ante la escasez de trabajo, cobra auge el éxodo de muchos de ellos a México y otros países, de la extensa lista resaltemos a cantantes como Vicentico y Alfredo Valdés, Rosita Fornés y Benny Moré. Por su parte entre los grandes músicos baste mencionar a René Hernández, Chico O'Farrill, René Touzet y algunos de los mejores percusionistas cubanos de todos los tiempos, desde Candito Camero a Chano Pozo, pasando por Armando Peraza, Justi Barreto, Silvestre Méndez y Mongo Santamaría, entre otros que han hecho historia en el *latin jazz* y la salsa.

Elena, que ya era el sostén principal de su familia, nunca le da la espalda en busca de beneficios personales en ningún otro país.

---

[25] Félix Contreras: Porque tienen filin, Editorial Oriente, Santiago de Cuba, 1989, pp. 51-52.

Sencillamente buscaba trabajo en cualquier lugar de La Habana, fue una etapa de mucha inestabilidad, pues solo ocasionalmente lo encuentra en la Cadena Roja, COCO, CMCY Radio O'Shea y CMBQ, la emisora de la Loma del Mazo. Según el testimonio de Omara Portuondo y otros filineros, fue ella a través de estas dos últimas emisoras la primera intérprete femenina de esta modalidad.

Elena Burke en la COCO

Omara Portuondo*

Elena Burke para mí, es lo que te expresé anteriormente, la mejor cantante de boleros que hemos tenido en Cuba. Primero su voz, una voz que llena mucho, tiene una voz de potencia, es una gente muy sensible como músico intérprete extraordinaria, yo para mí es la número 1 en este país, cada cual con su característica, pero Elena nunca pero nunca tendrá sustituta, es insustituible...

En nuestras búsquedas a través de diversos periódicos y revistas entre 1945 y 1946 apenas se menciona su nombre en alguna que otra actividad de escasa trascendencia.

Por otro lado, es una realidad rotunda que en la segunda mitad de los años de 1940, etapa fundacional del *feeling*, Miguel Gonzalo, Reinaldo Henríquez y Pepe Reyes fueron las voces que más se impusieron interpretando las canciones de esta modalidad, tanto que algunos afirman que Miguel de Gonzalo es el artífice de este estilo vocal y, entre las mujeres, Olga Guillot, quien fue electa en 1946 mejor cancionera por la ACRI, año en que graba en el sello Panart su versión de *Stormy Weather* como «Lluvia gris» y, según se dice, también tiene el mérito de estrenar «La gloria eres tú», de José Antonio Méndez.[26] El nombre de Elena Burke lo encuentro nuevamente en diversas celebraciones y proyectos significativos a partir de 1947. El 16 de febrero participa en el Teatro Nacional en el acto de coronación de Iris Burguet como Reina Nacional de la Radio, junto a figuras y agrupaciones del prestigio de Esther Borja, Guillermo Portabales, María de los Ángeles Santana, Alicia Rico, Maruja González, Mario Fernández Porta y Armando Oréfiche y la Havana Cubans Boys.[27]

Rodney y Las Mulatas de Fuego

En los primeros meses de 1947, la cancionera realiza un giro notable en el universo del canto y del espectáculo, cuando integra, de cantante y bailarina, la compañía fundada por un nuevo coreógrafo que, pocos años después, se convierte en el mago de los *shows* en ese paraíso bajo las estrellas que es el cabaret Tropicana: Roderico Neyra, más conocido por Rodney. A raíz del rodaje en Cuba en marzo de ese año de la película estadounidense *Zumba*, luego retitulada *Sarumba*, Rodney conforma una agrupación danzariamusical para el mismo y aunque el filme nunca fue proyectado en la isla,[28] *Las Mulatas de Rodney* —más tarde rebautizadas *Las Mulatas de Fuego*— pronto impactan en teatros y centros nocturnos del país y el extranjero.

Bailan y cantan con toda la fuerza rítmica y sensual del Caribe, en bikinis que provocan escándalo en las señoras de la rancia burguesía criolla. Sobre sus integrantes, testimonios y opiniones a veces se contradicen, porque el grupo sufre continuos cambios en sus bailarinas, cantantes y músicos que colaboran con sus obras. Bobby Collazo, que al igual que Gilberto Valdés, Felo Bergaza y Bebo Valdés, fue uno de los más importantes compositores vinculados al grupo, afirma en su libro de memorias *La última noche que pasé contigo*, página 277, que en el debut de Las Mulatas de Fuego, en 1947, con la música concebida por él para la producción *Serenata mulata* cantaban Elena, Celia Cruz y Xiomara Alfaro, pero no precisa día y mes.

[26.] Mayra A. Martínez: *Cuba en voz y canto de mujer, la música en voces femeninas*, Editorial Oriente, Santiago de Cuba, 2018, p. 154.
[27.] Ramón Fajardo Estrada. *Yo seré la tentación*. Ed. Letras Cubanas, La Habana, 2013, p. 284.
[28.] Arturo Agramonte y Luciano Castillo. *Cronología del cine cubano III (1945-1952)*, p. 106.

Por su parte, la revista *Carteles* en su edición del 25 de mayo de ese año 1947 destaca que en el grupo de Rodney se desempeñaban como cantantes Elena, Celia Cruz, Abelardo Rivero y Jesús Leyte. Estos dos últimos luego baluartes del Cuarteto de Facundo Rivero y al segregarse ambos del mismo en 1955, líderes del no menos prestigioso cuarteto Los Rivero. Más adelante afirma esta publicación que en esos espectáculos de Rodney el pianista era el maestro Felo Bergaza. La propia Elena afirma que el debut fue en el teatro Fausto con la producción *Serenata mulata* a la que sigue *Rapsodia en Bronce y Negro*, espectáculos musicales con coreografía de Rodney y Felo Bergaza en la dirección orquestal. Luego el grupo hace numerosas presentaciones en el teatro Encanto, sito en Neptuno entre Consulado y Virtudes, así como en el Alkázar (luego Teatro Musical de La Habana), lugares estos donde comparten actuaciones con prestigiosas figuras como la vedette Josephine Baker.[29] Sin dudas, la historia de esta agrupación amerita un estudio más detallado, sobre todo cotejando diversas publicaciones de la época.

Parte del elenco del espectáculo Rapsodia en Bronce y Negro. *Teatro Follies, Ciudad de México, 1948*

No obstante, lo que sí se puede asegurar es que desde su fundación y hasta finales de 1950, que es la fecha del debut en Cuba de la

---

[29] Reseña de la artista para la Gala por los 45 años de su carrera artística de Teatro América, 1987.

Baker, Elena tiene un desempeño significativo en la misma. Durante ese período hay que resaltar el vínculo que ella mantiene con Bebo Valdés, quien por entonces ya estaba relacionado con los muchachos del *feeling* y es autor de la música de la producción *Orquídeas*, gran éxito de Las Mulatas de Fuego, y de otras composiciones que ella asumiera como integrante de un cuarteto vocal fundado por Bebo. Lamentablemente ese cuarteto fue de efímera existencia, pues poco después de fundado en 1947, Bebo parte a la capital de Haití donde permanece hasta inicios de 1948. Su hijo Chucho aún recuerda los ensayos que Elena realiza en su casa, ubicada en el barrio de Santa Amalia, lugar donde también reside el maestro Rafael Ortega.

CONCIERTO DOMINICAL

El selecto programa que la Radio Cadena Mil Diez ofrece cada domingo, a la 1.45 de la tarde, bajo la dirección de Rafael Ortega, presenta en su audición de hoy como artistas invitados a

BEBO VALDES

Y SU CUARTETO DE VOCES
Integrado por Nelia Núñez, Elena Burke, Doris Santa Cruz y Jesús Leyte, que interpretarán arreglos vocales de Bebo Valdés.

PROGRAMA

Siboney	Lecuona
J'Attendrai	D. Olivieri
Rosa Mustia	A. Díaz
Arrullo de Mar	J. B. Tarraza
Soledad	E. Valera
Falsa Ilusión	B. Valdés

MIL DIEZ   HOY   1.45 P.M.

Ortega tuvo la gentileza de invitarlos a su programa dominical de la Mil Diez el 5 de octubre y, según el programa publicado en el periódico *Hoy* ese día, el cuarteto, integrado por Elena, Doris Santa Cruz, Nelia Núñez y Jesús Leyte, interpreta, entre otras composiciones, «Falsa ilusión», del propio Bebo, y los arreglos suyos de dos obras representativas del *feeling*: «Soledad», de Eligio Valera y «Rosa mustia», de Ángel Díaz, lo que confirma que el notable pianista y compositor es uno de los primeros y más brillantes arreglistas de ese movimiento.[30]

Las Mulatas de Fuego con Tongolele (centro), Meche Lafayette a su derecha, Elena Burke (extremo superior izquierdo, de pie), Celia Cruz (extermo inferior derecho, sentada), Vilma Valle (detrás de Celia). México, 1948

Primeras giras internacionales

Cuando en noviembre de 1947 el Indio Fernández, uno de los más relevantes cineastas mexicanos, viene a Cuba a filmar diversas escenas de la película *María la O*, formaba parte de su equipo el coreógrafo Chato Guerra. El mismo queda fascinado con el grupo de Rodney, gestionando poco después un contrato que posibilita su debut en el Follies Bérgere, uno de los principales centros nocturnos de la capital del hermano país. Fue el Chato el autor del cambio de nombre y posiblemente de la inclusión del grupo en una de las escenas de *Salón México*, filme del Indio que fuera laureado en importantes certámenes del séptimo arte.

Para esa etapa en que Las Mulatas de Fuego inician su despegue internacional Elena, Celia Cruz y Vilma Valle eran las cantantes

---

[30] Rafael Lam. *El impero de la música cubana*, p. 212, afirma que Bebo retorna de Haití en enero de 1948 tras cuatro meses en ese país. Por tanto su partida de La Habana debe haber sido a escasos días tras la actuación de su cuarteto en el programa de Mil Diez.

del grupo. Celia asume preferentemente las canciones afro, Vilma las románticas y Elena desde sones a boleros, incluyendo piezas de sus amigos del *feeling*. Simultaneaban esta labor con su desempeño como solistas en diversos sitios de la capital, Vilma sobre todo en Tropicana y Celia en Mil Diez hasta su clausura en 1948 y luego en Radio Suaritos. Elena por su parte se enrola en diversos proyectos efímeros, como solista de un espectáculo viaja a Kingston, Jamaica, con una pareja de baile que funda Litico Rodríguez. Fue esta su primera salida al exterior. La pareja bailaba y ella cantaba, aunque en ocasiones bailaban los tres.

Otra que recordaba con particular satisfacción es la gala de inauguración del Teatro Warner (hoy cine Yara), en la que baila de pareja con Rolando Espinosa. En ese lapso de tiempo tampoco deja de cantar en distintas emisoras, incluyendo ocasionalmente la Mil Diez donde se relaciona con Omara y Frank Emilio, integrantes del Grupo Loquibambia con el que colabora cuando es necesario el guitarrista Froilán Amézaga, posteriormente su acompañante por excelencia en sus años de mayor esplendor.

Sin embargo, el trabajo con la agrupación de Rodney, que es muy solicitada, ocupa la mayor parte de su tiempo durante los últimos tres años de la década de 1940. Con ella realiza, finalizando 1948 actuaciones en países como Jamaica, Curazao y Venezuela. La revista *Cubamena* de enero de 1949, comenta brevemente sus actuaciones en diciembre por escenarios de la patria de Bolívar, entre ellos Radio Caracas, lugar donde, además de Celia Cruz y Vilma Valle, comparte actuaciones con Manolo Monterrey, cantante cubano que se había establecido en ese país, descollando junto a agrupaciones como la *Billo's Caracas Boys*.

Una de las mayores alegrías que le proporciona su labor en Las Mulatas de Fuego, es poder trabajar con importantes figuras de la música cubana e internacional entre ellas Tongolele en 1948, Josephine Baker en 1950 y con Rita Montaner en diferentes fechas y escenarios.

Según confesara en varias entrevistas, Rita siempre fue una de sus referencias, gustaba mucho de sentarse a disfrutar sus actuaciones, además de aprender de su desempeño en la escena, de la habilidad y cubanía que La Única derrochaba. Dos de las principales obras que le permiten alternar con ella en 1949 fueron la revista *¡Mamá no puedo con ella!*, exhibida en el teatro Campoamor en el mes de septiembre por la compañía Pous-Sanabria, y, al mes siguiente, en la producción *Orquídeas*, con música de Bebo Valdés y coreografía de Henry Bell, obra que cierra una temporada de Rita en Tropicana, la cual se había prolongado durante cuatro años.

Primeras grabaciones comerciales

En febrero de 1949, Elena cumple veintiún años de edad y ya acumula seis de duro bregar en el ámbito artístico, donde eran mejor remuneradas figuras y agrupaciones extranjeras como María Luisa Landín, Toña la Negra, Myrta Silva, Libertad Lamarque, Bobby Capó, Daniel Santos o el Trío Los Panchos, agrupación que impone un estilo que tiene legiones de seguidores. Con el éxito abrumador de programas dramáticos y radionovelas como *El derecho de nacer*, los programas de canciones escasean en la radio, medio que comienza a perder fuerza con la desaparición de Mil Diez y la decadencia de emisoras como RHC Cadena Azul y Radio Suaritos.

El mal se agrava con el furor de ritmos bailables como el mambo y luego con la aparición de la televisión, medio donde prácticamente solo tienen cabida las figuras consagradas y muy pocas noveles que logran imponerse a través de las grabaciones discográficas, recurso al que acude Elena, según reseña la revista *Cubamena* en su edición de abril de 1949. Un poco antes un grupo de accionistas, entre los que se encontraba Manolo Fernández, *El Caballero del Tango*, apoyan la compañía de discos Lina, para la que ella realiza las primeras grabaciones comerciales de las que se tiene conocimiento.

Con los boleros «Quédate esta noche», de O. Porres, y «Lejano amor», de Pablo Cairo se inicia en este medio. El primero con el respaldo de la Orquesta Boufartique y el segundo con el conjunto del propio Cairo, compositor que con las guarachas que le interpreta Daniel Santos y la Sonora Matancera, había logrado enorme popularidad, resultado que no tienen estos primeros registros hechos por Elena, quien en agosto de ese año, según afirma la revista *Radio Selecciones*, sí triunfaba cada noche en la marquesina del Hotel Saratoga, sitio clave de los Aires Libres del Prado en donde alternaba con Nelo Sosa y otros artistas.[31]

[31.] Según el testimonio del productor de la EGREM Jorge Rodríguez, en El Saratoga existe, en esa fecha una cabina desde la cual Elena, acompañada del maestro Candito Ruiz, reali-

Al iniciarse el último mes de 1949, exactamente el día cuatro de diciembre, Elena participa en el Teatro Nacional en La Fiesta del Compositor, la cual fue auspiciada por el Sindicato Nacional de Autores Musicales. En la misma brindan su colaboración, además de los relevantes creadores musicales e intérpretes cubanos, algunos extranjeros que por entonces actúan en La Habana como Daniel Santos, Myrta Silva y el trío Los Panchos.

Fue llamada por la prensa «la función más grande del año», porque realmente el desfile por ese coliseo fue extenso, entre las más significativas figuras y agrupaciones estuvieron Rita Montaner, Pepe Reyes, Marta Pérez, Esther Borja, Olga Rivero, Rita María Rivero, Cascarita, conjunto Casino, Rosita Fornés, Miguel de Gonzalo, María de los Ángeles Santana, el cuarteto Loquibambia, Isolina Carrillo, Bebo Valdés, Frank Emilio, Candito Ruiz, Facundo Rivero, Bobby Collazo, Felo Bergaza, Mario Fernández Porta y Rodney quien escenifica el cuadro Glorificación al mambo, con las actuaciones de Celia Cruz y Las Mulatas de Fuego.[32]

El espectáculo fue un merecido homenaje a los artífices de una parte sustancial del patrimonio sonoro de la isla, la mayoría de los cuales recibe míseros pagos por concepto de derechos de autor, razón por la cual no pocos sufren penurias. Entre ellos, ese grande de la trova que fue Manuel Corona, quien poco después muere en medio de la más espantosa miseria. Debido a esta situación los muchachos del *feeling* fundan, poco después, su propia editora de música, Musicabana. Varios de ellos emigran a otros países, realizan protestas y denuncian abiertamente la corrupción del gobierno de Prío Socarrás, postura valiente que le cuesta la vida a Justo Fuentes, autor de hermosos boleros cantados por Elena como «Burla».

Es sin dudas la pésima situación económica reinante, una de las razones que obliga a los músicos y artistas a buscar alternativas de trabajo. Para la joven intérprete una de las que por entonces le abre nuevas perspectivas es una agrupación que marca un hito entre los grupos vocales de Cuba: el Cuarteto de Orlando de la Rosa, del cual fue su primera voz femenina.

---

za trasmisiones para emisoras de radio.
[32] Ramón Fajardo Estrada: Obra citada, p 337.

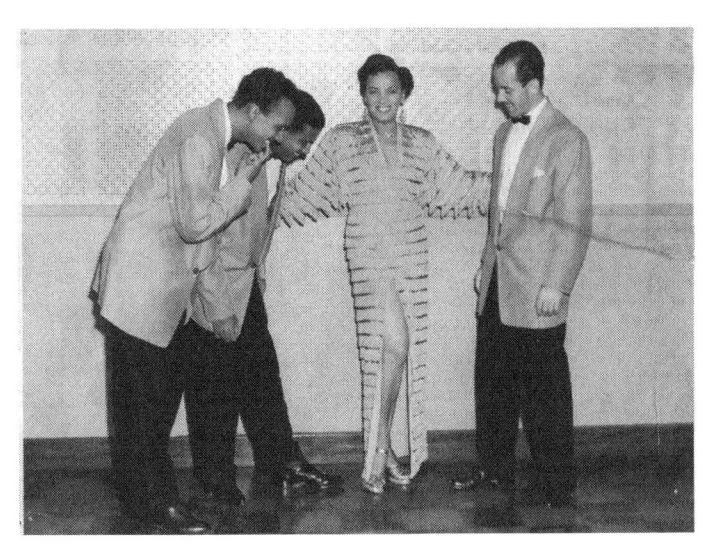

Elena Burke en el Cuarteto de Orlando de la Rosa

El Cuarteto de Orlando de la Rosa

Con Elena, Aurelio Reynoso, Roberto Barceló y Adalberto del Río, el maestro Orlando de la Rosa funda el cuarteto vocal que lleva su nombre, aunque siempre usaba el calificativo de Conjunto Vocal o Quinteto de Orlando de la Rosa, pues además de sus cuatro vocalistas se contaba entre sus miembros al pianista y director, detalle que no se tiene en cuenta en el de Aida Diestro y otros similares, sobre todo para que fuera más evidente la característica principal de este tipo de agrupación: el canto a cuatro voces.

A la preparación de sus integrantes contribuye con sus sólidos conocimientos musicales el maestro Luis Carbonell, quien mediante un exigente trabajo vocal basado en la interpretación de fugas y otras obras acompañadas instrumentalmente o *a capella*, eleva el nivel artístico de la agrupación que finalmente debuta en el teatro Martí en el espectáculo Estrellas Cubanas, el cual reúne, entre otros, a Carbonell, Rita Montaner, Esther Borja y las Hermanas Lago, todos bajo la dirección musical del maestro Rodrigo Prats.

Las obras que fundamentalmente interpreta el cuarteto son de Orlando, entre las de corte romántico más versionadas y que figuran en el repertorio de Elena por siempre sobresalen «Nuestras vidas», «Mi corazón es para ti», «Vieja luna», además de otras muy rítmicas como mambos, guarachas y rumbas. Como ha señalado el musicólogo Raúl Martínez, dada la conjugación del canto, el baile y otros recursos del espectáculo, los arreglos se realizan con recursos armónicos muy simples, generalmente una voz solista y solo se usan las cuatro para efectos o en los finales. Con esta agrupación actúa en radio y televisión, así como en los teatros Radio Cine (luego Jigüe y hoy Casa de la Música) Blanquita (hoy Karl Marx), América, Teatro Nacional, Astral, cabaret Tropicana, Sans Souci y Montmartre, en los que alternan con figuras como Pedro Vargas, Libertad Lamarque, Lecuona y Bola de Nieve.

Elena Burke en el Cuarteto de Orlando de la Rosa

A inicios de 1951, Elena recibe la propuesta de un ventajoso contrato para realizar múltiples presentaciones en México con el Cuarteto de Facundo Rivero y como sabe del excelente trabajo vocal de Omara Portuondo, aún cuando no las acercaban estrechos lazos de amistad, la propone de sustituta en el cuarteto de Orlando de la Rosa. Luego la manda a buscar para que se una con ella en el grupo de Rivero, pero el intento fracasa y Omara regresa a Cuba reincorporándose al cuarteto y como bailarina al colectivo de Alberto Alonso. Posteriormente, Elena vuelve de México y se reintegra al

Cuarteto de Orlando de la Rosa, pero como Adalberto del Río decide iniciar su carrera de solista Omara pasa a ocupar su lugar.[33]

Cuarteto de Orlando de la Rosa. De izquierda a derecha: Aurelio Reinoso, Alberto Barceló, Adalberto del Río, Elena y Orlando

El 13 de julio de 1952, cuatro meses después del nefasto golpe de estado realizado por Fulgencio Batista, la revista *Carteles* se hace eco de la gira que había emprendido desde mayo el Cuarteto de Orlando de la Rosa por Norteamérica, la cual se prolonga hasta noviembre, según el testimonio de Omara. Afirma *Carteles* que el conjunto triunfa primero en el Chateau-Madrid de Nueva York y después durante tres semanas en Canadá, país donde se presentan en el Wonder Bar de Montreal y luego en otros escenarios de Ottawa, Quebec y Toronto. Sobre los éxitos y las adversidades de esa gira que tanto anhelaba el grupo se han brindado informaciones y hasta testimonios que se contradicen en algunos aspectos, incluimos a continuación parte del que ofrece Omara en el libro *Omara Portuondo del Filin al Buenavista Social Club*, el cual consideramos el más revelador y sincero.

A pesar de los múltiples obstáculos que ese propósito engendraba, Orlando no descansó en su empeño, porque sabía muy bien lo que significaba. Por fin, valiéndonos

---

[33] La salida de Adalberto y el regreso de Omara debe haber sido cercana a la partida a Nueva York, pues la sección Tele-Radiolandia de la revista *Bohemia*, 24 de febrero de 1952, p. 48, publica foto y breve comentario en el que aparecen Elena, Adalberto, Barceló y Reynoso.

de un contrato falso, el cual presumía un trabajo fijo en un *night club* de la ciudad de Nueva York, nombrado La Taberna Cubana, pudimos llegar a ese país.

De inmediato nos vinculamos con empresarios y agencias de contrataciones de artistas y, al cabo de varias semanas de gestiones nos pusieron a trabajar en teatros latinos, *night club* y hoteles, todo eso lo hacíamos sin parar, ¡no descansábamos!..., siempre de un lugar para otro. Había que hacerlo así porque llevábamos la idea fija de triunfar y talento había, lo que se necesitaba era trabajar duro, y así lo hicimos.

Transcurridas unas semanas, cuando ya habíamos logrado cierta estabilidad, nos propusimos recorrer otros Estados. Visitamos Filadelfia, Cincinatti, Nevada y, después, viajamos a Canadá. Llegar a la ciudad de Las Vegas en ese momento era algo difícil y allí triunfamos, ocupamos el primer lugar en popularidad..., en esa época este éxito constituía un importante récord. ¡Gustamos muchísimo! [...]

Al principio hubo días en que era insuficiente el dinero que disponíamos para alimentarnos, entonces, en la Avenida Broadway, de la ciudad de Nueva York, había restaurantes italianos muy económicos, que aumentaban los precios en la medida en que avanzaba el día, el inicial del plato de espaguetis con bolas de carne era de cincuenta centavos, entonces, Elena y yo nos escapábamos temprano e íbamos a comer esas cosas, lo hacíamos secretamente, porque teníamos una *manager* que nos tenía prohibido ese tipo de alimentos, peleaba muchísimo..., ¡figúrense!, esas comidas contienen muchos carbohidratos y contribuían a aumentar nuestros pesos, y la figura de la época también resultaba ser muy espigadita, con la llamada cinturita de avispa.

De esa gira recuerdo algo también simpático, y es que Elena viajaba con sus cazuelas para hacer sopas, ¡muy sabrosas por cierto! y, en una ocasión, al regresar de un recorrido fuera de la ciudad de Nueva York, alquilamos un cuarto en una azotea de un edificio que tenía unas escaleras estrechas e interminables, y cuando íbamos

a mitad del trayecto, no recuerdo bien si fue Aurelio Reinoso o Roberto Barceló, que ayudaba a Elena con su equipaje, exclamó: "Elena, no sé qué traen estas maletas que pesan tanto... ¡hoy te las cargo por última vez!". Supongo que pesaban tanto por las cazuelas.
Al regresar a Cuba, a Elena y a mí Orlando nos sacó del quinteto por gordas... ¡era por todo!, ¡por los sopones de Elena, los espaguetis...! por todo!..., parece que a Orlando le propusieron un nuevo contrato en ese país y para los requerimientos estéticos que le exigían, nosotras estábamos pasadas de peso... ¡nos quedamos fuera![34]

Cuarteto de Orlando de la Rosa, Orquesta Anacaona y Luis Carbonell. @Adalberto del Río & Orlando de la Rosa

Cuatro años, cuatro muchachas...

1953 es un año particularmente amargo y doloroso, y de gran pujanza cultural, como no pocas paradojas y contradicciones que se acumulan en la historia de Cuba. El astuto Fulgencio Batista hace lo imposible para ganar adeptos y brindar una imagen de prosperidad y luminoso futuro.

Precisamente la música es la expresión de la cultura nacional que, en medio de la compleja situación político-social que se vive, más se consolida en la sensibilidad del cubano y la que mejor se

---

[34.] Eliseo Palacios García. *Omara Portuondo del Filin al Buena Vista Social Club*. Ediciones Adagio, La Habana, 2010, pp. 143-148.

proyecta al mundo. La música deviene centro de las industrias del entretenimiento y del turismo, apoyadas con no poco capital estadounidense que se invierte en los grandes espectáculos nocturnos, grabaciones de numerosos sellos disqueros nacionales y extranjeros, construcción de hoteles y rentables casinos de juego, entre otros elementos positivos y negativos que, según la perspectiva del que juzgue, se acepta o no que existieron los fabulosos años de 1950.

En los predios de la música sostenemos que, a pesar de todos los pesares, esa fue la etapa de mayor esplendor en cuanto a la calidad y cantidad de figuras y agrupaciones de prestigio internacional, sobre todo en las modalidades y formatos bailables. El mambo y el chachachá recorren triunfalmente todo el orbe y no pocas figuras y agrupaciones de la cancionística, incluyendo gran parte de los cultores del *feeling*, las cultivan con particular acierto. Ahí quedan para la historia composiciones como «Rico vacilón», de Rosendo Ruiz Quevedo, que logra superar, en determinadas fechas y países, las creadas por Enrique Jorrín.

Algo similar sucede con el repertorio de los cuartetos, formato que para esta fecha cobra significativo auge, pues a los pioneros de Isolina Carrillo, Facundo Rivero y Orlando de la Rosa se suman otros muy buenos, entre ellos Llópiz-Dulzaides (premiado por la ACRYT en 1951), Faxas (premiado por la UCTRD en 1952) así como los de Mario Fernández Porta y Julio Gutiérrez, entre otros que se presentan frecuentemente en los principales cabarets, emisoras de radio y canales de televisión, medio este último que ya cuenta con los servicios de Unión Radio-TV (Canal 4), CMQ-TV (Canal 6), CMBF-TV, Tele-Mundo (Canal 2) y el Canal 11.

Estas novedades deben haber influido en Elena y Omara aquel día de verano en que deciden seguir apostando por el trabajo armónico de las voces. Hace varios meses que ambas no se encuentran, Elena tras la expulsión del Cuarteto de Orlando de la Rosa ha realizado varias presentaciones como solista, mientras que Omara sigue bailando en el grupo de Alberto Alonso y cantando con la orquesta Anacaona, con la que recientemente había realizado una temporada en Haití.

Omara junto a su hermana Haydée iba camino a Radiocentro, a gestionar con el productor Amaury Pérez García la participación en un programa de televisión, pues pensaban reeditar como profesional su antiguo dúo de aficionadas. Al bajar del ómnibus en 23 y L se encuentran a Elena y Vilma Valle. Omara le dice a Elena por qué no formamos un dúo, a lo que esta responde mejor un cuarteto, luego van a ver a Aida Diestro y tras las pruebas de voces acuerdan fundar un cuarteto totalmente femenino y sumar a Moraima Secada, a quien conocen de las descargas de *feeling* y quien por entonces cantaba en la orquesta Anacaona.[35]

Las D'Aida: Moraima, Elena, Haydeé y Omara

Tras la incorporación de la temperamental cantante oriunda de Santa Clara, a la que llaman cariñosamente por su diminutivo de La Mora, comienzan los ensayos y el montaje de repertorio. Aunque este no fue muy amplio, sí lo hicieron con mucho rigor técnico y desbordante sabrosura cubana, derrochando sentimiento y fuerza rítmica desde la primera presentación pública. Las cuatro acumulaban experiencias en los escenarios más diversos y Aida tenía un extraordinario sentido de la armonía y profundos conocimientos en el acople de voces, dado su desempeño como directora coral y su excelente formación musical, por lo que muy pronto estuvieron listas para el debut.

[35.] «Génesis de un cuarteto», en sección Tele-Radiolandia, *Bohemia*, 6 de septiembre de 1953, pp. 48 -82.

Recuerda Elena*

Teníamos dos números muy bien montados, cuando se terminaba el programa que era al mediodía, nos quedábamos en el estudio montando pero teníamos una persona Amaury Pérez (padre) nos ayudaba en eso de darnos aliento, se metía todos los días en el ensayo, hasta que salió adelante, teníamos muy buen montaje, buenos arreglos, ese fue el paso positivo Aida, dio la pauta para seguir en la lucha musical, fíjate si fue grande que todavía se recuerda para el extranjero... te sacaba las ganas de cantar. El mejor cuarteto por el que yo he incursionado, que yo he conocido...

Omara, Haydeé, Moraima y Elena: Las D'Aida, 1953

El mismo se produce de la mano del director de CMQ-TV Rafael Duany, el 16 de agosto de 1953 en el popular programa *El Carrousel de las sorpresas*, uno de los espacios más populares en aquel entonces. Acompañadas de Aida al piano y una bajista, el cuarteto interpreta «Cosas del alma», bolero de Pepé Delgado que Nelo Sosa había ubicado en los *hits* del año, y el mambo «Mamey colorao», de Pedro Jústiz, Peruchín, composición popularizada por la Riverside, orquesta que es uno de los grandes atractivos del *Show del Mediodía*, otra de las grandes atracciones de ese canal. Fue precisamente su director Amaury Pérez García uno de los primeros que, en Radiocentro, se acerca para felicitarlas y de inmediato les pregunta ¿se atreven a hacer una semana en el *Show del Mediodía*? Ellas, radiantes de felicidad, responden afirmativamente.

Elena con Las D'Aida en plena actuación

Corren a ampliar el repertorio, pues apenas disponían de un par de canciones, pero sobre todo a resolver otros recursos que no tienen en la mano. Uniformidad en el vestuario, por ejemplo. *Show del Mediodía* es junto con *Cabaret Regalías*, uno de los espacios estelares de la televisión, a todo lo largo del país, hasta donde llega la señal de la televisión, miles y miles de espectadores se sientan ante la pequeña pantalla a disfrutar de los cantantes que magistralmente la Riverside acompaña y también del chispeante humor criollo del animador Germán Pinelli y otros artistas. Se hace indispensable para una semana de actuaciones disponer de un vestuario bueno y variado, lo que le trae verdaderos dolores de cabeza, pero lo logran con ingenio y dedicación.

En una de esas actuaciones a una de las muchachas le entra una mosca en la boca y pellizca a Elena para hacerle notar su angustia. Tan pronto terminan de cantar sale corriendo para el baño, logrando que saliera la intrusa.[36]

El 20 de septiembre de 1953, en la página 46 la revista *Bohemia*, por segunda ocasión, resalta al nuevo cuarteto. Esta vez publica su foto y debajo un breve comentario que destaca:

> Nuevo conjunto del que puede decirse que llegó, vio y venció. Nos referimos al Cuarteto vocal D'Aida, ya ha figurado en los mejores programas de nuestras televisoras. Las muchachas poseen una cualidad que las distingue: que bailan tan bien como cantan y en ello reside el secreto del buen éxito obtenido.

No le falta parte de razón al elogio del periodista, pero los estudiosos de la música cubana han valorado con mayor profundidad y rigor la valía y trascendencia de esta agrupación, a la que Elena aportaría durante cuatro años su voz grave y potente. El musicólogo Raúl Martínez Rodríguez, por ejemplo, ha sostenido el criterio de que: «Este grupo, a diferencia de los anteriores, fue el primer cuarteto cubano que cantó a cuatro voces, con un tratamiento vocal y armónico que obedecía a las nuevas sonoridades en la música cubana e internacional».[37]

A pesar del éxito en la televisión, que le hizo acreedor de reconocimientos de la prensa como el galardón recibido del periódico *Avance* que lo selecciona uno de los tres mejores cuartetos del año, fueron escasas las presentaciones más allá de la televisión realizadas a lo largo de 1953, lo que se explica por la casi total ausencia de *shows* en los teatros, por la variedad de cuartetos que ya estaban establecidos y también en buena medida por el furor del Cha cha chá. Sabido es que tras el éxito rotundo de «La Engañadora» y otras composiciones grabadas por la Orquesta América, se origina un período de particular esplendor para la música bailable con las orquestas cultoras de este ritmo e, incluso, para las danzoneras y

---

[36] Entrevista a Aida Diestro, *Bohemia*, 9 enero de 1970, Álbum de recortes de la artista, Museo Nacional de la Música.
[37] Félix Contreras: Obra citada, p. 89.

cantantes como Barbarito Diez, Dominica Verges y Paulina Álvarez, entre otros que saltan a primeros planos de popularidad.

Elena es sorprendida por el fotógrafo de la revista Show, *camerino del cabaret Montmartre, 1954*

A inicios de 1954 las D'Aida, tras sus triunfos en los canales 6 y 2, aceptan contrato de exclusividad con Televisión Nacional, Canal 4, donde alternan en diferentes programas con figuras y agrupaciones de gran popularidad, entre ellas el Cuarteto Faxas, Rosita Fornés, Celia Cruz, Fernando Albuerne y Olga Guillot, quien con «Miénteme», del mexicano Chamaco Domínguez y «En nosotros», de Tania Castellanos se consagra internacionalmente por esta fecha como la reina del bolero y del *feeling*.

El nuevo cuarteto ha ampliado significativamente su repertorio, incluyendo varios chachachá, los que favorecen ventajosos contratos en centros nocturnos como La Campana, Club 21 y, poco después, en el Montmartre donde comienza su consagración definitiva en la vida musical habanera. Ese establecimiento rendía homenaje al barrio parisino de los artistas, por lo que en su diseño no podían faltar sus típicos molinos. Estaba ubicado en la calle P y 23 y que era junto con Sans Souci y Tropicana, uno de los tres cabarets de mayor categoría de Cuba. En su afán de superar a sus rivales empezaron a desarrollar diversas iniciativas para atraer clientes, una de ellas es realizar sorteos cada domingo con viajes a México o Miami pagados por la gerencia, además de diversos tipos de juego en el casino y el contrato de prestigiosos artistas cubanos y extranjeros.

Cuando el cuarteto debuta en su escenario a fines de julio, acaba de concluir la revista titulada *La Calle*; en la misma descuellan Rita Montaner, el Trío Matamoros, Benny Moré y Guillermo Álvarez Guedes, entre otros que habían llenado noche a noche ese lujoso local, conquista que mantiene la nueva producción titulada *Radiolandia*, en la cual sus voces perfectamente acopladas y sus movimientos en la escena, le ganan elogios al cuarteto no solo del público y la gerencia del lugar, sino también de la prensa y el resto del elenco en el que continúan grandes atracciones del espectáculo anterior como Benny Moré, Maño López, la pareja de baile Marta y Alexander y el Ballet de Alberto Alonso.

Elena y las demás integrantes de la agrupación viven en esas noches en el Montmartre grandes emociones, junto a esos queridos artistas que le acompañan, pero especialmente hay una inolvidable: la del estreno de «Canto a Rita Montaner», pieza que César Portillo de la Luz crea en homenaje a esa embajadora de la cultura cubana por el mundo, a la cual la obra de Portillo la noche del estreno arranca «lágrimas de viva emoción».[38]

Cantaste y el mundo contigo cantó.
reíste y el mundo contigo rió.
No vayas a llorar, Rita Montaner.
Rita Montaner,
cubana sin par,
gracia hecha mujer,
las canciones de Cuba paseaste
por el mundo entero.
Rita Montaner,
quién puede olvidar,
que fue tu cantar
lo que hizo inmortal
a Mamá Inés y El Manisero.
Rita Montaner,

[38.] Ramón Fajardo Estrada. *Rita Montaner, testimonio de una época*. Editorial Casa de las Américas, La Habana, 1997, p. 370.

gracia hecha mujer,
hoy que vives tú
te quiero ofrendar
en este cantar
mis versos sinceros.
Nada de esperar
a que faltes tú,
toma mi canción
Rita Montaner,
Rita de Cuba.

Rita, al igual que antes Sindo Garay, Bola de Nieve y Benny Moré, entre otras figuras relevantes de la música cubana, le prodiga al cuarteto muchos elogios, realizándose junto a sus integrantes, su directora y Portillo de la Luz, una fotografía que registra para la historia ese suceso. Benny por su parte, empeñado junto a Fernando Albuerne en rescatar los *shows* en los teatros, asume junto al gran bolerista oriental, en los primeros días de agosto, la producción de uno muy significativo en el teatro América en el que ambos comparten con el cuarteto, Olga Guillot y otros artistas.

Durante ese caluroso mes de agosto, las cuatro muchachas no tienen tiempo de descanso, dadas las muchas ocupaciones en televisión, teatro y cabaret, pero el día 16 planifican con verdadera devoción visitar el estudio de CMQ donde ensayaron antes de su debut justo un año antes. La revista *Bohemia* deja constancia gráfica de ese momento, mostrando a sus integrantes vestidas de negro y con las manos sobre el piano. Debajo de la foto la publicación acota «aquí en el estudio IV de CMQ, fue tomada esta foto el pasado día 16. De izquierda a derecha son: Elena Burke, Aida Diestro, Moraima Secada, Haydée y Omara Portuondo, integrantes del ya famoso Cuarteto D'Aida... que ya es número cotizado en la radio y la televisión. El día apuntado, el conjunto celebraba su primer aniversario, y como fue en este estudio y con este piano que ustedes ven, que realizaron el primer ensayo, tras la decisión de unirse y luchar por un puesto en nuestro mundo artístico, las muchachas determinaron volver al lugar y al instrumento, los que, según estimaban, tanta suerte les había dado [...].[39]

[39.] Sección Tele-Radiolandia, *Bohemia*, 29 de agosto de 1954, p. 40.

En todas partes se ensalza el desempeño del cuarteto, el que como expresara *Bohemia*, en la página 117 de esa misma edición, continúa en Montmartre, «haciéndose aplaudir hasta el cansancio».

Otra publicación que ese mes elogia su labor y la del resto del elenco del cabaret es la revista *Show*, la cual precisa: «ha resultado un impacto formidable y no era para menos, pues los discos de Moré han roto todos los récords continentales, el ballet reúne excelentes y hermosas bailarinas como Sonia Calero y el cuarteto es "el *hit* del año por su voces tan acopladas"».[40]

Tras la revista *Radiolandia*, las D'Aida siguen su desempeño protagónico en el resto de las producciones de 1954 en la lujosa y amplia sala del Montmartre, lugar donde alternan con otras luminarias del mundo del espectáculo como Pedro Vargas, El Tenor de las Américas, con quien comparten actuaciones, durante parte de septiembre, en el Teatro Warner (hoy Yara), sitio donde también resultan atracciones Miguelito Valdés y los cómicos argentinos Tranquilino y Esmeralda. No menos significativas son sus presentaciones en el teatro Martí y en el Bar Melódico de Osvaldo Farrés, estelar programa de televisión en el que se encuentran con otra de las más admirables agrupaciones femeninas de la época: el trío de las hermanas Márquez.[41]

En el viejo coliseo de Dragones y Zulueta, Elena y las demás muchachas del grupo trabajan en Danzón, otra de las la producciones que la compañía de Ferrer de Couto ofrece a los habaneros en esa etapa tan adversa para el quehacer escénico en Cuba, siendo en esos momentos el único teatro abierto en la capital. El libreto es responsabilidad de José Sánchez Arcilla y Álvaro Suárez, dos veteranos del mundo de las tablas que al igual que el resto del elenco, están consciente de que el grupo es un gran atractivo para el espectáculo. Tanto que días después *Bohemia*, al reseñarlo en sus páginas, afirmaba categórico «lo mejor es el conjunto vocal D'Aida».[42]

Similar opinión manifestaron los miembros de la Agrupación de la Crónica Radial Impresa y de la Televisión (Acryt), así como los de Unión de la Crónica Tele Radial Diaria (Uctrd) quienes pocos días después, le entregan a las cuatro muchachas sus respectivos

---
[40] Carlos M. Palma: «Un impacto, la nueva revista musical». Revista *Show*, agosto de 1954, p. 42.
[41] Revista *Radiomanía y Televisión*, diciembre de 1954, Álbum de recortes de la artista, Museo Nacional de la Música.
[42] Sección La Farándula pasa, *Bohemia*, 10 de octubre de 1954, p. 114.

premios al dictaminar de que el cuarteto era la mejor agrupación de su tipo ese año. Ya para esa fecha se había firmado contrato con la Gerencia de Tropicana para el debut en ese paraíso bajo las estrellas, lugar en el que Elena acumula numerosas presentaciones con Las Mulatas de Fuego y el Cuarteto de Orlando de la Rosa, también Omara y su hermana Haydée, habían dado muestras allí de sus cualidades artísticas, sobre todo como bailarinas.

Elena, primera a la derecha, junto al escultor que realiza el diseño de la revista Karabalí, Tropicana, 1955

En enero de 1955 Rodney estrena en Tropicana *Karabalí*, una de sus más elogiadas producciones, en ella el cuarteto desempeña una labor encomiable, lo que posibilita su permanencia en ese privilegiado escenario durante la mitad de este año. Su llegada al mítico cabaret coincide con la temporada invernal, la de mayor presencia de turistas y también de ingresos económicos; sobre todo a través de los juegos de azar, los cuales cobran un auge notable y de cuyas ganancias se pagan cifras exorbitantes a celebridades que son la máxima atracción de los *shows*, entre ellas Nat King Cole, quien se presenta allí en tres ocasiones.

La labor en Tropicana, que salvo los horarios de ensayo, inicia rayando la medianoche, no les impide su desempeño en la televisión y en importantes espectáculos teatrales. Entre los primeros el programa *Álbum Musical,* finalizando el mes de enero en CMQ TV, junto a Manolo Fernández y Hernán Pelayo; mientras que el 12 de febrero el cuarteto participa en el homenaje tributado en el teatro Blanquita (hoy Karl Marx) a dos de las actrices más admiradas por Elena: Alicia Rico y Candita Quintana. En ese gigante escenario de Miramar alternan con otras figuras a las que profesa inmensa admiración o gratitud: Rita Montaner, Rosita Fornés, Esther Borja, Luis Carbonell, Guillermo Álvarez Guedes, Celia Cruz y la Sonora Matancera y Fernando Albuerne. Fue precisamente acompañando a este último que, poco después, el cuarteto realiza para el sello Panart sus dos primeras grabaciones discográficas.

Las D'Aida con Nat king Cole en Tropicana

No obstante, el éxito más significativo y prolongado del grupo en 1955 es su desempeño en Tropicana y especialmente en la producción *Karabalí.* La misma se mantiene en escena casi un semestre, recibiendo incontables alabanzas del público y la crítica desde su mismo estreno.

Las D'Aida antes las camaras de CMQ

En su edición de febrero la revista *Show* incluye un amplio reportaje de la misma y enfatiza que la obra de Rodney:

> Lleva por primera vez a una escena el ritmo Abacuá completo, con toda su hechizante liturgia *karabalí*, es muy superior a *Omelenkó* y *Mayombe*, sus dos grandes creaciones. En el segundo *show*, el carnaval cubano en todo su hermoso esplendor. Se roban los honores en las dos vibrantes producciones el Cuarteto D'Aida, Los Rufinos, Leonela González, Raúl Díaz, Orlando de la Rosa, Manolo Peralta, Merceditas Valdés, Gladys Robau, Sonia Calero y la pareja Darvas y Julia.
> La coreografía de *Karabalí*, es una reproducción casi real del rito ñáñigo, al que se le han infiltrado diversos ritmos afros, para lograr hacerla comercial y deslumbradora. Los trajes auténticos con sus prendas ornamentales, las evoluciones y la música abakuá, constituyen un derroche litúrgico, que La Habana disfruta con absorta admiración.

Al mes, esa misma publicación incluye una foto del cuarteto junto a su directora y Sepy Debronyi, famoso escultor en maderas, responsable de toda la ornamentación africana de prendas y collares fabricados para *Karabalí*. Luego precisa que el cuarteto en esa revista y en la titulada *Embrujo en la noche*, «se roba los aplausos de la nutrida concurrencia que colma mesas y pasillos del lujoso *night club*».

Embrujo en la noche fue sustituida el 27 de marzo por una nueva revista con los cuartetos D'Aida y Los Rufinos, las parejas Darvas and Julia y Leonela González y Raúl Díaz, Merceditas Valdés, las orquestas Solera de España y la de Armando Romeu y el pianista Orlando de la Rosa. Este último además de pianista solista se desempeña como acompañante, repertorista y compositor, pero ya este año empieza a presentar problemas de salud que lo llevan a disolver su cuarteto y limitar sus presentaciones. Algunas de sus nuevas canciones nutren el repertorio del cuarteto, como también las de sus amigos del *feeling* y de compositores que Elena canta desde sus inicios, como Adolfo Guzmán, Julio Gutiérrez y Bobby Collazo con los que el grupo suele trabajar en la televisión y en otros escenarios.

Collazo, por ejemplo, las invita a que interpreten su canción «Tan lejos y sin embargo te quiero», en el concierto que ofrece el 10 de julio en el salón-teatro del edificio Retiro Odontológico, lugar donde comparten con excelentes intérpretes del catálogo de este pianista y compositor, entre ellos una vez más con Celia Cruz, Esther Borja y Olga Guillot. Por su parte a Guzmán le interpretan magistralmente las composiciones «Profecía» y «No puedo ser feliz» y a Julio Gutiérrez le cantan «Nocturno antillano» y varias obras más, sobre todo en el canal 4 donde era director musical.

El cuarteto se destaca en numerosos programas televisivos, en septiembre, durante una de las giras internacionales de Olga Guillot, realiza en el canal 2 una temporada junto a Fernando Albuerne en el programa *Dos estrellas a las ocho* y en el canal 4 Televisión Nacional. Su presencia es habitual en espacios como *Festival RCA Victor* y *Lluvia de estrellas*, donde comparten con las principales figuras y agrupaciones del canal, entre ellas Rosita Fornés, Fernando Albuerne, Celia Cruz, Olga Guillot, Alicia Rico y el cuartetos Faxas, además de otras atracciones nacionales y extranjeras como el dúo boricua Irizarry de Córdova que visita a Cuba en el mes de noviembre y Rita Montaner, quien a partir del

2 de diciembre realiza una temporada en este canal tras romper con CMQ, por problemas con el programa *Rita y Willy*.[43]

Pero sin dudas, en la pequeña pantalla uno de sus logros insoslayables es la realización, a partir del verano, de *Canciones con las D'Aida*, un espacio de 15 minutos que inicia a las 7 y 45 de la noche por el canal 4, totalmente dedicado al cuarteto y que dirige Sirio Soto. Según valora la revista *Gente de la Semana* en su edición del 14 de agosto:

> El montaje general es una joya de buen gusto. Ni una interrupción intempestiva para el obligado comercial. Ni un salto violento en el ritmo de presentación. El locutor es Armando Mesa con suave modo de hacer. El tema es "No sé qué voy hacer" [...]. Ellas saben presentarse, componer figuras plásticas, moverse ante las cámaras... ¡Y cantar! Es un programa ideal para la hora de irse sentando a la mesa.[44]

De ese buen cantar también las D'Aida dejan constancias en otras muchas presentaciones, durante la segunda mitad de 1955. Dos de ellas son su debut en el cabaret Bambú y el espectáculo que se produce en el teatro América a beneficio de Piel Canela, bailarina cubana amenazada de quedar ciega a consecuencia de una agresión de la que fue víctima en Lima, Perú, en donde es expulsada de la clínica que la atiende por carecer de recursos económicos. Según reseña en su edición de septiembre la revista *Show*, una de las organizadoras de la actividad, quedan más de dos mil personas sin poder entrar al teatro en el que además del cuarteto se presentan Celia Cruz con la Sonora Matancera, Fernando Albuerne, Blanca Becerra, Bola de Nieve, Olga Guillot, Vilma Valle y Avelina Landín, entre otros artistas.

Por su parte, el debut en el Bambú, cabaret propiedad de Stéfano Gluck ubicado en el kilómetro cinco y medio de la carretera al aeropuerto de Rancho Boyeros, se produce el 10 de octubre con un éxito brillante, según el calificativo empleado por la revista *Bohemia* en su edición del 23 de ese mes. Ese lugar cuenta por entonces con

---

[43.] Ramón Fajardo Estrada: Obra citada, p. 381.
[44.] J.R González Regueral: «Televisión». *Gente de la semana*, 14 de agosto de 1955, pp. 37-38. Por su parte la sección Tele-Radiolandia, *Bohemia*, 30 de octubre de 1955, p. 56 destaca también la acogida al programa.

un dinámico coreógrafo italiano llamado Lucio Landoli, siempre con novedades para el público asiduo, por lo que cada dos semanas suele renovar sus espectáculos. Aunque en ocasiones se prorrogan figuras de gran impacto como este cuarteto y Lucy Fabery, la cantante puertorriqueña favorita de gran parte de los cubanos y quien convierte en carta de presentación el tema de Frank Domínguez «El hombre que me gusta a mí», el cual Elena también hará un clásico de su repertorio.

Entre las últimas actividades del cuarteto ese año, en el que además de la Fabery, el chileno Lucho Gatica y el venezolano Alfredo Sadel, son otras de las principales atracciones extranjeras en Cuba, se destacan sus presentaciones en el estelar programa del canal 2 *Mi Cuba*. Este espacio tiene de guionista y conductor a Ibrahím Urbino y en él se hace honor a su nombre, pues se divulgan las más genuinas expresiones culturales del país. Finalizando noviembre allí comparte actuaciones con los tríos Taicuba y Hermanas Lago y, semanas después, cantan nuevamente acompañadas de la orquesta del maestro Sánchez Ferrer y alternan con Esther Borja, Sindo Garay y el dúo Cabrisas Farach a quien el trovador considera sus mejores intérpretes y quienes por esa fecha son laureados con Disco de Oro de Panart, sello que por esos días saca al mercado el álbum *Canciones de Navidad* en el que estas cuatro muchachas acompañan al cancionero Fernando Albuerne en las canciones «Amor en Navidad» y «Amor y paz», de Julio Gutiérrez.

Otra de las últimas actividades del año las llevan al canal 2, cuando el 20 de diciembre comparten junto a María de los Ángeles Santana, Miguel de Gonzalo, Esperanza Iris, Nelson Pinedo y Gaspar Pumarejo, entre otras personalidades, en la Cena de las Estrellas que se realiza en el estelar programa *Bar Melódico de Osvaldo Farrés*, creador de numerosas canciones y boleros de reconocimiento internacional, entre ellas «No sé qué voy a hacer», tema del programa televisivo del cuarteto. Esta composición la graban en disco con arreglo del maestro Chico O'Farrill, quien al igual que la agrupación, Frank Domínguez y los programas *Bar Melódico* y *Mi Cuba* figuraron entre los artistas y espacios de la radio y la televisión más destacados de 1955 por la revista *Show*, entre otras publicaciones y agrupaciones de periodistas en sus tradicionales selecciones anuales.

Al iniciarse 1956, Elena con el cuarteto retorna nuevamente a Tropicana, permaneciendo allí hasta la llegada del verano. Ritmos del Caribe y Fantasía Mexicana, las dos primeras producciones del año, se estrenan el 14 de enero y la soprano ligera Xiomara Alfaro es su principal atracción hasta que hace su debut el *crooner* afronorteamericano Nat King Cole. Por esa fecha Nat atrae multitudes en cualquier lugar del mundo en que se presenta, pues tras la venta de millones de discos que incluyen «*Monna Lisa*», «*Too young*», «*Tenderly*» y otras canciones románticas, es un ídolo universal, de ahí que el cabaret ubicado en la otrora Villa Mina de la barriada de Marianao, impusiera en esos días récord de asistencia de público como pocas veces en su historia.

Con el título de «Rodney alcanza relieves heroicos», la revista *Show* correspondiente al mes de febrero exalta los valores de estos espectáculos en los que además de la Alfaro y las D'Aidas, están el conjunto de Senén Suárez en «El bodeguero», la pieza bailable de moda; Johny Puleo y sus filarmónicas Gangs, quienes mantienen la hilaridad del público, además de las interpretaciones de Miguel Ángel Ortiz, Dandy Crawford, Lolita Chanquet —cubana que interpreta muy bien la música azteca—, los bailarines Leonela González y Henry Boyer, todos acompañados por la orquesta del cabaret dirigida por el maestro Armando Romeu. Según esta publicación cada tres meses este cabaret invierte 230 mil dólares en sus *shows*, lo que le permite derrochar lujo y traer figuras de categoría internacional como la Alfaro, quien causa sensación con sus discos, giras por el mundo y su participación en filmes como *Mambo* (1954) junto a Silvana Mangano y Vitorio Gassman...

Nat King Cole, por su parte, en cada actuación canta durante cuarenta minutos, unas seis canciones que con esa especie de requiebro sutil que distingue su voz hechiza al público. Se cambia de vestuario constantemente y al finalizar ejecuta un soberbio solo de piano que, electriza a la concurrencia.[45] Años después, recordando aquellas noches, Elena le expresa al escritor y periodista Rafael Lam: «tuve el gusto de acompañar con las D'Aida al excelente Nat King

---

[45.] Rafael Lam. *Tropicana, un paraíso bajo las estrellas*. Editorial José Martí, La Habana, 1997, p 98.

Cole, a quien veía cantar y disfrutaba de sus interpretaciones, era como sentirme colmada de glorias».[46]

Además de Tropicana siguen siendo poderosa atracción en la televisión, en ella comparten actuaciones con celebridades como Edith Piaff, Johnny Mathis y Johny Ray. Muy emotivo para Elena fue reencontrarse en el programa *Mi Cuba* con Felo Bergaza y Juan Bruno Tarraza, quien con su dúo de pianistas virtuosos recorren el mundo, así como participar en el estreno, por el canal 4, de la comedia musical *Las cosas del amor*, escrita por Ramiro Gómez Kemp con música del maestro Julio Gutiérrez, la cual es protagonizada por Rosita Fornés y Armando Bianchi.

Tras las dos semanas de Nat King Cole, el cuarteto acompaña en Tropicana a Billy Danields, otro popular vocalista norteamericano de la época y, poco después, forman parte de *Evocación* y *Seis lindas cubanas*, las dos nuevas producciones de Rodney, cuyos arreglos corren a cargo de Chico O'Farrill, quien era considerado uno de los mejores arreglistas de música popular en el mundo. Estas dos producciones son un homenaje a las tradiciones cubanas y demuestran con creces que, con personal únicamente cubano, se puede asumir un espectáculo de gran aceptación, variedad y alto vuelo artístico. Además de los cuartetos D'Aida y Faxas conforman el mismo los cantantes líricos Estelita Santaló y Manolo Álvarez Mera, Celina y Reutilio, Xiomara Alfaro, Ramón Veloz, el Trío Hermanas Lago y la estelar pareja de baile Ana Gloria y Rolando, con la que Elena trabaja durante años en los más importantes centros nocturnos.

En la segunda mitad de 1956, el cuarteto se mantiene entre las grandes atracciones de *Jueves de Partagás* y *Casino de la Alegría*, dos de los programas estelares de CMQ-TV, Canal 6, en los que comparte con prestigiosos artistas. Entre ellos el barítono colombiano Carlos Ramírez, el cantante venezolano Héctor Monteverde, la mexicana Lola Beltrán, la francesa Madame Cornel y los italianos Ernesto Bonino y Nilla Pizzi, además de cubanos como Zoraida Marrero, Esther Borja con el coro de Cuca Rivero y la vedette Eva Flores quien es electa ese año Miss Televisión.

Sans Souci, en francés «sin preocupación», es uno de los más importantes centros nocturnos de La Habana y también uno de los más antiguos, pues su origen se remonta a 1925, cuando se inicia

---

[46] *Ibídem.* p 87.

como un atrayente restaurant que ofrece actuaciones artísticas. Se encuentra en Arroyo Arenas, a unos 15 kilómetros de la ciudad, y al iniciarse 1957 ha superado una de sus etapas más difíciles.

Al igual que Tropicana y Montmartre, Sans Souci mantiene en cartelera espectáculos de alto vuelo, con figuras y agrupaciones de prestigio nacional e internacional, entre ellas el cuarteto D'Aida, el cual alterna en el bar Nevada con el grupo de Frank Domínguez, lo que facilita que entre Elena y el compositor más popular de la nueva generación de músicos del *feeling*, se establezca una sólida relación amistosa y profesional.

En Sans Souci también trabaja de repertorista Renée Barrios, la que pocos meses después funda con Nelia Núñez el popular dúo Renée y Nelia. Fue ella quien pone en contacto a Marta Valdés con los principales cultores del *feeling*. La autora de «Palabras» y otras muy versionadas composiciones, acude al lugar el 31 de enero a disfrutar de la actuación de la famosa cantante de *jazz* Sara Vaughan y, entre *show* y *show*, acude al bar donde se presenta el grupo de Frank y las D'Aidas. Es entonces cuando Renée le dice: «ven para que conozcas a la gente del *feeling*». De esa forma, veteranos y noveles seguidores de esta modalidad marchan hacia el inicio de su etapa de más arraigo popular y en el que la voz de Elena desempeña un rol protagónico.

Durante los meses que ella trabaja con el cuarteto en este paradisíaco lugar, cuyo escenario principal está rodeado de esbeltas palmeras, se destacan también en diversas producciones preparadas por los coreógrafos Alberto Alonso y luego por Víctor Álvarez, entre ellas *Sueño en Bagdad*, *Del charleston al Rock and roll* y la titulada *Calypso*, entre otras en las que figuraron Jhony Mathis, June Christy, Gilberto Valdés, Sonia Calero y la pareja de Ana Gloria y Rolando, entre otros artistas. Tampoco disminuye en este período su presencia en programas estelares de la televisión como *Show de Shows*, en el cual comparten actuaciones junto al dúo chileno Sonia y Miriam, América Crespo y Blanca Varela, entre otras figuras. Pero lo más relevante en la historia del cuarteto ese año son sus giras internacionales y la separación definitiva de Elena, tras cuatro años y dos meses de intensa y meritoria labor.

Aunque desde hacía algún tiempo el grupo viene recibiendo propuestas de contratos para actuaciones en otros países, la primera presentación en el extranjero es a inicios de febrero de 1957, cuando las cuatro muchachas viajan con su directora y pianista a Estados Unidos con un elenco del que forman parte el Trío Taicuba, Marta Pérez y otros artistas, acompañados por nueve músicos del cabaret Sans Souci, entre ellos Rolando Laserie, quien poco después, gracias al naciente sello discográfico Gema, se convierte en el cantante revelación del año.

Esta delegación tiene la misión de promover la música criolla, y sobre todo estimular los viajes turísticos a la isla, pues en Cuba se estaba inaugurando una red de hoteles de lujo —el Capri, el Havana Riviera y el Habana Hilton, entre otros— y el gobierno, un grupo de empresas y mafiosos de ese país estaban invirtiendo millones de dólares, para hacer de la capital cubana Las Vegas del Caribe. Es así como se produce la actuación del cuarteto en el *Show de Steven Allen*, el cual desde Nueva York se trasmite de costa a costa, siendo uno de los más populares de la televisión en ese país. Era el inicio de su carrera internacional, la cual continúa por otros países del mundo, los próximos serían Venezuela y México.

Desde la década de 1930, la capital venezolana es una de las principales plazas para la música y los artistas cubanos. Allí realizan frecuentes actuaciones solistas y agrupaciones e, incluso, como en Ciudad de México y Nueva York, en ella residen por tiempo prolongado Emilita Dago, Ñico Saquito, el Trío La Rosa, Manolo Monterrey y Fernando Albuerne, por mencionar algunos de los muchos cubanos que contribuyen significativamente al intercambio musical entre ambas naciones. Cuando en el mes de junio arriba el cuarteto se destacan en sus predios artísticos compatriotas como Felo Bergaza y Juan Bruno Tarraza, Blanquita Varela, Raúl Ferrero, el actor Alberto Insua y una joven llamada Blanca Rosa Gil que, muy poco después, deviene una de las más populares cancioneras criollas. Durante esa breve temporada el grupo se impone por su calidad en varios escenarios, especialmente en el programa televisivo *El Show de las 12*, uno de los espacios estelares de Radio Caracas TV, el cual tiene por esa fecha entre sus principales atracciones a Alfredo Sadel y Leo Marini.

De regreso a La Habana, se presentan en el casino del hotel Comodoro, una de las más recientes y confortables instalaciones construidas para el turismo. En ese lugar alternan con dos agrupaciones muy populares, el Trío Servando Díaz y Los Armónicos de Felipe Dulzaides, en esta última figura como cantante Doris de la Torre, la cual dos años después retorna a su carrera en su solitario, figurando junto a Elena durante la década siguiente entre las voces imprescindibles del movimiento *feeling*. No fue mucho el tiempo en ese acogedor sitio, pues a finales de agosto marchan a una triunfal temporada en la capital azteca.

Contratadas para realizar actuaciones en el cabaret Afro, uno de los principales centros nocturnos de Ciudad México, viven allí por primera vez la desagradable experiencia de un temblor de tierra. Según Elena cuenta años después a un periodista de *Bohemia*, mientras se maquilla para actuar siente que la cabeza le da vueltas, luego cuando se une a las otras para salir a la pista, la lámpara comienza a bailar y comprenden que se trata de un terremoto. Elena y Moraima corren a meterse debajo de la cama, Haydée solo atina a colocarse una cartera encima de la cabeza, Omara se sube en una silla, mientras que Aida corre por el pasillo gritando «¡mis niñas, que no le pase nada a mis niñas!».[47] Todo no pasa de un susto pasajero.

Durante esa estadía en México tienen oportunidades de actuar en otros espacios junto a renombrados artistas como Lucho Gatica, a quien respaldan en «Por nuestra cobardía», de José Antonio Méndez y «No puedo ser feliz» de Adolfo Guzmán, en registros discográficos que la nueva estrella del bolero en Latinoamérica realiza para el sello Odeón. Pero de esa gira lo más trascendente es el álbum que realizan para el sello RCA Victor con la orquesta y los arreglos de Chico O'Farril. Ese disco de larga duración llamado *Una noche en Sans Souci*, se reproduce en 1995 como disco compacto por la Egrem y es el mejor testimonio sonoro que ha perdurado de la singular impronta que durante esos cuatro años, en que trabajan unidas, aportan a la historia de la música popular cubana.

El 22 de septiembre, a escasos días de su regreso a Cuba, el grupo ocupa el lugar de *Zizi de París* en una producción del Sans Souci. Contratada como gran figura, Zizi no resulta convincente y la dirección del cabaret las designa a ellas para compartir el espectáculo con Rolando Laserie, quien con la salida de sus primeras grabaciones ocupa el número uno en las victrolas, superando a Benny Moré, El Bárbaro del Ritmo. Había empezado en la música quince años antes en Las Villas y desde 1954 en ese cabaret es bongosero

---

[47.] *Bohemia*, 9 de enero de 1970. Álbum de recortes de la artista, Museo Nacional de la Música.

y cantante en la orquesta de Rafael Ortega, con la oportunidad que le brinda la disquera Gema salta al estrellato no solo allí, sino también en Radio Progreso y pronto en múltiples escenarios del mundo en el que se le presenta con el calificativo de El guapo de la canción, dado su peculiar estilo.

Algo similar sucede con ella pocos meses después. Elena con el grupo concluye su plena formación vocal, su dominio de la escena y otros requisitos indispensables para saltar al estrellato, pero en las D'Aidas tiene los días contados, apenas unas semanas. Tras una pequeña temporada en octubre en el *Coney Island Park* y otros escenarios de Caracas, lugar donde se producen algunos disgustos en el seno de la agrupación que llegan a ser divulgados por la prensa. La revista *Show* en su número correspondiente al mes de noviembre es una de las publicaciones que circula la noticia, recoge fotos de sus últimas presentaciones junto al cuarteto en el hotel Comodoro y confirma que su lugar ya es ocupado por Leonora Rega. Con su salida esa voz grave, de amplio registro y rica en matices, pone punto final a la etapa más brillante del mejor y más trascendente cuarteto femenino de todos los tiempos en la isla, pero con ello se hace posible la consagración definitiva de una figura insoslayable del cancionero cubano.

UNA VOZ QUE SE CONSAGRA

Mientras Elena se preparaba para realizar su debut como solista en Sans Souci, la enfermedad del maestro Orlando de la Rosa se complica y fallece a la temprana edad de treinta y ocho años. Ella, al conocer la noticia, recuerda con tristeza y nostalgia aquellas noches de junio de 1943, cuando fue su acompañante en CMQ. También evoca otras muchas noches y mañanas de aprendizaje e intenso bregar con aquellas canciones que marcaron su sensibilidad, y no pocos derroteros de su tránsito por escenarios del mundo. Días después, se suma al sentido homenaje que se le ofrece a través del programa *Esta noche en CMQ*, en el cual participan, entre otros artistas, Felo Bergaza y Juan Bruno Tarraza, quienes estuvieron entre los gestores de la Asociación Musical Orlando de la Rosa (AMOR), fundada para rendir tributo a su legado, misión que ella hizo muy suya hasta el final de sus días.

Elena siempre hablaba de otros músicos y personalidades que contribuyen a su promoción como artista, con mucho afecto y gratitud, entre ellos el fundador del sello Gema, el actor Guillermo Álvarez Guedes, y la dirección artística del cabaret San Souci, en el que se produce su tercer y definitivo lanzamiento como cancionera profesional el 8 de diciembre de 1957, con el estreno de las revistas *Yimbula* y *Carnaval Caribe*, concebidas por el coreógrafo y productor Víctor Álvarez y teniendo de director musical al maestro Rafael Ortega, amigo desde su etapa en la Mil Diez.

Entre las principales atracciones de esas producciones figuran Rolando Laserie, la pareja de baile Ana Gloria y Rolando y el *crooner* y animador Roberto Barceló, cuya actuación y la suya durante el debut, son calificadas por la revista *Show* de "muy discretas".[48] Sin embargo, pasadas unas jornadas y la tensión de la noche de la *premiere*, fue mostrando dominio del escenario y de sus excepcionales cualidades vocales, ganando el aplauso unánime del público y la posibilidad de realizar sus primeras grabaciones para el sello Gema.

---
[48] Revista *Show*, enero de 1958, p 71.

Con el maestro Rafael Ortega durante los ensayos de su debut como solista. Cabaret Sans Souci, noviembre de 1957

Guillermo Álvarez Guedes, en compañía de maestros de la talla de Ernesto Duarte, primero, y luego de Bebo Valdés, estaba mostrando suma habilidad en la búsqueda de nuevos talentos para Gema y al escuchar «aquel vozarrón de timbre nunca antes (ni después) escuchado» —como de forma muy cubana y certera definiera Marta Valdés su privilegiado órgano vocal—,[49] estuvo convencido que podía ser un éxito comercial y artístico, apostando de inmediato por su inclusión en el mercado discográfico, como también sucede con Celeste Mendoza y Fernando Álvarez, quienes saltan a primeros planos de popularidad en los primeros meses de 1958, cuando comienzan a circular sus discos sencillos con «Que me castigue Dios» y «Ven aquí a la realidad».

Para esta fecha La Habana, con la inauguración de hoteles como el Capri, el Riviera y el Habana Hilton, así como de otras edificaciones, el edificio Focsa y el túnel de la bahía, por ejemplo, muestra una imagen más moderna y cosmopolita. No obstante, los músicos y artistas para subsistir se ven obligados a trabajar en los centros nocturnos de esos hoteles, y en otros muchos que existían por toda la ciudad, en muchos de los cuales imperaban los juegos de azar, que era uno de los motivos principales de la afluencia de turistas americanos.

[49.] Marta Valdés. *Palabras*. Ediciones Unión, La Habana, 2013, p. 198.

No por gusto el diario *Miami Life* del 15 de marzo de 1958 pide a gritos la autorización del juego para poder competir con La Habana, pues en esa ciudad floridana el turismo estaba resultando un fracaso. En San Souci, mientras tanto, se impone un nuevo plan de bingo con desbordamientos populares, ofreciéndose cada día numerosos premios en sortijas, pulsos de oro y perlas. Allí se mantienen las revistas *Yimbula* y *Carnaval Caribe* hasta inicios de marzo, dando paso a la producción *Sans Souci Follies*, dedicada a la música norteamericana, en la que Elena continúa alternando con artistas cubanos como Laserie y Pacolo[50], así como con Tony Martin, Laureanne LeMay, Kary Russy y el cuarteto italiano Cetra, autores de «Marcelino, pan y vino», canción que había traído a Cuba Renato Carosone, entre otros intérpretes internacionales que presentan allí a lo largo de esos meses.

Pero su salto definitivo al estrellato se produce en mayo, cuando Gema saca al mercado nacional e internacional su primer disco sencillo con los boleros «Anda dilo ya», de Ernesto Duarte y «Mil Congojas», de Juan Pablo Miranda que se convierte de inmediato en su primer *hit* y la ubica entre las cancioneras preferidas del año. Esta obra había sido compuesta por Miranda en 1952 y ya contaba con magníficas versiones, entre ellas la del trío Los Tres Ases que la había popularizado en México y otros países, pero el excelente arreglo del maestro Rafael Somavilla y su impecable interpretación con esos graves que desde entonces serían un sello de distinción de su estilo, determinaron el éxito del sencillo y su inclusión en su primer disco de larga duración, el que anuncia *Bohemia* el 11 de mayo en la sección Tele-Radiolandia. Esta revista inserta su foto junto al actor Enrique Montaña y al maestro Adolfo Guzmán, autor y acompañante en «Libre de pecado», uno de los primeros *hits* del álbum.

[50.] El nombre de Pacolo era Rafael Eduardo Pina Machín (Sancti Spíritus, 10 de octubre de 1936-Angola, 10 de junio de 1977). Fue percusionista, cantante y director artístico. Llegó a La Habana en 1954 y luego de trabajar en varios oficios y cantar en calles y bares, se inicia en Las Vegas Club pasando poco después al Sans Souci donde formó parte de la orquesta de Laserie y luego de los shows. Vivió en Francia de donde regresó en 1962. Extracto de su reseña biográfica, incluida en *Presencia espirituana en la fonografía cubana*, volumen II, de Gaspar Marrero, Ediciones Luminaria 2012, pp. 23-24.

El primer disco de Larga Duración

Su primer álbum, titulado *Elena Burke, con el calor de tu voz*, encuentra una gran acogida entre los amantes de la canción romántica. Fue preparado cuidadosamente por ella y Somavilla, quien dirige la orquesta Gema integrada por cuarenta músicos, los que ejecutan sus excelentes arreglos con magníficas combinaciones de cuerdas y metales, quintetos de trombones con piano, bajo y ritmo, asumiendo en algunas piezas el sonido de una orquesta de puro jazz con todas sus secciones.

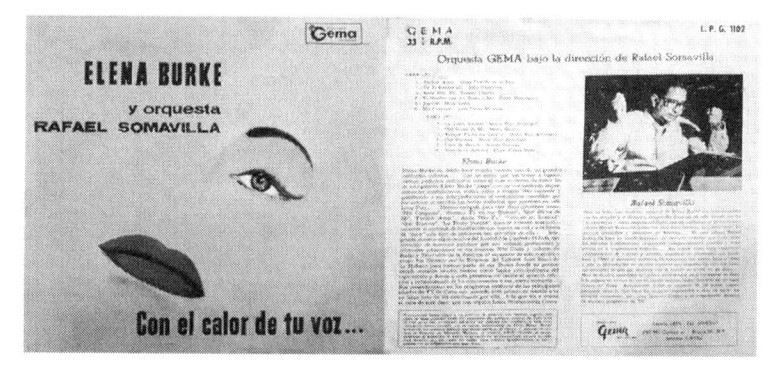

"PERDIDO AMOR" (CÉSAR PORTILLO DE LA LUZ)

Las composiciones incluidas, fundamentalmente canciones y boleros favoritos del público, son de notables creadores de Cuba, México y Puerto Rico. Entre ellos Boby Capó («Juguete»), Julio Gutiérrez («De ti enamorada»), María Grever («Qué dirías de mí»), Mario Ruiz Armengol («Aunque tú no me quieras») y Frank Domínguez («El hombre que me gusta a mí»). Esta última, «Juguete» y «Libre de pecado» se convierten en clásicos de su repertorio, sobre todo la composición de Guzmán que es un verdadero himno al amor más puro, el del pensamiento.

La revista *Show* lo selecciona mejor disco de 1959 y joya de la década, resaltando la disyuntiva de no poder distinguir quien supera a quien, si la voz sensacional y modernísima de la emotiva intérprete, o el acompañamiento sinfónico de la orquesta dirigida por el genial arreglista Rafael Somavilla. Ambos representan una definitiva y concluyente consagración en un magistral esfuerzo que exalta nuestras gloriosas tradiciones musicales.[51]

Pese al rotundo éxito que empezaba a disfrutar, luego de quince años de carrera artística, se aleja de los escenarios en el mes de junio. Casada con Manolo García, quien por entonces comienza a desempeñarse de *dealer* en el recién inaugurado hotel Habana Hilton, la artista había quedado embarazada de su primera y única hija y, dado el avanzado estado de gestación, se ve obligada a interrumpir sus actividades artísticas. El 15 de septiembre se produce el feliz alumbramiento de María Elena García Burke, su más honda alegría, y en noviembre vuelve a los escenarios, presentándose en los más estelares programas de radio y televisión, así como en centros nocturnos con una clamorosa acogida, pues en los meses de ausencia sus grabaciones la ubican entre las figuras más populares del año.

Malena de pequeña con sus padres

[51.] Revista *Show*, noviembre de 1959, p.35.

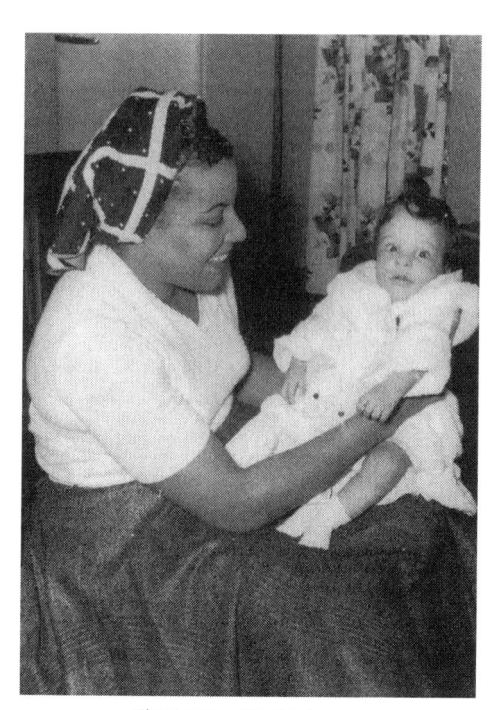

Elena con su hija Malena

Elena y Frank: una unión trascendente

En noviembre de 1958 Elena y Frank Domínguez son contratados para amenizar, junto a los conjuntos de Pepé Delgado y Senén Suárez, el casino del hotel St John's. De esta forma comienzan a consolidarse los estrechos vínculos profesionales y de amistad que habían surgido a inicios de esa década, cuando el joven estudiante universitario fue llevado por Angelito Díaz a las descargas que se realizaban en su casa. Posteriormente, cuando Elena llega al Sans Souci formando parte del Cuarteto D'Aida, esa relación se va haciendo más estrecha en el trabajo que, noche a noche, ambos realizan en sus instalaciones.

Según comentara Frank posteriormente, en más de una oportunidad, cuando trabajaba con su grupo en el bar Nevada de Sans Souci «cada vez que había un descanso, una pausa, Elena y yo nos poníamos a cantar, a improvisar, a descargar... Una noche, así, sin previo aviso, me dice: «oye, mañana tú y yo comenzamos de pareja».[52] De esa forma se convierte en una de las primeras y mejores intérpretes del gran creador matancero, al que siempre consideró uno de sus mejores compositores y acompañantes. De ese vínculo y de cuanto él enriquece su desempeño profesional, ella diría a Félix Contreras, uno de los más tenaces promotores de la historia del *feeling*: «Mi trabajo junto a Frank fue algo grande, muy fructífero. Con él aprendí muchas cosas. Él me enseñó lo que es un cabaret, lo que es un público más pequeño, las diferencias que tienen los lugares… Mucho, mucho aprendí junto a él».[53]

Elena Burke y Frank Domínguez

Pero la unión de Elena y Frank en el St John's, tiene un significado que trasciende más allá del currículo artístico de ambos, pues es el preámbulo del reinado del *feeling* en los predios del

---

[52] Félix Contreras. *La música cubana, una cuestión personal.* Ediciones Unión, La Habana, [sa], p.133.
[53] *Ibídem*, p. 134.

Vedado. Desde el mismo debut mucho público acude a disfrutar de la singular pareja conformada por la cancionera de moda y el compositor más versionado del momento, pues sabido es que entre 1958 y 1959 composiciones de Frank como «Tú me acostumbraste» e «Imágenes», por solo mencionar dos, lo ubican en la vanguardia de una nueva generación de músicos que, junto con los fundadores, llevan al movimiento *feeling* a una etapa de particular esplendor y aceptación popular, pues con el triunfo de la Revolución los demás centros nocturnos del Vedado y de toda Cuba le abren las puertas a sus principales cultores.

CASINO ST. JOHN'S
(O entre 23 y Humboldt)
ENTRETENIMIENTOS Y SHOW DE CONSAGRADAS ESTRELLAS

Esto sí que un hit..!

ELENA BURKE, la cancionera que ha batido el record en las victrolas.
FRANK DOMINGUEZ, el pianista y compositor, autor de "Tú me Acostumbraste".
PEPE DELGADO y su Conjunto.

Las 3 figuras del momento en Cuba...

ROLANDO LASERIE — ELENA BURKE — FERNANDO ALVAREZ

GRABAN PARA:

GEMA

Al concluir 1958, y a pesar de que Elena estuvo fuera de los escenarios casi seis meses, las tradicionales selecciones artísticas la incluyen entre las figuras más destacadas del año. Los Críticos Asociados de Radio y TV (Cartv) la eligen mejor cancionera del año, mientras que la Agrupación de la Crónica Radial, Impresa y de Televisión (Acryt) selecciona a Bertha Dupuy, entonces la estrella de los espectáculos de Tropicana. Por su parte la Unión de la Crónica Tele-Radial Diaria (Uctrd) concede su galardón en esa categoría a Mercy Cantillo, una de las grandes atracciones de la emisora Radio Progreso. Entre otros reconocimientos recibidos por Elena ese año estuvo el de *Show*, la revista de los espectáculos, la cual le concede el premio de mejor cancionera de cabaret por su labor en Sans Souci. Durante 1959, Elena se mantiene gran parte del tiempo junto a Frank en el hotel St Jhon's, ubicado en la céntrica calle O entre 23 y Humboldt. Sin embargo, muy pronto multiplica sus presentaciones en dos y hasta tres locales de forma rotativa en una misma noche, sin contar los ensayos, montajes de nuevas canciones, grabaciones de discos, programas de radio y televisión, además de las tareas del hogar y el cuidado de la pequeña hija, responsabilidad que cae en gran parte en Dulce María, su afable progenitora. En esa agotadora labor múltiple se va rodeando de otros músicos y colaboradores, uno muy significativo fue el joven pianista y compositor José Manuel *Meme* Solís.

Con Meme Solís

Con dieciocho años de edad, Meme se establece a fines de 1958 en La Habana, su primer trabajo de importancia fue acompañando a Fernando Albuerne y desde marzo de 1959 inicia su labor con Elena en el atractivo Club 21, ubicado justo frente al hotel Capri. Luego esta unión se prolonga de forma estable durante cerca de tres años en el bar Seven Eleventh del Habana Libre y en otros escenarios, discos y programas de radio y televisión, especialmente en la audición A solas contigo que realizan entre 1962 y 1969 por Radio Progreso. Elena lo estimula mucho como intérprete y compositor, y muy pronto Meme con su talento y el ímpetu propio de sus años, se convierte en uno de los baluartes de la nueva hornada de filineros que en esos pequeños clubes del Vedado encuentra un lugar ideal, ya que el *feeling* logra su mejor proyección en espacios íntimos donde se puede descargar libremente, sin el rigor de los guiones de los lujosos cabarets y los minutos contados de una actuación en los medios de difusión.

A Meme, considerado por la crítica, junto a Freddy y Pacho Alonso, una de las revelaciones del año, ella le encomienda diversas responsabilidades, lo mismo realizar un arreglo de la bella composición «Raro hechizo», de Bobby Collazo —para cantarla en un programa de televisión en un trío ocasional con Olga Rivero y Vilma Valle—, que la dirección musical de su segundo disco de larga duración, el cual demuestra plenamente la estatura artística de este joven músico y la madurez de la cancionera que ya se va convirtiendo en la gran musa del movimiento al impulsar la creación de los noveles y rescatar el legado de varios de sus fundadores, los cuales eran desconocidos del gran público.

Elena Burke y Meme Solís en el 21 Club

Para el álbum *La Burke canta*, Meme conforma una agrupación con notables cultores del jazz y la música cubana: Pablo Cano en la guitarra eléctrica, Ángel Ortiz en la tumbadora, Guillermo Barreto en la batería, Orlando, Papito, Hernández en el bajo y él en el piano, los arreglos y la dirección. El sonido y el repertorio del mismo evidencian el papel protagónico que a partir de entonces tiene el *feeling* en su labor discográfica, resaltando la contribución de la nueva hornada: Marta Valdés («Tú no sospechas»), Renée Barrios («Inconsciente corazón»), Ela O'Farrill(«Ni llorar puedo ya») y Meme («Qué infelicidad», «Para seguirte adorando» *y* «Es una verdad quererte»), junto a magníficas versiones de canciones cubanas, norteamericanas y mexicanas como «Corazón», de Sánchez de Fuentes, «Ebb tide», de Maxwell y «Torpeza», del filinero mexicano Vicente Garrido, quien empieza a tener notoria presencia en su impronta musical.

Meme Solis en testimonio para este libro nos habla de Elena:

> Yo quería decirles que, para mí, una de las impresiones más grandes que he recibido en mi carrera artística, es haber conocido a Elena Burke y haber sido desde el principio o finales del 58 su pianista, cuando yo era muy jovencito empecé de pianista de ella, aunque ya había recorrido desde los dieciséis años acompañando a Olga Guillot, a Fernando Albuerne, a Esther Borja, pero mi carrera en realidad se centraliza más profesionalmente cuando empiezo como pianista de Elena Burke.
> Yo pienso que Elena Burke es una de las cantantes más grandes que ha dado el mundo, para mí. Su voz, como diría hace unos años el maestro González Mántici, su voz... puede quizás nacer una voz como la de Elena cada cien años.

Fue para mí un aprendizaje trabajar al lado de ella tantos años, después ya yo prácticamente nada más que la acompañaba al piano. Ella fue quien me oyó cantar, descargar una noche y ella fue quien me obligó a que yo empezara prácticamente a cantar. Entonces con ella empecé justamente. Y ella misma me dijo: «*No, si a mí me gusta como tú cantas, yo no quiero que seas solo pianista acompañante mío, yo quiero hacer contigo como una pareja*». Ella fue la que me dio seguridad para que yo empezara a cantar. Muchos antes de tener el cuarteto de los Meme con Moraima, yo empecé con ella. Con ella he tuve las experiencias más grandes del mundo en cabaret, piano bar, televisión, teatro, radio, estuvimos ocho años haciendo *A solas contigo* en Radio Progreso: Elena Burke, Luis García y yo. Elena tenía una musicalidad increíble, independientemente de la voz que era única, su musicalidad era impresionante para hacer cualquier tipo de voz que yo le ponía, lo mismo una voz segunda, que voz tercera, bueno ya lo demostró como cuarta voz del Cuarteto de Aida durante tanto tiempo y ya después con Luis García y conmigo hacíamos los tríos esos fabulosos para "A solas contigo" para Radio Progreso, ya después yo formé los Memes, el Cuarteto de Meme Solís con Morayma y no obstante seguí trabajando con ella, porque ella de verdad no se resignaba a perderme como pianista y siempre tratamos de coordinar que nos tocaran las actuaciones junto al cuarteto con ella, de manera que yo pudiera acompañarla y a la vez pudiera estar con el cuarteto mío.

¿Qué te puedo decir más de Elena? que tengo grabado su segundo disco, lo hizo conmigo todo el disco *La Burke canta*, donde hay tres canciones mías, todos los arreglos para el grupo que nos acompañó son míos y mi primera experiencia de grabación, también fue por Elena o sea, que en disco, en radio, en televisión, en todo, me estrené con Elena Burke.

Me faltaría mucho más que decir, pero Elena, no sé si

decirte, la mejor cantante de nuestro país o una de nuestras más grandes cantantes, para mí, del mundo.[54]

Según van pasando los meses, la prensa periódica, la radio y la televisión le dedican más espacio. En julio la revista *Show* destaca que sigue arrebatando al público del Club 21 y del Habana Hilton. Y afirma enfática: «Decididamente, Elena se consagra cada día más como la mejor del momento». Ese mismo mes varias publicaciones resaltan que acompañada de Frank Domínguez alterna a partir de las cuatro de la tarde en el St Johnn's con Lucy Fabery y Luis García. Por su parte *Bohemia* publica en agosto su caricatura realizada por David, mientras que el 30 de octubre el periódico *Combate* anuncia que le concede su galardón de mejor cancionera de 1959, reconocimiento que, compartido con Olga Guillot y Bertha Dupuy, también le otorga poco después, la Unión de Columnistas de Cabaret.

Entre sus últimas actividades ese año resaltan el homenaje que le ofrece *Show* en la Bodeguita del Medio, por la elección que hizo esta revista de su primer álbum como joya de la década y mejor disco del 59; su actuación el 20 de noviembre en *Jueves de Partagás*

[54.] Meme Solís. Testimonio para este libro (audio) a Armando Nuviola, 19 de mayo 2021.

junto a Esther Borja, Rosita Fornés, Barbarito Diez, Ana Margarita Martínez Casado y la orquesta de Ernesto Duarte. Días después inicia sus actuaciones en el Karachi Club, nuevo y lujoso centro nocturno que se inaugura en K y 17, lugar en el que durante varios meses le acompaña un joven de quince años recién llegado de Mayarí, el cual ya vislumbra el virtuosismo que lo convertiría en uno de los grandes maestros de la pianística cubana de todos los tiempos: Frank Fernández Tamayo. Para las fiestas de fin de año y año nuevo, su sello discográfico ya había puesto a la venta su segundo álbum y otro titulado *Gemas de Navidad*, en el que es incluida junto a Rolando Laserie, Fernando Álvarez, Miguelito Cuní y Compay Segundo con Amparito, todos acompañados por la orquesta Sabor de Cuba dirigida por Bebo Valdés.

Del Scherezada al cabaret Caribe

A inicios de 1960, Elena es figura sobresaliente en los mejores programas de la televisión, en enero, participa en CMQ-TV en el *Tele show* de Otto Sirgo junto a René Cabel, Celeste Mendoza y María Luisa Chorens. Al mes siguiente, por ese mismo canal, canta en *Jueves de Partagás* con Berta Dupuy y Doris de la Torre, lo que provoca que la revista *Show* comente que si las tres grabaran un disco sería el éxito artístico y comercial más sonado del año. Por su parte, en CMBF-TV, Canal 4, es incluida con frecuencia en diversos espacios, entre ellos dos recién fundados que marcarían la historia de este medio en Cuba: *El Show de Arau* y *Música y Estrellas*, los que cuentan con la dirección musical del maestro Adolfo Guzmán. También por esta fecha se destaca en varios espectáculos teatrales y ofrece su primer recital, pero los centros nocturnos del Vedado siguen ocupando el centro de su labor musical.

Su presencia atraía a muchos de sus admiradores al St John's, al Rincón Bohemio, al bar del hotel Riviera y al recién abierto Club Scherezada, sito en 19 y M, el cual se convierte en uno de sus lugares de culto. Para entrar a ese pequeño espacio acude todas las semanas una legión de *elenistas*, admiradores incondicionales que llegan de cualquier parte del país a disfrutar de esa singular atmósfera que ella y Frank, y luego el insoslayable Froilán, producen en aquellas noches habaneras que han sido motivo de evocación por valiosos poetas y escritores como Reynaldo González, Miguel Barnet, Pablo Armando Fernández y Jesús Díaz, quien en uno de los capítulos de su novela *Las iniciales de la tierra* describe esa rica comunión de la artista con su público.

En cualquier escenario que Elena actúa, su principal aspiración es lograr una comunicación plena, por eso de la forma más sencilla y espontánea establece el diálogo, conversa de las obras y sus motivaciones y complace las solicitudes de los presentes, ya sea un centro nocturno o un teatro. En 1960, entre sus actuaciones en salas teatrales destaca el recital que ofrece el 5 de abril en la Sala Talía junto a Frank Domínguez, despedida a su gira por escenarios de Perú y Venezuela, así como dos presentaciones en el teatro Martí. La primera el 14 de mayo, cuando bajo la dirección orquestal del maestro Rodrigo Prats, participa en un Festival de Actores Cómicos junto a Bola de Nieve, René Cabel, Rosita Fornés, Blanca Rosa Gil, las chilenas Sonia y Miriam y otros artistas de gran poder de convocatoria, entre ellos anfitriones de la velada como el querido Guillermo Álvarez Guedes, quien la había lanzado al estrellato discográfico, Leopoldo Fernández, Enrique Arredondo, Carlos Pous, Pepe Biondi, Armando Soler (*Cholito*) y Amador Domínguez. Precisamente en un homenaje a este último, retorna a ese escenario dos meses después, justo la noche del 11 de julio. Amado es un actor que conoce desde su etapa en Mil Diez y que ahora ocupa planos estelares con su simpático personaje de Bartolo y su famosa frase de «Eso dicen». Esta vez comparte escena con otro triunfador del Scherezada: Pacho Alonso, además con el maestro Armando Oréfiche, Olga Guillot, Ñico Membiela, Doris de la Torre, Berta Dupuy y un cuarteto de reciente creación: Los Meme.

Sin dudas, este formato vocal, que ese año consolida su presencia en el ámbito musical cubano con otros de la calidad de Los Modernistas y Voces Cubanas, logra con Los Meme uno de sus mejores exponentes. A pesar que el joven pianista y compositor en esas lides apenas tenía la experiencia de un par de meses supliendo a Aida en su cuarteto, por asuntos de enfermedad, demuestra desde el inicio ser un verdadero maestro dentro de este formato y en el uso de la estética del *feeling* a cuatro voces, logrando que cada integrante fuera solista y a la vez formara parte del rico tejido armónico que fue conformando, lo mismo con los cantantes fundadores u otros que transitan por su agrupación a lo largo de su fecunda década de existencia.

Aunque la labor del cuarteto le impide continuar acompañando a Elena de forma sistemática más allá del programa radial, el vínculo entre ambos perdura, ella sigue siendo una de sus grandes intérpretes y ferviente admiradora de su desempeño vocal tan personal e interesante. Es «una voz que duele», dice de él en más de una oportunidad. Juntos llegan a cantar en múltiples escenarios, en varios de ellos a dúo, pues ella seguiría gustando por siempre del trabajo a voces. Una imagen recurrente de su vida es verla formando parte de dúos, tríos o cuartetos ocasionales. Su debut en el cabaret Caribe del recién denominado Hotel Habana Libre fue un buen ejemplo.

Con su actuación en la revista *Como le gusta a usted* del cabaret Caribe, la primera producida por Joaquín Riviera, joven bailarín y coreógrafo cubano, Elena inicia su labor en los cabarets de lujo del Vedado, desempeño que luego se extiende al Parisién del Hotel Nacional, el Copa Room del Riviera y el Capri. Cuando recibe la propuesta del Caribe valora contratos en el exterior, los que aplaza para tener la satisfacción de presentarse en ese importante escenario junto a un elenco de primera, encabezado por ella, Doris de la Torre y Frank Domínguez.

Elena, Bertina Acevedo, el cuarteto de las hermanas Valdivia, Fernando Albuerne, René Cabel, Esther Borja, Juan Almeida y Frank Domínguez (al piano), canal 6, 1960

El *show* se estrena el 25 de agosto con una duración de cincuenta minutos y cuenta con cuatro atractivos cuadros, en los que también otros valiosos artistas y técnicos realizan significativos aportes a su éxito. Entre ellos los bailarines Sonia Calero, Roberto Rodríguez y Cristy y Arnaldo, el barítono Luis Cerver, la vedette Berta Rosen, el cuarteto Voces Latinas, además de Anido en el vestuario, Ernesto Capote en la luminotecnia, Felo Bergaza en la coordinación musical, Martorell con una escenografía muy elogiada, al igual que la dirección orquestal y los arreglos de Rafael Somavilla.

El espectáculo inicia con las seis modelos, las cuatro parejas de baile y el cuarteto interpretando el *opening*, el cual fue escrito especialmente para la revista por el maestro Julio Gutiérrez. Seguidamente Doris canta «Añorado encuentro», de Piloto y Vera; Frank Domínguez «Tú me acostumbraste» y Elena «Pecado nuevo», de Mariano Mores. El recién formado cuarteto Voces Latinas, integrado por el destacado músico italiano establecido en Cuba Frank Laganá, Alberto Pujol, Germán Pinelli junior y Raúl Acosta, le corresponde abrir brillantemente el segundo cuadro interpretando «Corazón», de Eduardo Sánchez de Fuentes teniendo la compañía de las modelos.

Joaquín Riviera, Elena, Doris de la Torre y Frank Domínguez. Cabaret Caribe, 1960

Luego Doris vuelve a salir a escena para interpretar dos composiciones, seguidamente entra Elena con «Insaciable», un estreno concebido para ella por Frank Domínguez y que, al decir del cronista de la revista *Show* —de la que tomamos esta información—, «electriza por su letra y melodía». Tras los aplausos da continuidad a la revista cantando ella el bolero «Tú no sospechas», la primera de las muchas composiciones de Marta Valdés que lleva al disco y que en ese año fue uno de los mayores triunfos de ambas.

Concluido este segmento, vienen desde el fondo del escenario los primeros bailarines Sonia Calero y Roberto Rodríguez para interpretar «Vereda tropical», la más versionada creación del mexicano Gonzalo Curiel. Al concluir, aparece en escena el barítono Luis Cerver interpretando dos piezas de Agustín Lara, mientras algunas bailarinas aportan evoluciones coreográficas concebidas por el joven director debutante, dando paso a Cristy Domínguez y Arnaldo Silva, pareja que luego toma rumbos diferentes. Después Frank canta otras dos de sus creaciones y cierra el tercer cuadro, en dúo muy bien acoplado y aplaudido por los asistentes, las voces de Doris y Elena en «Nuestras vidas», el famoso bolero de Orlando de la Rosa que casi nunca faltaba cuando unían sus voces.

El último cuadro, lleno de colorido y contagiosos ritmos, comienza con Luis Cerver interpretando el famoso pregón de Félix. B. Caignet «Frutas del Caney», siguen Voces Latinas con «Tabaco verde», de Grenet y «Mango Mangué», mientras las modelos y bailarinas lucen trajes simbolizando esos y otros productos cubanos como la piña, el melón y el plátano. El novel cuarteto que tiene en este segmento su gran oportunidad de demostrar su nivel interpretativo, recrea en sus voces el chachachá de Piloto y Vera «De noche», mientras las cuatro bailarinas muestran en la pista su técnica depurada en una escena sustancialmente transformada poco antes del debut, pues se había construido una moderna pista, muy elogiada sobre todo por sus pasarelas y escaleras en forma de discos montados al aire.

Continúa Berta Rosen, quien al estilo de las grandes vedettes, recrea junto a Voces Latinas y el cuerpo de baile, la composición de Felo Bergaza «La mulata Rosa». Los bailarines Sonia Calero en una escalera y Roberto en la otra, acompañados de un alegre popurrí brindan una viva lección de rumba abierta, preámbulo para que Elena se desdoble en su faceta más rítmica, llevando al resto del elenco a un final de mucha vivacidad. En el mismo une su voz a las de Doris y Frank para interpretar dos composiciones: «Quiero darte un besito», de Fernando Mulens y otro estreno del catálogo de Felo Bergaza, el mambo «De eso nada». Ya en solitario interpreta un tema muy cercano que había interpretado en muchas ocasiones con el cuarteto D'Aida, el merengue del dominicano Rafael Cepeda «Elena toma bombón», y a seguidas asume «Pan de maíz tostado» y otros aires populares, teniendo el respaldo del cuarteto, el cuerpo de baile y las modelos. Concluida esta parte se retiran entre aplausos del público y retornan finalmente a la escena, interpretando la composición «Ina que Ina», mientras se va incorporando todo el elenco bailando y saludando en un ambiente muy cubano y alegre.

Casi todas las publicaciones de la época alaban la calidad de este espectáculo. En el mes de septiembre la revista *Show* publica el primero de una serie de comentarios bajo el título de «Fastuosa la producción musical en el Habana Libre» en el que destaca, entre otros muchos elogios, que Elena y demás protagonistas «rayan a inconmensurable altura». Por su parte *Bohemia* en su edición del 13 de noviembre resalta que Elena ha depurado su estilo, pues «se ha despojado de las dudosas vestiduras de sensualidad que ponía a su canto —reminiscencia de su paso por el Cuarteto D'Aida— y de su reciente imitación del estilo Guillot. [...]. Ha surgido Elena como una exquisita intérprete adulta, fina, con el estilo redondo como un melocotón».

Aunque esta producción se mantiene en el Caribe hasta inicios de 1961, compromisos de trabajo junto al Cuarteto D'Aida en Miami, hacen que ella se retire del mismo el 20 de diciembre. Finaliza un año de intenso trabajo del que no se deben omitir otras actividades relevantes, como la grabación de su tercer álbum para el sello Gema, sus éxitos en Santa Clara donde estrena una de las primeras canciones de Teresita Fernández, el inicio de sus presentaciones en el legendario Gato Tuerto, así como su presencia en el cuarto concierto del Club Cubano de *Jazz* y en sendos homenajes al maestro Julio Gutiérrez y a Juan Almeida.

Elena como los demás fundadores del movimiento *feeling*, desde su gestación misma mantiene una estrecha vinculación con el *jazz*, especialmente con algunos de sus cultores que también lo eran de esta modalidad cancioneril, como Bebo Valdés y Frank Emilio. Este pianista invidente, que integrara el grupo Loquibambia fundado por José Antonio Méndez, fue figura clave en esa relación que empieza a ser más estrecha a partir de 1958, año en que se funda el Club Cubano de *Jazz* y Rafael Somavilla es electo su presidente. Fue precisamente a este músico matancero tan amante del *jazz* a quien ella incorpora como su principal colaborador, cuando es contratada por el sello Gema para realizar sus primeras grabaciones, las que llevan a un crítico norteamericano a la siguiente reflexión:

Elena Burke tiene un gran poder sobre su voz, puede alzarla y puede murmurar y siempre deleita a quien la escuche, cuando ella interpreta una canción se nota la seguridad en su voz y no importa como su voz "juege" con la melodía, al final tenemos que decir: maravilloso. Su voz es una combinación de Billie Holliday, June Christy, Sara Vaughan y Ella Fitzgerald, pero siempre Elena Burke. Cuba tiene la voz con el verdadero sabor a jazz y ojalá lo sepan.[55]

No se equivocaba el crítico en su valoración, pues desde muy joven crece artísticamente bajo esas influencias y al fundarse el club de jazz es asidua a sus descargas en el Habana 1800. El club también cada cierto tiempo realiza grandes conciertos en los principales centros nocturnos, y para el que se efectúa el 15 de mayo de 1960 en el Copa Room del Riviera con el Quinteto Instrumental de Música Moderna, ella es invitada. A partir de entonces varios de sus integrantes, sobre todo su director el pianista Frank Emilio, le acompaña en numerosas presentaciones y en algunos de sus mejores discos.

A Julio Gutiérrez, otro de los pioneros de las descargas de jazz en Cuba, el 25 de agosto se le realiza un homenaje en *Jueves de Partagás*, allí esta cancionera tiene una labor destacada junto a Marta Pérez, Los Bucaneros, Los Modernistas, Rolo Martínez y Rosita Fornés, entre otros artistas que muestran el amplio espectro creativo del músico llegado de Manzanillo veinte años atrás. El programa se divide en tres secciones que abarcan el ballet, el teatro musical, la música de concierto y, por supuesto, los boleros y canciones que cimentaron su prestigio internacional. Elena canta «El hombre que sabe enamorar» y «En La Habana», además de intervenir en el popurrí con sus mayores *hits* que cierra el programa con «De ti enamorado», la canción de este maestro que ella incluyera en su segunda disco de larga duración, el que aún seguía teniendo altos índices de venta.

Por su parte, el homenaje ofrecido a Almeida a inicios de noviembre, se efectúa en *Casino de la Alegría*, el programa televisivo que rivaliza en popularidad con *Jueves de Partagás*, y fue iniciativa de su director Amaury Pérez García, quien le cursa una invitación a ella y a otros relevantes intérpretes de su catálogo autoral

---

[55.] Manuel Lugo Cortés: «California de noche», revista *Show*, octubre de 1960, p. 52.

como Esther Borja, René Cabel y Fernando Albuerne, quienes estrenan varias de sus canciones y, al final, cantan junto al resto de los invitados —Héctor Cabrera, Estelita Santaló, Luis Pichardo Hermanas Valdivia, Trío Taicuba, Frank Domínguez y Amelita Frades— el bolero «La Lupe», la primera composición en alcanzar popularidad de este creador que durante toda su vida le aporta a Elena algunos de sus mayores éxitos.

Para esa fecha y el año siguiente, 1961, el proceso de cambios que se opera en el país llega a un período muy convulso con la nacionalización de las principales empresas privadas y las propiedades extranjeras, lo que conlleva a la ruptura de las relaciones con Estados Unidos, el inicio del «bloqueo/embargo» económico, los sucesos de Playa Girón y la declaración del carácter socialista de la Revolución. El ámbito cultural también es objeto de cambios radicales, las empresas disqueras, las emisoras de radio y canales de televisión comienzan a ser intervenidas, se cierran definitivamente los casinos y muchos de los principales músicos y artistas forman parte de los cubanos que deciden abandonar el país, incluyendo a Olga Guillot, Berta Dupuy, La Lupe, Blanca Rosa Gil y Freddy, las cancioneras que rivalizaban en popularidad con Elena, quien inicia un reinado, casi absoluto, en los predios de la canción cubana hasta la llegada de la llamada década oscura.

Su majestad La Burke

Señora del sentimiento

*Elena Burke, volcán,
llama, fuego, diva, diana,
agua fresca y cristalina
presta en torrente a brotar.*

*Mas, también podrían llamarte
Señora de la amistad,
no te apagarán tropiezos,
ni te alcanzará maldad.*

*Te aclamará el mundo
en boca hambrienta de tu cantar,
tu voz, espada guerrera,
los confines cruzará.*

*Miles de generaciones
contigo cabalgarán,
en un hermoso caballo
blanco como tu verdad,
como guardianes del trono
que tú ocupas, Majestad.*

Olga Navarro

El 3 de enero de 1961 el presidente Eisenhower, pocos días antes del ascenso a ese cargo de John F. Kennedy, declara oficialmente la ruptura de las relaciones entre Cuba y Estados Unidos. Elena, que estaba realizando presentaciones en Miami con el Cuarteto D'Aida, al conocer la noticia regresa a Cuba, continuando días después su intensa labor artística en diversos centros nocturnos, entre ellos el casino del Tropicana, Le Reve y el Johnny's Dream. En este último, ubicado en las márgenes del río Almendares, se presenta durante los meses de febrero y marzo, lugar donde canta noche a noche, primero acompañada de Meme y luego de Frank Domínguez, las canciones de su repertorio. Entre ellas «Si no hay razón», de Piloto y Vera, y «Mala noche», del mexicano Alberto Domínguez, las cuales conforman un disco pequeño acabado de sacar al mercado y devienen los primeros éxitos de su álbum *Es contigo*, el que tuvo en los arreglos y la dirección orquestal al maestro Eddy Gaytán.

Antes de concluir marzo ese larga duración ya estaba también en venta en las principales discotecas de La Habana y Gema le otorga —poco después que la RCA Victor lo hiciera con La Lupe, Pacho Alonso, Luis García, Benny Moré y la Aragón— el codiciado Disco de Oro, dada la acogida a los tres álbumes y varios discos pequeños que acumula con ese sello.[56] Esa acogida favorable no solo era en Cuba, pues de otros países llegan comentarios favorables, la revista *Bohemia*, por ejemplo, en su edición del 19 de marzo de 1961 resalta la venta en Francia de su álbum *La Burke canta*, el cual había sido elogiado por uno de los críticos de la revista *Cinemonde de París*.

A lo largo de ese año continúa actuando en otros escenarios con diversas figuras, algunas muy pronto logran imponerse en el gusto del público, como sucede con Víctor Franco, Oscar Martin y Gina León. Esta última, con quien alterna en *Casino de la Alegría*, se consagra pocas semanas después en el cabaret del Capri en una producción que iniciara Olga Guillot, y deviene la otra cancionera de más arraigo popular en el transcurso de los años sesenta. También en ese mes de abril comparte actuaciones con Orlando Contreras en el hotel Oasis de Varadero, y a inicios de junio en Lunes Musical, programa de CMBF-TV, se presenta junto a René Cabel, El Tenor de las Antillas, quien poco después se establece en Puerto Rico y, posteriormente, en Colombia.

Otro programa estelar al que retorna una y otra vez es el que realiza el versátil Alfonso Arau, quien la admira muchísimo y la incluye en importantes espectáculos que dirige, como el realizado en el homenaje que se le rinde al periódico *Revolución* el 25 de marzo en el Salón de Embajadores del Hotel Habana Libre al serle entregado

---

[56.] Juan Manuel Tabares. «Disco Show». Revista *Show* de abril-mayo de 1961, p. 73.

a esta publicación, el premio de la Organización Internacional de Periodistas (OIP), actividad en la que Elena comparte con Benny Moré, Myriam Acevedo y el propio actor mexicano. Del espacio televisivo de Arau la revista *Bohemia* afirma por esa fecha que «ha sido durante un año, el espectáculo más imaginativo, dinámico, moderno y consistente de nuestra televisión».[57] Sin embargo, en esa misma edición la revista le reprocha

> [...] es casi inexplicable que en *El Show de Arau* haya sucedido lo que sucedió: fue en su gran programa aniversario. Mientras Elena y Frank Domínguez entonaban sus canciones, Alicia Rico intercalaba, aquí y allá, algunos comentarios humorísticos. Nadie pone en duda la categoría de esa gloriosa veterana que es Alicia Rico. Pero no me parece conveniente que se ponga en duda tampoco (¿no es eso lo que se hizo?) la categoría de Frank Domínguez y de Elena Burke.[58]

En las siguientes ediciones de *Bohemia* los realizadores del programa no contestan nada al respecto, pero se sabe que en ese estilo moderno e imaginativo al que alude el comentarista, el incidente no era totalmente una novedad. Por otro lado, es de suponer que Elena, que tenía un gran sentido del humor y una gran admiración por la actriz y el teatro, diera su aprobación. Esa admiración por el teatro, e incluso su deseo de incursionar en el mismo como actriz, lo confirma en más de una oportunidad esta revista, por ejemplo, en la edición del 3 de agosto de ese año el director teatral Rubén Vigón anuncia de forma precipitada que ella debutaría como actriz dramática en su puesta de *Recuerdos de Tulipa*, obra escrita por el dramaturgo cubano Reguera Saumell. Poco después, Elena declina la invitación al no sentirse lo suficientemente preparada en esa faceta.[59]

Sí continúa de manera triunfal su desempeño musical a lo largo de 1961, en cuyas postrimerías comienza a circular el álbum *De los*

---
[57] Revista *Bohemia*, 30 de julio de 1961, p. 108.
[58] *Ibídem*.
[59] Sobre la tentativa de incursionar en el teatro pueden consultarse la declaración de Vigón a la sección Noche a noche, *Bohemia*, 3 de agosto de 1962 p. 36 y la entrevista realizada a Elena por Orlando Quiroga en la *De Viernes a Viernes* de la misma publicación el 6 de abril de 1962, p. 82.

dos, grabado junto a Fernando Álvarez y el titulado *Disco de Oro de Gema* en el que se incluye a este bolerista y los demás grandes vendedores de este sello, es decir Elena, Rolando Laserie, Cortijo y su combo y la venezolana Adilia Castillo. Otra grabación significativa es la que hace para uno de los primeros discos del naciente sello de la Imprenta Nacional, el titulado *Juan Almeida, Comandante rebelde y compositor popular*, en el que interpreta «Yo quisiera tenerte».

Su presencia se destaca en las descargas que se organizan, en diferentes cabarets, los días de descanso de los *shows*, pero un lugar de particular trascendencia fue el Salón Panorámico de Tropicana, el cual ella pone de moda. Desaparecidos los casinos de juego, el de ese cabaret da origen a este salón cuyo elenco encabeza durante meses, desde su inauguración el 27 de octubre de 1961. Allí comparte actuaciones con Ela Calvo, el Cuarteto de Meme Solís, Adolfo Pichardo con su trío Avería y el trío Los Cancilleres. Una de las canciones que había incluido en el álbum *De los dos* comienza a hacerse muy popularizar: «Me faltabas tú», de José Antonio Méndez, quien retorna definitivamente a Cuba tras once años de labor en México y se yergue como anfitrión por excelencia de las descargas del hotel St Jhon's. Bajo su influjo, el de Portillo de la Luz y otros grandes del *feeling*, Elena decide que en sus actuaciones la guitarra comience a tener un papel protagónico.

En compañía de Froilán

Desde enero de 1962 las carteleras del Scherezada y otros centros nocturnos anuncian la novedad de Elena acompañada de un guitarrista llamado Froilán Amézaga. Nacido en la ciudad de Matanzas tres años antes que ella, este hombre, siempre afable y sonriente, se había establecido en La Habana en 1944, uniéndose a las descargas de la casa de Angelito Díaz y formando parte de varias agrupaciones, incluidas actuaciones ocasionales con el grupo Loquibambia en Mil Diez. La unión de ambos se mantiene durante dieciséis años, cesando a causa de los problemas de salud que comienzan a aquejarle. Ya para entonces habían triunfado juntos en importantes escenarios de América y Europa.

Seleccionado entre los mejores guitarristas de Cuba en varias encuestas de especialistas, como las realizadas por las revistas *Bohemia* en 1965 y la de *Opina* en 1979, Froilán en cada salida a escena —con Elena, Myriam Acevedo, Miriam Ramos u otras prestigiosas figuras con las que colabora— se destaca por su buen gusto y rica imaginación armónica, como señala el eminente musicólogo Radamés Giro en su *Diccionario Enciclopédico de la música en Cuba*. Aunque no es el autor de «Romance andaluz», como erróneamente afirma ese libro, sí concibe magníficos arreglos para esa y otras composiciones en que la cantante y el guitarrista siempre brillan a gran altura. Él compuso la música para «Cuanto es», hasta donde tenemos información, la única incursión de ambos, Elena y Froilán, en la creación musical.

A solas contigo

Aunque Froilán deviene el acompañante por excelencia de Elena, ella continúa trabajando con otros destacados músicos y varias agrupaciones en actividades que se programan en escenarios de todo el país por el Consejo Nacional de Cultura (CNC) y otras instituciones. Entre las más importantes de 1962 están el Primer Festival de Música Popular Cubana y el programa radial *A solas contigo* en el que Elena permanece dieciocho años a través de la popular emisora Radio Progreso. Considerado como una descarga informal, dada la frescura y espontaneidad que siempre lo marca, *A solas contigo* es un programa semanal que surca inicialmente el éter entre once y once y treinta de la noche y fue idea de Celestino Suárez, funcionario de la emisora, quien le comunica la idea a Luis García y a Elena y estos muy entusiastas se suman al proyecto.

Luis ya era uno de los más reconocidos cancioneros cubanos, pues desde su debut, en 1957, sus grabaciones para la RCA Victor le granjean la admiración de los seguidores de la canción romántica en gran parte del continente. Sus primeros éxitos se movían en la línea del vals peruano, pero con el auge del *feeling* esta modalidad pasa a ocupar parte importante de su labor, es por ello que sus admiradores comienzan a llamarlo «El enfermo de la canción», pues enfermo era un término que los fileneros empleaban como sinónimo de excelente o de gran calidad. Décadas después, en Miami y otros lugares del continente donde prosigue su labor artística, lo llaman «El Rey del *feeling*».

Luis alternaba frecuentemente con Elena en lugares como el St John's, Tropicana y el Gato Tuerto. Estando en este último le escuchan una noche a Ela O'Farrill su canción «Una melodía», la cual les parece muy adecuada para tema de presentación del programa que preparan, el cual se completa con el piano y la voz de Meme Solís, otro de los afectos de Luis desde sus días en Santa Clara. Luego de conformado el equipo y concluido sus preparativos, *A solas contigo* comienza a salir al aire, encontrando una gran acogida en la radio audiencia. Uno de sus principales aportes fue el dar a conocer nuevos e importantes creadores, Luis tendría entre sus primeros estrenos allí a «Estás lejos» y «Tú mi desengaño», creaciones de un joven bayamés llamado Pablo Milanés quien, poco después, empieza a dar una contribución insoslayable al repertorio de la que ya la prensa y sus admiradores llamaban La primera cancionera de Cuba, Su Majestad La Burke u otros epítetos elogiosos.

Elena con Luis García y Meme Solís

Dada su privilegiada posición, no solo encabeza los elencos de varios centros nocturnos y de los principales programas de la radio y la televisión, sino que es muy solicitada para amenizar actos oficiales y otras celebraciones. El lunes 30 de abril, en el teatro García Lorca canta en el acto de entrega de sus galardones a los héroes del trabajo. Por su parte, el 25 de mayo en el teatro Amadeo Roldán, durante la clausura del Primer Festival de Música Popular Cubana, evento que es llevado a todo el país por radio y televisión, es ella y Froilán quienes cierran el mismo interpretando «Mil Congojas», de Juan Pablo Miranda.

En esa jornada participan numerosos cultores de la habanera, la romanza, la criolla, la clave y otras modalidades de la cancionística. Entre los que se distinguen allí interpretando el bolero *feeling* se encuentran Miguel de Gonzalo, Reinaldo Henríquez, José Antonio Méndez, Frank Domínguez, Ela O'Farrill, Fernando Álvarez, Doris de la Torre, Cuarteto D'Aida, Cuarteto de Meme Solís y Luis García. Ese evento incluye los mejores exponentes del resto de los géneros y formatos de la más auténtica música criolla de las seis provincias, sin las cuales era imposible mostrar el ambicioso panorama de nuestra música que se habían trazado Odilio Urfé y el resto de los organizadores.

El grupo de changüí de Latamblet, procedente de Guantánamo, el de Sucu Sucu de Domingo Pantoja, de la Isla de Pinos (hoy Isla de la Juventud) y el órgano de la familia Borbolla, procedente de Manzanillo, fueron algunos de los más valiosos. Durante esos días del que fue considerado el suceso cultural del año, Elena tiene la posibilidad de intercambiar con muchos de esos artistas, entre ellos Benny Moré, quien en la noche del 18 de agosto abriera magistralmente el espectáculo inaugural. Para la historia quedaría una foto de ambos, acompañados de otros colegas, en diálogo franco mientras esperaban los ensayos.

Una entrevista para *Bohemia*

Aunque conversadora y afable con todo interlocutor que se le acercara, Elena no era muy entusiasta con las entrevistas. Le gustaba conservar su privacidad y le molestaba andar por caminos trillados, pues hasta las canciones les gustaba interpretarlas de un modo diferente. Sin embargo, casi nunca decía no a los periodistas, algunos de los cuales promueven su labor durante décadas y entablan con ella una enriquecedora amistad. Ese fue el caso de Orlando Quiroga, quien fue además el guionista atinado de muchos programas de la televisión en los que ella era asidua, e incluso es su compañero de viaje en varias de sus giras más prolongadas y significativas. De una de sus entrevistas para la revista *Bohemia* son estas preguntas y respuestas que revelan gustos y rasgos de la personalidad de la artista.

[...] ¿Si no fueras Elena Burke quién te gustaría ser? "María Elena, mi hijita".
A ud se le considera un "vocero" de Frank Domínguez. ¿Es él su compositor predilecto? "Frank es un maravilloso compositor, pero yo no tengo un compositor predilecto, sino varios; en Cuba hay más de una docena de estupendos autores. Además, escojo una canción por lo que me dicen la letra y la música, no por el autor".
¿Qué hace cuando no está cantando? "Mi deporte favorito: leer. Siempre estoy comprando libros".
¿Hay un autor que le atrae principalmente? "García Lorca y Charles Dickens están entre los que más he leído. Pero el libro que más me ha impresionado últimamente es *El país de las sombras largas*".
Elena Burke es la cantante favorita de muchos, ¿quiénes son los de Elena Burke? "Entre ellas es difícil porque hay muchísimas buenas: Doris, Omara, Moraima, Vilma Valle, la misma Gina León, que es muy agradable de ver en un cabaret. Entre ellos sucede igual: José Antonio Méndez "me enferma", Meme Solís con su "voz que duele", Benny Moré, que es un nombre que se pone aparte y por encima, Víctor Franco, con su preciosa voz y tantos más".
¿Y entre los extranjeros? "Ella Fitzgerald, Sarah Vaughan, Frank Sinatra, María Callas".
¿Al no aceptar el papel central de *Recuerdos de Tulipa*, quiere decir que no habremos de verla actuar en teatro? "Yo no acepté Tulipa, que es una obra humanísima y muy bien escrita, porque era muy difícil para mí, que nunca he actuado, y porque hay días en que pierdo totalmente la memoria. Pero la Sala Talía me ofreció ahora uno, *La Espiritista*, que es más fácil y que tal vez, acepte..."
¿Cuál es la próxima canción que estrenará? "Una

bellísima cuyo arreglo me trajo Tania Castellanos de Checoslovaquia. Por cierto, mi mayor deseo es ir a Praga, que todo el mundo me dice que es una ciudad muy divertida y elegante. Pero tengo que descansar de la televisión y el Panorámico de Tropicana. Estoy agotada de dar: ahora quiero recibir."
Si no fuera la más alta voz del *feeling* en Cuba ¿qué oficio habría escogido?
"El ballet clásico. No olvidemos que pasados algunos años formé pareja, con Rolando Espinosa, de rumba abierta y caliente" [...].[60]

En la segunda mitad de 1962, Elena no solo continúa desarrollando sus labores artísticas, sino también sus deberes de madre. Eran tiempos de grandes tensiones como las vividas durante la llamada crisis de octubre. Hasta el último día de diciembre alterna con noveles y consagrados, lo mismo en los dos canales de la televisión que en los centros nocturnos o en fiestas populares a lo largo de toda Cuba. En una de las emisiones de septiembre del programa televisivo *Noche cubana* lo hace con Georgia Gálvez, en octubre tiene a su lado a Fernando Álvarez en uno de sus sitios habituales, el Scherezada; también ese mes trabaja en el Capri con Bola de Nieve, Dandy Crawford, Wilfredo Rosabal, Marta Strada, Orestes Macías y la excéntrica musical Neri Amelia Martínez Salazar, más conocida por Juana Bacallao, quien poco después realiza caricaturas o parodias de ella y de otras artistas con su comicidad arrolladora.

A partir de esta fecha, su presencia se hace cada día más frecuente en las instalaciones del Capri. Es precisamente en el Salón Rojo, lugar de su extinto casino, donde trabaja todos los domingos del mes de diciembre desde las dos de la tarde, compartiendo la escena con Celeste Mendoza, Los Bucaneros, Rolo Martínez, Luis García, Marta Strada, Cuarteto Meme Solís, Sergio Rivero, Ñico Membiela, Lino Borges, José Antonio Méndez, Pacho Alonso y Danny Puga. En esos días, justo el 23, la revista *Bohemia* la elige mejor cancionera en su selección anual, poco después el periódico *Revolución*

[60.] Orlando Quiroga: «Elena Burke responde 10 preguntas», en sección De Viernes a Viernes, *Bohemia*, 6 de abril de 1962, p.82.

también la incluye entre las más destacadas de esta categoría junto a Ela Calvo, Vilma Valle, Marta Justiniani y Gina León. En el primer semestre de 1963 Elena, además de presentarse en el Scherezada y en el *show de variedades* del cabaret Parisién interpretando «Canta lo sentimental» y otras canciones, hace mucha televisión. Uno de los programas es el favorito *Música y Estrellas* por el canal CMBF-TV, el cual dirige Manolo Rifat los martes, a partir de las ocho y treinta de la noche. El 7 de mayo, desde los estudios y, sus alrededores por control remoto, forma parte de un elenco en el que también se destacan en sus inicios Pacho Alonso, Pilar Moráguez y Lino Borges.

Juana Bacallao, Bola de Nieve y Elena

Seguidamente actúan Celeste Mendoza, José Le Matt, Barbarito Diez, Tito Gómez, una pareja de baile, el grupo de rock Los Astros y ella, a quien se encomienda el estreno de «Luna sobre La Habana», canción del compositor checo Moymir Snekal, el cual luego fue entrevistado por la locutora Eva Rodríguez. Según comenta Roberto Branly dos días después en su sección Radio y TV del periódico *Hoy*, Snekal dirige la Sociedad de Compositores de Checoslovaquia y sus gestiones son fructíferas en el inicio del intercambio musical con ese país que la cancionera anhela visitar, aspiración que se concreta al año siguiente.

En el canal 6, participa en *Desfile de la alegría*, uno de sus nuevos espacios, el que conducen Rosita Fornés y Germán Pinelli. Durante su primera emisión, a inicios de febrero, alterna con Haydée Portuondo, la tercera fundadora del Cuarteto D'Aida que acaba de iniciar su carrera de solista; a su vez protagoniza uno de los mejores momentos de esa noche cuando canta a dúo con Bola de Nieve temas de *feeling*, modalidad que ha llegado a la cima de la popularidad y origina la más sonada polémica del ámbito cultural ese año.

Rosita Fornés, Elena Burke y Olga Navarro en el programa *Desfile de la Alegría*

El feeling en la polémica

Antes de que el *feeling* empezara a ocupar planos estelares despierta polémicas, lo mismo entre los fanáticos de las lentejuelas y el *glamour* de las tradicionales producciones de cabaret que entre algunos académicos, nacionalistas a ultranza e ideólogos de mente estrecha, quienes lo acusan de híbrido extranjerizante y canción decadente, entre otros ataques furibundos que niegan el derecho a los creadores de experimentar y renovar la canción popular. Uno de esos ideólogos, el profesor universitario Gaspar Jorge García Galló, publica a inicios de 1963 un folleto donde expresa, entre otras consideraciones, que las canciones de Ela O'Farrill, especialmente «Adiós Felicidad», una de las mejor acogidas el año anterior, despierta "sentimientos mezquinos" y no debía tener difusión alguna.

Felizmente, la mayor parte del público, los académicos y los intelectuales tienen otras opiniones, las cuales comienzan a publicarse en diversos órganos de prensa, entre ellos *Bohemia*. En una de sus ediciones aparece esta opinión:

> [...] Ela, José Antonio, Portillo, son seres humanos: han amado, han estado solos, han vuelto a amar. Su deber como artistas es expresar esos sentimientos —que no son egoístas sino los de todo el mundo— porque lo contrario, o parte de ello, sería traicionar el arte. Quien no ha sentido amor, nostalgia, celos y felicidad es quien está "enfermo" y tiene que correr al siquiatra.[61]

Días después, Miriam Acevedo, que ofrece conciertos en Santiago de Cuba con Froilán invitada por la Universidad de Oriente, envía a esta publicación a través del teléfono el siguiente mensaje «hacer que la canción sea la expresión viva de los sentimientos, jamás una cosa mecánica».

En medio de ese contexto, la Uneac, organiza un fórum dedicado al *feeling* en la Biblioteca Nacional durante los domingos 7,

---

[61] Orlando Quiroga: «De Viernes a Viernes». *Bohemia*, 19 de abril de 1963, p. 60

14 y 21 de abril. Allí se realizan intervenciones muy interesantes que terminan por legitimar esta expresión y reconocer su condición de movimiento renovador de la cancionística criolla. En una de las ponencias más profundas, el escritor y musicólogo Alejo Carpentier recuerda que periódicamente en Cuba se asiste a una suerte de movimiento de alarma contra un determinado rumbo que toman las expresiones de la música popular, sucedió contra el danzón, el son y el mambo, alegándose que le iban a quitar a la música cubana su carácter genuino.

Luego resalta la tremenda libertad en cuanto al tratamiento de las letras dada por los cultores del *feeling* y finalmente expresa: «El *feeling*, en sus manifestaciones más interesantes, vino a traer a la música cubana una posibilidad de articulación, tanto en las letras como en lo melódico y armónico, que acaso faltaba».[62]

Afirma la investigadora Adriana Orejuela en su valioso libro *El son no se fue de Cuba*, que en el fabuloso concierto con el que cierra el fórum Doris de la Torre y Elena cantan a dúo con el acompañamiento de Froilán «Nuestras vidas», de Orlando de la Rosa. Luego ellas y otras figuras protagonizan otros en diferentes lugares, incluyendo uno de Elena en el Aula Magna de la Universidad de La Habana, institución en la que García Galló inicia su arremetida. En ese importante recinto, interpreta «Adiós felicidad» y otras composiciones de Ela O'Farrill, quien, según las lacerantes confesiones que le realiza a la periodista Mayra A. Martínez, el maltrato y la humillación de que fue objeto iban mucho más allá de las palabras de García Galló.[63]

¿Elena Burke vs Gina León?

Aún en la actualidad, en Cuba, la crítica es casi inexistente en la prensa y los medios de difusión, se escuchan opiniones divergentes sobre los más variados tópicos y particularmente en el arte, que es un universo de por sí subjetivo y complejo, el cual para su desarrollo necesita de constantes búsquedas y renovación. Por eso, el arte y los artistas también necesitan de la reflexión y la polémica, aunque siempre se corre el riesgo de que algunos se excedan hasta la ofensa y

---

[62] Alejo Carpentier. *Temas de la lira y el bongó*. Ed. Letras Cubanas, La Habana, 1994, p. 230.
[63] Mayra A. Martínez. *Cuba en voz y canto de mujer. Entrevistas*. Editorial Oriente, Santiago de Cuba, 2018, pp. 31-53.

lo intrascendente. La prensa periódica de los años de 1960 muestra un amplio espectro de opiniones, encuestas y críticas sobre el quehacer musical, el que lamentablemente poco a poco se fue perdiendo.

Junto a Frank Domínguez, Juan Almeida y otros. Foto: ©CubaMuseo

En 1963, cuando Gina León disfruta de una popularidad similar, o tal vez mayor que Elena, los admiradores de ambas y la propia prensa establecen frecuentes comparaciones y hablan incluso de una supuesta rivalidad o competencia, sobre todo cuando interpretaban las mismas canciones. En el homenaje tributado a Juan Almeida a inicios de julio en el programa *Festival del jueves*, de CMQ-TV, considerada una de las mejores trasmisiones del año, ambas cantan el bolero «Decide tú», Elena con el acompañamiento de la guitarra de Froilán, Gina León con orquesta.

Según el cronista de *Bohemia*:

> [...] Elena puso todo su caudal de voz, todo su poder, pero eso no era lo que exigía el número. Gina con la frágil coquetería que la letra exige asumió la posición del eterno femenino: Eva fuerte arreglándoselas para lucir débil. Sin embargo, a continuación acota que "La

segunda aparición de Elena con "Fue anoche" resulta lo mejor en el aspecto vocal del programa.[64]

Meses más tarde, el periódico *Revolución* publica un comentario con el título de «Canta lo sentimental Elena no se lo oyó a Gina», en el que de alguna manera responde a la pregunta que rondaba el ambiente artístico de quién había interpretado primero ese popular bolero de Urbano Gómez Montiel y Yody Fuentes, si una o la otra. Elena, que por esa fecha actúa en el extranjero, declara a través del teléfono al periodista que ella se lo había escuchado a Portillo Scull y como le gustó, lo incluye en su repertorio y acota finalmente que nunca se lo oyó a Gina, por eso accede a llevarlo al disco.

Muchos años después, a raíz de una pregunta de una periodista, la propia Gina León califica de absurdos esos comentarios sobre quién lo había estrenado primero, destacando que Elena se reía al escuchar esas cosas, pues éramos muy amigas, y a veces me decía «Gina, tú eres de mi familia». Igual pasó con «Decide tú», de Juan Almeida, pero no nos preocupaba tanto estrenar o no los números, sino el modo de interpretarlo cada cual.[65]

Durante el año 1963, Elena mantiene sus habituales presentaciones en diversos centros nocturnos, pero particularmente se entusiasma con sus actuaciones en teatros como el Mella y el Amadeo Roldán, fruto en gran medida de la labor de promoción cultural del musicólogo Odilio Urfé, quien tras la realización del Primer Festival de Música Popular coordina junto a Rogelio París sonados conciertos y recitales en estos y en el Palacio de Bellas Artes, escenario este último en el que Urfé ofrece ciclos de conferencias ilustradas a los que incorpora diversos intérpretes, entre ellos Elena, quien gracias a esas iniciativas emprende sus famosos recitales en el teatro Amadeo Roldán.

En el teatro Amadeo Roldán

El 22 de julio de 1963, la Burke ofrece su primer recital en el Amadeo Roldán, el otrora exclusivo teatro Auditórium. El mismo fue construido en la intersección de Calzada y D, en el Vedado, para acoger

---

[64.] *Bohemia*, 12 de julio de 1963. Álbum de recortes de la artista. Museo Nacional de la Música.
[65.] Mayra A. Martínez. Obra citada, p 26.

las funciones de ópera, ballet y teatro que auspiciaba la Sociedad Pro Arte Musical, siendo inaugurado el 2 de diciembre de 1928, fecha en que la futura cancionera aún no había cumplido los diez meses. Considerado una joya de la arquitectura cubana, este posee, entre otras encomiables cualidades, una imponente fachada y una acústica privilegiada que provoca un infinito placer en los espectadores y en los artistas que actúan en su escenario.

Tania Castellano, Frank Emilio y Elena Burke, 1963

Para Elena era una dicha inmensa ofrecer sus actuaciones allí, las cuales se prolongan durante años. Solía preparar meticulosamente el repertorio, muy variado, además de escoger con sumo rigor los músicos y cantantes que la acompañan en esas presentaciones que hacen historia. En esa primera ocasión tiene a Froilán en la guitarra y al piano Frank Emilio y Enriqueta Almanza, amigos y compañeros que estarían a su lado en muchos de los momentos relevantes de su carrera.

Un mes después del recital en el Amadeo Roldán, retorna a ese escenario para participar en otro acontecimiento relevante: el segundo y último Festival de Música Popular Cubana, el cual tiene de director general a Alejo Carpentier, a Odilio Urfé de director musical y de director artístico a Rogelio París. En el mismo toma parte en un interesantísimo programa en el cual se estrenan o reestrenan veintiséis obras de igual número de compositores. Entre los estrenos el más trascendente está a cargo de Myriam Acevedo, quien interpreta una de las canciones que de inmediato se convierte en un clásico del repertorio de la Burke: «Mi última canción», es decir «Canción de un Festival», que fue el nombre definitivo que adquiere esa antológica composición de Portillo de la Luz, también conocida por «Quiero». La orquesta del Festival era la Cosmopolita, la cual lo inicia interpretando «Mosaico Cubano», de Francisco Rojas, luego Elena estrena de Tania Castellanos la canción «Como te siento yo», acompañada del trío formado por Froilán en la guitarra, el maestro Guzmán en el piano y Papito Hernández en el bajo.

Además de Elena y Tania Castellanos, en ese programa, tienen participación destacada otras figuras cultoras del *feeling*, como los compositores José Antonio Méndez, Ñico Rojas, Ela O' Farrill, Meme Solís y Luis García. Entre los vocalistas Reinaldo Henríquez, Miguel de Gonzalo y Doris de la Torre. Con esta última Elena conforma un interesante cuarteto de voces junto a Bola de Nieve y Oscar Martin para estrenar con el acompañamiento de Enriqueta Almanza, una de las más recientes y bellas canciones de Meme Solís «Ese hastío».

Doris de la Torre: Legendary Cuban Diva

Con este merecido calificativo, el sello disquero *Hot Production*, denomina un disco de esta cancionera en el 2001, dos años antes de fallecer en Santa Clara, su ciudad natal. Doris en 1952 comienza a destacarse en la actuación y el canto a través de CMQ y en otros escenarios de La Habana. Pasa a ser la voz solista del famoso grupo de Felipe Dulzaides entre 1954 y1958, período en el que la agrupación es laureada con varios premios, además de grabar varios discos donde sobresale su trabajo vocal en el que da rienda suelta a los cambios de tono jugando con la armonía, entre otras cualidades que distinguen a esta vocalista, sobre todo a partir de 1959 en que se convierte en solista.

Lamentablemente no deja para la posteridad muchos discos y aunque aparece todos los años entre las cancioneras más populares, a inicios de la década de 1960, en esas selecciones casi siempre ocupa un segundo o tercer lugar. Al parecer ese, disgusto la lleva a realizar una intervención inoportuna en el Fórum del *Feeling* donde cuestiona las selecciones de valores artísticos de 1962, considerándolas marcadas por el amiguismo, en especial la de la canción «Viento», popularizada por Marta Strada.

Aunque Doris no se refiere en ningún momento a *Bohemia*, Orlando Quiroga, periodista de esta revista, le riposta que en su selección no se elige a «Viento» como mejor canción del año, sino a «Adiós felicidad», de Ela O'Farrill, que era precisamente la que Doris debía defender. En cuanto a la cancionera del año seleccionada por *Bohemia* «fue la que había ganado largamente el premio: Elena Burke. En este aspecto no solo se considera la voz, sino también la forma de entregar la canción, el movimiento en escena, la elegancia de los gestos y otros factores profesionales». Finalmente el periodista le brinda un consejo: «con el corazón en la mano: la única posibilidad que tiene un cantante de ser popular..., es manteniendo su contacto con el pueblo».[66]

Elena, que admiraba muchísimo a Doris y es feliz cantando a dúo con ella, no se siente aludida en aquel entuerto o malentendido. Siguen manteniendo las más fraternales relaciones profesionales y de amistad, así queda patentizado cuando Doris contrae nupcias con Bienvenido Suárez, a finales de octubre, y ella, Frank Domínguez, Odalys Fuentes y Bola de Nieve son los testigos. En la misma notaría donde se realiza la ceremonia, unen nuevamente sus voces en una formidable descarga de *feeling* a la que pone punto final la Burke, muy sonriente y enamorada también, expresando «la próxima será la mía».[67] Y en efecto, poco después formaliza un nuevo matrimonio, esta vez con el médico José Antonio Rivero.

Hotel Riviera

A inicios de octubre de 1963 se produce la embestida del ciclón Flora sobre la región oriental del país, la cual clasifica entre los mayores desastres vividos en Cuba. Todo el pueblo se levanta para socorrer a los miles de damnificados, los artistas también abandonan durante varios días sus faenas habituales. Gina León que realiza presentaciones en Europa, luego de su acogida en el

---

[66.] Orlando Quiroga. «De Viernes a Viernes». *Bohemia*, 26 de abril de 1963, p. 62.
[67.] *Ibídem*, 1 de noviembre de 1963, p. 64.

Festival de Sopot, regresa de inmediato. Por su parte en CMQ, Elena junto a Isolina Carrillo y otros artistas, prepara paquetes de ropas, alimentos y otras donaciones que con la mayor premura son enviados a los lugares afectados. Cuando la vida cotidiana recobra la normalidad, reinicia sus actividades artísticas en el espectáculo Constelación de estrellas, en el Salón Internacional del hotel Havana Riviera, decisivas en su elección de mejor cancionera de cabaret ese año por la revista *Bohemia*.

Hasta enero de 1964 en que retorna al Capri, permanece acompañada de Froilán en el hermoso hotel ubicado a orillas del Malecón, allí alterna con Doris de la Torre, Luis García, Los Modernistas, Los Armónicos y el Trío Nodarse, entre otros. Para esta fecha ha incorporado nuevas composiciones a su ya abultado repertorio, entre ellas «Canción de un festival», de César Portillo de la Luz, «Cuando pasas tú», de Ela O'Farrill y «Aquí, de pie», de Olga Navarro y Fernando Mulens. Esta última, considerada la canción de 1964 en Cuba, se la escucha a Germán Piferrer y la conmueve, por lo que decide cantarla, sin esperar el arreglo orquestal, en un recital que ofrece en el teatro Mella y junto con las anteriores, así como «Duele» y «Canta lo sentimental», integra su álbum «Bellos recuerdos», uno de los de mayor acogida de toda su discografía.

Su voz en el cine cubano

Una de las primeras noches de octubre de 1963, la Burke participa en el espectáculo de clausura del Séptimo Congreso de la Unión Internacional de Arquitectos (UIA), evento que por primera vez se realiza fuera de Europa y para cuyos delegados se ofrecen espectáculos de alto vuelo, como exige un encuentro de carácter mundial, entre las más trascendentes, el de la noche de clausura en las instalaciones del hotel Riviera, bajo la dirección de Joaquín M. Condal. En el a Elena le corresponde actuar como parte de la gala ofrecida en el área de la piscina donde se conjugan la moda y la música a través del tiempo y en cuyo segmento también se presentan Dandy Crawford, Oscar Martin, Sonia Calero y Tomás Morales. Además de figurar en el cuadro final, titulado *Cuba canta y baila*, junto a todos los artistas participantes.

Durante esos días, la sociedad de los arquitectos cubanos inaugura varias obras en la capital saludando ese cónclave, entre ellas el Pabellón Cuba y otras en los alrededores de La Rampa, zona por donde el joven realizador Fausto Canel, rueda escena de su mediometraje *El Final*, el cual integra uno de los cuentos del filme *Un poco más de azul*, en el que se incluye en su banda sonora a Elena interpretando «Llanto de luna», el conocido bolero de Julio Gutiérrez.

Otro realizador que refleja en su quehacer fílmico la impronta de la cancionera es Rogelio París, quien desde el Primer Festival de Música Popular Cubana inicia estrechos vínculos profesionales con ella. París es director de varios espectáculos ofrecidos en teatros habaneros en ese primer lustro de los años de 1960. De la filmación de uno de ellos, realizado en el Mella, escoge para el importante documental *Nosotros la música*, los minutos en que Elena interpreta «Canta lo sentimental», canción del compositor Urbano Gómez Montiel con texto de Yodis Fuentes, la canción más popular de 1963. Cuando fue estrenado al año siguiente, más de una publicación considera que la ópera primera del futuro director de cintas como *Patty Candela* y *Kangamba*, carece de ilación y de coherencia. Sin embargo, con el paso del tiempo se ha justipreciado en Cuba y otros países su buena realización y el extraordinario valor patrimonial que encierra.

Una de las actividades más importantes de la cancionera en la recta final de 1963, es el recital que ofrece el 26 de diciembre en el Palacio de Bellas Artes con obras de Tania Castellanos y Piloto y Vera, acompañada de dos portentos de la pianística cubana: Adolfo Guzmán y Frank Emilio. Durante el mismo estrena «Duele», bolero del que las musicólogas María del Rosario Hernández y Dinorah Valdés han escrito que el mismo es «culminación relevante en la creación de boleros de Piloto y Vera, es la máxima expresión de contraste entre la sencillez del texto y la complejidad musical».[68]

También resaltan en su estudio estas autoras, «Duele» está estructurado a partir de la reiteración de palabras de fuerte carga semántica, alcanzando un hondo carácter reflexivo, donde se va magnificando el sentimiento de dolor, sin melodramatismo y enumerando todas las causas por las que duele.[69] Desde esa noche el mismo pasa a engrosar la lista de los Boleros de Oro y uno de los que más cala las fibras íntimas de esta intérprete.

La primera gira por Europa

En enero de 1964 se difunde la noticia de que Elena no continuará sus presentaciones en centros nocturnos, para dedicarse fundamentalmente a ofrecer recitales y actuaciones en radio, televisión y eventos culturales. El primer recital que inicia esta nueva etapa lo realiza el 16 de ese mes junto a Frank Emilio y Adolfo Guzmán en el Palacio de Bellas Artes y selecciona para el mismo solo canciones de la compositora Tania Castellanos, de quien en esa ocasión estrena el bolero «Basta recordar» y la canción «Habana mía», luego conocida por «Canción a mi Habana», sin dudas uno de los más hermosos halagos sonoros a la capital cubana:

Qué hermosa es mi Habana al caer el sol,
bordeando la costa hacia el malecón,
camino del túnel en música el mar,
su melancolía me quiere llenar...

[68.] María del Rosario Hernández y Dinorah Valdés. «Hay que recordar a Piloto y Vera. Sus boleros», Música Cubana, n. 4, 2000, pp. 65.
[69.] *Ibídem*, p. 66.

La acogedora sala de esa importante institución cultural, ubicada en Trocadero y Monserrate, resulta pequeña para acoger al numeroso público admirador de la intérprete y de la compañera del líder obrero Lázaro Peña, con quien solía participar desde finales de los años de 1940 en las descargas de los muchachos del *feeling*. Desde inicios de la década siguiente Zoila Castellanos, que era su verdadero nombre, comienza a dar a conocer composiciones como «En nosotros», «Recordaré tu boca» e «Inmensa melodía», entre otras que el público asistente le aplaude esa noche a la Burke, quien mantiene en repertorio piezas suyas durante casi toda su vida, al igual que hacen Omara Portuondo y Moraima Secada.

Es por esta fecha que La Mora abandona Los Meme e inicia su carrera como solista. Una de sus primeras presentaciones es en el espectáculo de despedida que el Instituto Nacional de Turismo (INT) le ofrece a Elena en el hotel Capri, cercana la partida a su gira por Europa, la más prolongada de toda su carrera. Según reseña la revista *Bohemia*, en su edición del 31 de enero, en el mismo también actúan Pacho Alonso, Vilma Valle, Ela O'Farrill, Gina León, Bola de Nieve, Rosita Fornés y Frank Domínguez con quien hace un tiempo no se presenta. A través de la televisión todo el país puede disfrutar de ese homenaje en el que ella interpreta «Juguete», «Es que soy yo», «Elena toma bombón» y «Aquí de pie», la cual pasa a integrar el repertorio de numerosos intérpretes.

Antes del viaje que la lleva por Polonia, RDA, Checoslovaquia, Francia, Bélgica, Holanda y otros países del viejo continente, se presenta en varios programas de televisión, entre ellos *Al anochecer*, el cual es dirigido por el experimentado Humberto Bravo y *Filigranas Musicales*, realizado poco antes de tomar el avión en Rancho Boyeros. Pero los momentos más emocionantes de esos días los vive el 23 de enero, cuando recibe grandes muestras de simpatía de su público en el espléndido recital que, a manera de despedida, ofrece en el teatro Amadeo Roldán. Le acompañan una vez más Enriqueta Almanza y Froilán, así como sus compañeros del programa *A solas contigo*, Meme Solís y Luis García, catalogado el cancionero de mayor acogida entonces. La compositora Marta Valdés, asidua a sus presentaciones, lo cataloga de inolvidable.[70]

---

[70] Marta Valdés. *Donde vive la música*. Ediciones Unión, La Habana, 2004, p. 15.

Uno de los primeros países en que se presenta es Checoslovaquia, el cual deseaba mucho conocer. De sus presentaciones en Praga se hace eco el periódico *Revolución*, el cual en su edición del 13 de marzo acusa recibo de la tarjeta que envía desde esa capital, con el saludo a «todo mi pueblo cubano, al cual quiero más cuando estoy lejos». Luego de realizar actuaciones en Polonia y en la República Democrática Alemana, vive una larga temporada en Bruselas, Bélgica, de donde viaja a otros países como Holanda, España y Francia, en este último realiza una de sus más importantes presentaciones durante el Festival de Cine de Cannes.

Esa edición del certamen cinematográfico se produce entre el 29 de abril y el 14 de mayo, e inaugura la etapa en que se suprime la Palma de Oro y en su lugar se entrega el Gran Premio. El alemán Fritz Lang es el presidente del jurado, el que integran además René Clement, Arthur M. Schlesinger y Charles Boyer, el otrora galán del cine galo, quien fue su vicepresidente. En carta que envía al periodista Orlando Quiroga, luego publicada en su sección Cámara rápida del periódico *Revolución* el 20 de junio, dice que en Cannes vive días maravillosos desde su llegada al aeropuerto, donde la reciben con un gran ramo de rosas color naranja «¡Querido, Cannes es fabuloso! Me hospedaron en el hotel Carlton y en la mesa contigua a la mía comía todos los días Charles Boyer, casi no podía cenar de la emoción. [...] Me encontraba en la calle con numerosos artistas de cine, entre ellos la Mansfield que es bellísima».

Durante esos días el ambiente de Cannes es marcadamente musical, porque actúan valiosas cantantes de diversas partes del mundo, y porque además el gran premio lo recibe una de las obras cumbres de este tipo de cine: *Los paraguas de Cherburgo*, del director francés Jacques Demy y con música de Michel Legrand, teniendo en los papeles principales a Catherine Deneuve, Anne Vermon y Nino Castelnuovo. A la velada de clausura, realizada en un hermoso salón del hotel Ambassadeurs, son invitadas unas doscientas personalidades y ella es la única figura que la anima en representación de Cuba. Antes de salir a escena, estaba muy nerviosa en el camerino, se oía mucho ruido y se preguntaba: ¿será igual cuando yo cante? Al fin le avisan, se apagan las luces y en aquel recinto no se oye nada más que su voz. Esa noche interpreta cerca de una docena de canciones cubanas, al final puso todo su temperamento y emoción en «Aquí de pie». Y en pie se pusieron los presentes quienes le prodigaron aplausos y felicitaciones, el primero en abrazarla fue su admirado Charles Boyer.

Esa, como todas las presentaciones del Festival, se filman para transmitirlas por Eurovisión. Durante la estadía en la Riviera francesa, la televisión de ese país le realiza un programa en el que interpreta seis canciones, además de intervenir en *Secuencias desde Cannes*, un programa para la televisión francesa y belga bajo la dirección de Francois Charlois, el cual se graba a la orilla del mar y en el que interpreta «El manisero», de Moisés Simons y «Aquí de pie», de Navarro-Mulens. Pocos días después puede ver esa filmación en la casa de Bruselas donde reside y fue de su agrado.

Durante su prolongada temporada en Europa, Elena ofrece un recital en Bruselas y se presenta con buena acogida en el Festival de los Tulipanes de Holanda. También tiene oportunidad de visitar París y parte de España. De esos recorridos comenta a su llegada a Cuba que de Bélgica le gustó mucho Brujas, una villa muy linda que tiene varias tiendecitas donde unas viejecitas vestidas a la usanza antigua, confeccionan encajes a mano, de los más variados matices y diseños. En Holanda la conmueve la visita a la casa de Ana Frank, por su parte la Feria de los Tulipanes la maravilla, pues disfruta intensamente al contemplar la belleza de aquellos campos sembrados de tulipanes de color rojo, amarillo, blanco, naranja, lila...

De París, lugar donde la llaman «La perla bronceada de las Antillas», se emociona recorriendo los Campos Elíseos, la Plaza de la Concordia, el Arco de Triunfo, la Torre Eiffel y la Catedral de Notre Dame. Pero de la llamada Ciudad Luz lo que más la emociona es la presentación de Josephine Baker en el Olympia. El teatro estaba abarrotado y al salir a la escena fue calurosamente ovacionada. Durante mucho tiempo recordaría a la artista explicando por qué adopta once niños de diversas razas y países, cómo les enseña la necesidad de la solidaridad humana, el respeto a la igualdad entre los hombres. La Baker lo hacía con tal sentimiento que la gente lloraba de la emoción. En cuanto a su periplo español destacaron sus visitas al monumento de Santa Cruz del Valle de los Caídos, El Escorial y La Puerta del Sol, entre otros lugares de los que trae a Cuba folletos, libros, postales y diversos objetos; pero de allí el recuerdo más grato es el de su gente y su cultura tradicional, con esa música tan expresiva y los bailes tan coloridos.[71]

A pesar del placer de conocer lugares tan hermosos y los éxitos artísticos que logra, entre los cuales hay que resaltar la venta de un álbum discográfico por el sello cubano Palma en varios países socialistas y de un *extended play* por el francés *Chant du Mont*, la colma mucha nostalgia por Cuba, por su familia y su pequeña hija María Elena; por eso la alegría sentida fue indescriptible aquella madrugada del 6 de noviembre en que arriba a suelo patrio tras nueve meses de ausencia.

De nuevo en Cuba

Apenas arriba a La Habana la radio, la televisión y diversas publicaciones difunden la noticia y le realizan entrevistas, entre las primeras el periódico *Hoy*, el cual ese mismo día 6 inserta un breve comentario firmado por Tania Castellanos bajo el título de «¡Qué bueno decir que soy cubana!». En el mismo expresa la felicidad que siente por estar otra vez bajo su cielo y un grupo de interrogantes que la cancionera realiza a la compositora sobre personas y acontecimientos de las que desea actualizarse. Al día siguiente el rotativo *Revolución* también inserta la noticia, resaltando su declaración de que viene con mucho entusiasmo y dispuesta a dar lo mejor a su público, con el que esperaba reencontrarse rápidamente en el teatro Amadeo Roldán. Y así fue, porque de inmediato empieza a divulgarse su recital de bienvenida en ese coliseo para el 14 de diciembre.

Pero antes, su reaparición ante el pueblo de Cuba se produce a través de la televisión, para ello se cambia el formato del espacio *Revista del Jueves*, realizándose con su equipo y sus mismos conductores, Rosita Fornés y Enrique Santiesteban, un programa especial en el que acompañada al piano por el maestro Somavilla canta, luciendo un elegante traje de color negro, «Aquí de pie», «¿Ahora, para qué?» y luego un estreno de Carol Quintana. Seguidamente recrea temas de Tania Castellanos, Adolfo Guzmán y de Michel Legrand, de quien interpreta «Ce-lu-lai», pues con la estancia europea nace el interés en ella de estudiar francés e incorporar canciones de ese país a su repertorio.

[71.] Sección Candilejas. *Diario de la Tarde*, La Habana, 20 de noviembre de 1964. Álbum de recortes de Elena Burke, Museo Nacional de la Música.

Esa canción del gran compositor galo, quien deviene una notoria influencia en los compositores y arreglistas de esa década en Cuba, también la interpreta en el recital del Roldán, al que asisten Marta Strada, Ela Calvo, Olga Navarro, Tania Castellanos, Pedro Vega, Isolina Carrillo, Esther Borja y su esposo el compositor Urbano Gómez Montiel, entre otras figuras del arte, de Juan Almeida, canta «Decide tú».

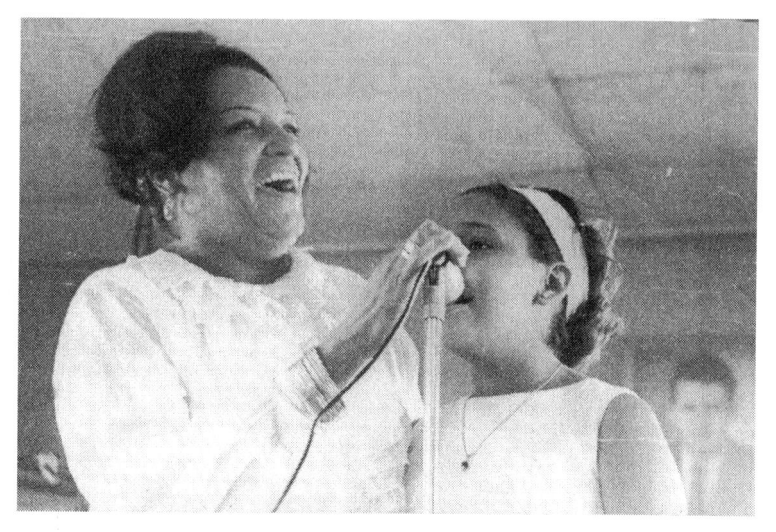

Elena con su niña Malena

Del recital, que desde su anuncio motiva colas y levanta una expectación poco frecuente, Orlando Quiroga, en el comentario que publica el día 18 en *Revolución*, expresa que «terminó batiendo el récord de permanencia de una cantante en la escena del teatro de Calzada y D», luego resalta que cuando interpreta, toda vestida de blanco, «Aquí de pie», su gran triunfo, los asistentes le dedican «una ovación como un abrazo», luego sube a la escena Meme Solís para acompañarla en su estreno de «Otro amanecer», la canción que se había dado a conocer dos meses antes en *Álbum de Cuba* y que esa noche fue la más aplaudida. Una nota de especial ternura puso la Burke al interpretar «Es que soy yo», un rock de Olga Navarro, el cual dedica a su pequeña hija, presente en el teatro.

Quiroga concluye su comentario destacando la calidad del resto de sus acompañantes: Frank Emilio, Papito Hernández, Froilán y Enriqueta Almanza y que:

> [...] desde el punto de vista interpretativo, la primera parte fue una joya: Elena fue la Elena de siempre, pero con un aplomo, una soltura y una pasión administrada con sabia contención. Era la mejor Elena... La segunda parte se empató con la tercera y con una especie de descarga que hubiera sido mucho mejor que no se hubiera producido.... treinta números fueron bastante, solamente llevados a flote por la profunda convicción interpretativa de la cantante y por la calidad A-1 de sus acompañantes [...] En fin, que el recital quedó como un triunfo total para Elena Burke, como una reafirmación de sus condiciones y una sorpresa de lo nuevo que ella ha aportado, y si en el próximo se atiene a lo programado quedará como lo que es: la presentación de una intérprete excepcional.

De este recital, en que también canta en francés «Ce-lu-lai» de Legrand y estrena composiciones de Ela O'Farrill, O. Álvarez, Juan Arrondo, Isolina Carrillo, Carol Quintana y Hugo Cruz Artigas, otras publicaciones dan a la luz opiniones divergentes, entre ellas la de Marta Valdés en *Bohemia* con el título «Algo más que un recital», la que entra en otras consideraciones como las contradicciones entre el raciocinio y los sentimientos, pues «La Burke vino a dar todo lo que tenía dentro... la persona Burke y la artista Burke lucharon por manifestarse ¿Qué el recital debió ser de la artista solamente? Bueno, resulta en este caso los que necesitamos a la artista, reclamamos también a la persona».[72]

También ese mes se presenta en provincias como Pinar del Río y Las Villas, además protagoniza otro concurrido recital en el Palacio de Bellas Artes el sábado 26 de diciembre, esta vez solo en compañía de la maestraza Enriqueta Almanza y el contrabajista Papito Hernández, a quienes, por su esmerado desempeño, Marta

---

[72.] Marta Valdés. «Algo más que un recital». *Bohemia*, 25 de diciembre de 1964, p. 26.

Valdés elogia significativamente en el comentario que sobre el mismo publica el primer número de *La Gaceta* de la Uneac en 1965. Pero como para ella cantar es vivir, prácticamente no descansa ni siquiera durante los tradicionales días de fiesta de fin de año y de año nuevo, en los que se suma al Festival de Estrellas que se realiza en el Amadeo Roldán, lugar donde sigue cantando «Otro amanecer», que se convierte en la canción del año; así como otros de sus éxitos, entre ellos su magistral versión del bolero de Félix Reina «Si te contara». Esta vez comparte con un valioso elenco que entre sus atracciones reúne alternativamente los fines de semana, a los muy populares cuartetos Los Zafiros y Los Meme, Marta Strada, la primera gran baladista de Cuba, y Celeste Mendoza, la inmarchitable Reina del Guaguancó, quien fuera una de sus amigas más queridas.

Con Celeste Mendoza

Dicen que la mulata santiaguera cuando se encontraba a esta mulata habanera a la que considera su hermana, con toda la gracia que la caracterizaba, mientras se abrazaban y besaban, le decía aquello de «¡qué piedras pa' un fogón!».[73] Ambas reunían muchas cosas en común, eran cubanas reyoyas que vivían el día a día con total desenfado, gustaban de las fiestas y eran enamoradas y vehementes, aunque Elena no llega a ciertos excesos como su amiga. Tal vez sea 1965 el año en que Elena y Celeste están más unidas profesionalmente, pues además de alternar en el Roldán y en la extensa gira del *Music Hall* de Cuba por Europa durante la segunda mitad del año, aparecen en *Lunes de Tropicana*, en el programa homenaje que la COCO le realiza a Benny Moré con motivo del segundo aniversario de su desaparición física y también desde las pantallas de los cines que aún proyectan el documental *Nosotros la música*, de Rogelio París.

París integra a Elena en uno de los espectáculos que dirige en el Roldán dedicado totalmente al *feeling*, modalidad que ya va pasando sus momentos de mayor esplendor. En el mismo tiene un desempeño de reina y señora: es la designada para cantar en la parte final una pieza de cada uno de los compositores que llenan la escena. En la primera parte interpretan otras composiciones Omara, Moraima, Ela Calvo, José Antonio Méndez, Portillo de la Luz, Ela O'Farrill,

---

[73.] Jorge A. Fernández Mallea. *En privado con la Reina*. Ediciones Unión, La Habana, 2013, p. 32.

Frank Domínguez, Bobby Jiménez, Meme Solís con su cuarteto y Luis García. Con Luis García, que ya era también un reconocido autor de canciones, y compañero en su más importante incursión radiofónica, es durante casi todo ese primer semestre del año una de las principales atracciones del Tropicana.

Otra vez en Tropicana

Aunque el más famoso cabaret cubano hace más de un lustro ha dejado atrás sus mejores tiempos, su dirección realiza los mayores esfuerzos por mantener en cartelera propuestas artísticas de altura. Y pese a que Elena desea alejarse de los centros nocturnos por las malas noches, las tentaciones etílicas y otros inconvenientes, acepta retornar a uno de los escenarios de sus grandes éxitos. Allí a partir del 13 de febrero encabeza, bajo la dirección del coreógrafo Armando Suez, la producción Carnaval, la cual también reúne, entre otros artistas, al Cuarteto de Meme Solís, la pareja Elsa y Lorenzo, el maestro Obdulio Morales y su orquesta y Luis García, en lo que fue para él una de sus últimas presentaciones en un cabaret cubano de primer nivel.

Por esos días, la prensa anuncia que en el cabaret y en el Amadeo Roldán el 14 de febrero de 1965, alternarían con Elena artistas y músicos de la película checa *Vals para un millón*. Sin embargo, la salida desde Praga se retrasa, mientras el público cubano los espera ansiosamente, pues la película desde su estreno tres años antes ha alcanzado una acogida extraordinaria. Finalmente, el día 18 el periódico *Revolución*, en primera plana, anuncia la llegada y el ansiado debut en el Amadeo Roldán donde los actores Karla Chadimova y Josef Adamovic, las vocalistas Helena Loubalova y Milán Chladil, así como el trompetista Ivo Preiss, alternan con Los Meme y Los Zafiros. Por su parte, la orquesta y demás integrantes se presentan durante varias noches en Tropicana, donde el público puesto de pie los aplaude con entusiasmo, sobre todo cuando Karla le dice a Josef en español «que no cunda el pánico», la frase que la puesta televisiva de *El Zorro* ha hecho tan popular.

La Burke antes de esas presentaciones de medianoche que, hasta finales de julio, realiza en ese cabaret, continúa realizando otras actividades, entre ellas nuevas grabaciones para la Egrem, el único sello discográfico existente en Cuba desde el año precedente y que, con bastante demora, comercializa en 1965 su álbum *Bellos recuerdos*. Entre los que colaboran en los nuevos registros se encuentra el versátil y talentoso Juanito Márquez, de quien vuelve a incluir su antológico bolero «Alma con alma» en el nuevo larga duración que prepara con el título *Canta la Burke*, donde también incluye «¡Qué desesperanza!», de Enrique Pessino, con un excelente arreglo del músico holguinero.

Juanito ya había trabajado a su lado, mas un día decide retornar a su terruño oriental donde tiene la vida apacible que le gusta, con tiempo suficiente para desarrollar su labor creadora. Pero con el *boom* bailable que se produce con el mozambique de Pello el Afrokán, el pilón de Enrique Bonne y el pa'cá que ha dado a conocer con la centenaria y mambisa Orquesta Avilés, no le queda más remedio que retornar a La Habana. Esta vez sí con el protagonismo que ameritaba su ritmo cubano-venezolano, como algunos califican al pa'cá, y un puñado de creaciones melódicas entre las que brilla «Como un milagro», del que Omara logra con su autor una grabación irreprochable.

Ese Bolero de Oro, también lo recrea la Burke en diversos escenarios y programas de televisión como *El arte y los pueblos* y *Música y Estrellas*, al igual que «Cuando te amo» y «Qué inútil el amor», dos canciones de Marta Valdés con textos de Nancy Morejón y Luis Mario, poetas que integran el Grupo Literario El Puente,[74] el cual para esta fecha realiza interesantes tertulias con los filineros en el legendario Gato Tuerto. Aunque en ocasiones, la llamada Reina del *Feeling* prefería cantar otras composiciones tampoco registradas en disco alguno, entre ellas las canciones francesas que trajo de París, ciudad a la que, por esas cosas de la vida, retorna más pronto de lo que tal vez imaginara.

Resulta que la acogida a los ritmos cubanos de moda, una de las razones por las que el *feeling* va pasando a un segundo plano, traen a La Habana a la esposa e hija del compositor y empresario francés Bruno Coquatrix, propietario del consagrado teatro Olympia. Ellas se entusiasman tanto con el mozambique que quieren venir

---

[74.] Sobre estos encuentros en el Gato Tuerto y el Grupo Literario El Puente, al que estuvieron vinculados Nancy Morejón, Lina de Feria y otros relevantes intelectuales, pueden consultarse el comentario publicado por Ana María Simo en *Bohemia* el 5 de febrero de 1965, p. 32 con el título «Feeling y poetas jóvenes», *La Gaceta de Cuba*, julio-agosto, 2005. Recoge amplia información sobre ese grupo literario tan unido a este movimiento musical.

a conocerlo en su contexto y aprenderlo junto a su creador.⁷⁵ Ya en La Habana, Bruno, que el año anterior había llevado a su teatro de forma triunfal el *Music Hall* de Moscú, decide hacer lo mismo con un espectáculo de artistas cubanos, empezando, claro está, con el mozambique y Pello el Afrokán.

El Gran Music Hall de Cuba

Después de los contactos del francés con los funcionarios del CNC, viene la selección del elenco, las jornadas de ensayos y, finalmente, el inicio de un extenso recorrido que supera los ciento veinte días, primero en el Olympia de París, en donde debutan el 19 de agosto de 1965 y luego por varios países socialistas. Además del grupo de Pello, Celeste Mendoza, Elena y la pianista Enriqueta Almanza, el Gran Music Hall de Cuba lo integran la Aragón, Los Zafiros, Sonia Calero y el Ballet de Alberto Alonso, José Antonio Méndez, Los Papines y Georgia Gálvez, quien además de cantar en varios idiomas hace la presentación en francés. La radio, la televisión e importantes publicaciones parisinas le dan amplia cobertura, entre ellas *Le Monde*, *L' Express* y *Le Humanité*.

Le Humanité le ofrece una emotiva recepción a los integrantes del espectáculo, quienes tienen oportunidad de visitar Versalles y actuar en locaciones parisinas como Villejuif y el Sambá Koer, un elegante club del senegalés Sambá Watt, destacado promotor de la música africana y afroamericana, quien tiene la gentileza de invitarlos a cenar. Allí y en otros lugares, Elena se reencuentra con artistas cubanos como la pianista Numidia Vaillant y el cantante Oscar López, quienes llevaban mucho tiempo divulgando la música cubana por el mundo.

Con la delegación artística viajan el fotógrafo Alberto Korda y los periodistas Orlando Quiroga y Omar Vázquez, de ahí que durante los casi dos meses de presentaciones en París, y luego en Varsovia, Berlín y otras ciudades europeas, los órganos de prensa de la isla se hacen eco de la acogida al mozambique y el pa'cá, a Celeste Mendoza, Los Papines, Los Zafiros, la Aragón y Elena, quien con «Otro amanecer», «Duele» y otras canciones demuestra su jerarquía artística en países donde nunca antes se ha presentado.

---

⁷⁵· Orlando Quiroga. «De Viernes a Viernes». *Bohemia*, 22 de enero de 1965, p. 42. La edición siguiente de la revista, la del día 29, confirma las clases con Pello.

Según los reportes de Quiroga a la revista *Bohemia*, en Francia la comparan con Ella Fitzgerald y Amalia Rodríguez, por su parte en la entonces Unión Soviética la crítica afirma que: *Elena fue la sorprendente sinceridad de una cancionera que canta con el corazón al desnudo*.[76] En Leningrado (hoy San Petersburgo), Kíev y Moscú, las últimas ciudades en las que se presentan bajo la dirección de Humberto Arenal, viven un crudo invierno, no obstante la afluencia a los teatros fue enorme y la calurosa acogida contrasta con el frío circundante, lo mismo en el Kremlin moscovita que en las noches blancas de la heroica Leningrado. A fines de diciembre están todos de vuelta, tras cuatro meses y doce días de intensa labor.

1966: Luces y sombras

Sin dudas, 1966 fue el único año de la década de 1960, en que la carrera de la primera cancionera de Cuba muestra un descenso en cuanto a popularidad, dado el auge del complejo *beat-pop-rock* en todo el mundo. En la isla es significativa la proliferación de baladistas que ese año llegan a primeros planos de popularidad, copando los centros nocturnos y los programas de radio y televisión, especialmente *Nocturno* y poco después *Sorpresa Musical*. Entre ellas las ya conocidas Marta Strada y Pilar Moráguez, Aida Rosa, quien primero se impone con el grupo de Eddy Gaytán y su ritmo Wa Wa y, sobre todo Luisa María Güell, joven actriz que debuta en la canción con un éxito fulminante al versionar baladas como «No tengo edad», las que atraen mucho público durante casi todo 1965 al cabaret Copa Room con su producción *¡A lo Riviera!*

Pasada la primera quincena de enero de 1966, Elena comparte en el Copa una serie de presentaciones con Los Tadeos y el veterano cantante Oscar López, quien tras el encuentro con el *Music Hall* en París, siente nostalgia y retorna a su querida patria. Hermano de otra prestigiosa figura de la música cubana, Maño López, Oscar nace en La Habana en 1918 y empieza en 1935 interpretando canciones afro y romanzas líricas en las agrupaciones de Obdulio Morales, Arcaño y Lecuona, luego recorre diversos países y a inicios de los años de 1950 se establece en Francia donde, antes de fundar su

---

[76.] Orlando Quiroga: «En la URSS cubanos con música». *Bohemia*, 5 de noviembre de 1965, p. 79.

propia agrupación, integra otras de valía como la orquesta de Rafael López, el autor de la antológica guajira «La sitiera», una de las obras de esta modalidad que Elena incorpora en esta etapa de renovación.

Antes de concluir en el Copa Room, comienza con la Almanza los ensayos de su primer recital del año, el cual tiene por sede el Palacio de Bellas Artes y se dedica a la obra autoral de Piloto y Vera y de Frank Domínguez. El 3 de febrero, el periódico *Granma* en su reseña sobre el mismo, resalta que desde horas tempranas cientos de asistentes hicieron colas para lograr entradas y que apenas ella asoma a la puerta de la institución la recibe una salva de aplausos. De los resultados artísticos, Omar Vázquez exalta la calidad de la intérprete y de la pianista, acotando que «Ha adquirido un oficio sólido, sus viajes por Europa han hecho que se preocupe más por su presentación escénica, vestuario [...], el salto es evidente». Al final del recital Elena comparte los aplausos del público con los autores de las dieciséis canciones interpretadas ese día, la última de las cuales fue la más aplaudida: «Mis sentimientos», de Piloto y Vera.

Que el recital fue un éxito total lo ratifica días después Edmundo López, un crítico muy exigente e incisivo, desde su sección del periódico *El Mundo*, el 22 de febrero, mostrándose pródigo en elogios como este:

> Perfecto dúo de voz e instrumento que me hizo recordar el libre contrapunto acompañante de los *lieder* de Schubert, Schumann y Brahms. De Frank Domínguez preferimos «Imágenes» y otra canción donde Elena supo poner toda su malicia interpretativa: «El hombre que me gusta a mí». De Piloto y Vera «Si no hay razón», «Añorado encuentro», «Duele» y «Mis sentimientos», un estreno que seguro no se quedará en esa premiere triunfal ofrecida por Elena Burke y Enriqueta Almanza.

El pronóstico sobre la composición de Piloto y Vera fue cierta para los autores, pero no tanto para la intérprete, pues como se sabe, «Mis sentimientos» fue versionada por el cuarteto Los Zafiros con un arreglo más acorde a los aires cosmopolitas que se iban imponiendo y el éxito fue tan apoteósico que la Burke prácticamente renuncia a cantarla. Algo parecido sucede al final del año, cuando estrena el bolero «Persistiré», del cronista deportivo Rubén Rodríguez, el cual resulta éxito primero en la voz de Pacho Alonso. Luego de que Elena tiene oportunidad de grabarla con la Aragón al año siguiente, ocurre lo contrario. Generalmente canción que ella interpreta le impone su sello personal y muy pocos superan la acogida que el respetable le brinda a sus interpretaciones. Pero en 1966 y años sucesivos el público joven exige cambios, para complacerlos los medios de difusión e instituciones como la Egrem terminan por priorizar los nuevos ritmos, autores e intérpretes. Esa razón influye en que se demore su retorno a los estudios de grabación, lo que no se concreta hasta meses después de su presencia en el Festival de Sopot, una gran experiencia tras la cual surge una nueva faceta en la intérprete, que no deja del todo el *feeling*, ni de cantar con orquestas charangas que también le reportan resonantes éxitos.

El Festival de Sopot

Con la satisfacción de que su pequeña hija de ocho años vence la prueba de ingreso para estudiar en un conservatorio de música, y tras realizar exitosas actuaciones en diversos escenarios del país, entre ellos el cabaret santiaguero San Pedro del Mar, junto al guitarrista Rey Montesinos, y en el Teatro Musical de La Habana, como parte de una revista de variedades, acompañada de la fabulosa orquesta que dirige el maestro Tony Taño, la cancionera parte nuevamente a Polonia. Entre las composiciones que lleva en su equipaje figuran «Cuanto es», la única creación de su autoría de la que tenemos referencia y que realizara en binomio con Froilán, «Duele», de Piloto y Vera, «Otro amanecer» de Meme Solís y «Tema que no fue», del maestro Taño, de quien interpreta otras canciones y arreglos de excelencia como el de «Para vivir», de Pablo Milanés.

Esa sexta edición del Festival polaco se realiza entre el 25 y el 28 de agosto con la participación de cantantes de veintiocho países, en el centro turístico del mar Báltico que le da nombre, ubicado a más de 900 km de Varsovia y cerca de Gdansk, el mayor puerto de ese país. Allí los concursantes participan en cuatro conciertos, el primer día es el Día Internacional en el que cantan en su idioma una canción de su país, el segundo es el Día de Polonia, se canta en su idioma una canción de un compositor polaco, el tercer día se denomina *La canción no tiene fronteras* y cada intérprete canta una pieza de su repertorio en una lengua opcional. Por su parte en la cuarta jornada, En el mundo de los discos, los cantantes designados por las firmas invitadas interpretan las canciones que han estado de moda en el mercado mundial durante el año.

Elena antes de partir al Festival de Sopot'66. Foto: ©Korda

Se ubica en el quinto lugar el Día de la canción polaca, al interpretar la canción de André Bianusz cuyo título en español es «Una sombra vaga bajo la luna», con traducción de Mery Paz y arreglo de Tony Taño. Antes que Elena se ubican la griega Ángela Zilia, Sheila Southern de Inglaterra, Lili Ivanova de Bulgaria y la australiana Lana Cantrell que representa a Estados Unidos y quien en la primera jornada había triunfado en mejor canción, el galardón más codiciado. A su regreso de Sopot junto al maestro Odilio Urfé, quien formara parte del jurado, participa en Praga en las actividades conmemorativas por el tercer aniversario de la Casa de la Cultura Cubana, entre las cuales se inserta un recital suyo. En el mismo tiene la satisfacción de que la acompañe al piano Vicente Garrido, el filinero mexicano que tal vez fuera el compositor no cubano del que más composiciones incorpora a su repertorio. El público asistente aplaude «Duele», «Canción de un Festival», «Aquí de pie», «Me contaron de ti», «Hastío», «Me faltabas tú» y «Canta lo sentimental».

Al concluir la primera semana de septiembre ya está de regreso en Cuba. Días después, reaparece en la pequeña pantalla al lado de Esther Borja y el maestro Adolfo Guzmán en *Álbum de Cuba*, el cual fue también el último programa antes de la partida a la patria de Chopin.[77] Allí cuenta, en ameno diálogo con La Damisela Encantadora, sus vivencias del evento e interpreta, entre otras, canciones de Guzmán, de quien sigue grabando nuevas composiciones.

De octubre a diciembre las instalaciones del Capri, la televisión y su último recital del año ocupan la mayor parte de su labor. Durante el mes de octubre en el hotel de 21 y N, comparte actuaciones con Leonel Bravet, destacado cultor del *feeling* al que llaman el Nat King Cole cubano, así como con el estelar cuarteto Los Zafiros y el veterano sonero Senén Suárez, uno de los primeros que con mucho éxito da el salto a la modernidad y con el que también alterna en el programa *Telefiesta*.

El 3 de noviembre, para promocionar esa popular audición musical del canal 6, el periódico *Juventud Rebelde* la denomina «Dama de la canción», un término más justo para los nuevos tiempos en que ha cesado el reinado del *feeling* y el trono de Su Majestad la Burke está en franca discusión. No obstante, en el recital que realiza el 23 de noviembre, el bolero sigue ocupando la supremacía. En el mismo

---

[77.] Pacopé: «Cámaras y micrófonos». *Bohemia*, 23 de septiembre de 1966, p. 77.

estrena el titulado «Persistiré», de Rubén Rodríguez. Al cierre de 1966 su nombre no aparece entre las cancioneras más destacadas del año.

Elena en la televisión con el maestro Adolfo Guzmán

Pablo y Silvio

A inicios de 1967, Elena comienza a cantar canciones modernas que rompen con su estilo tradicional. En entrevista concedida al periodista Omar Vázquez sostiene que el punto de giro se inicia tras su participación en el Festival de Sopot:

> Eso fue lo que me movió a variar mi repertorio e incorporar al mismo tiempo números que están de moda, que el público desea oír". Y termina afirmando de manera enfática: "¡Hay que marchar con la época!, ¡Uno no se puede quedar atrás!.[78]

[78.] Entrevista con Omar Vázquez. *Granma*, 1967. Álbum de recortes de la artista. Museo Nacional de la Música.

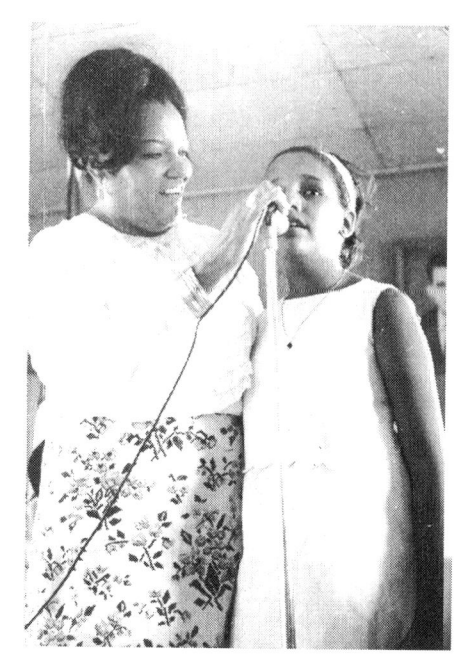

Elena con Malena

Entre los jóvenes compositores que le reportan algunos de los mayores éxitos en este nuevo aire de su carrera sobresale Pablo Milanés, a quien conoce hace más de un lustro. Ya varias de sus canciones se escuchan por algunos intérpretes e, incluso, habían compartido numerosas presentaciones en el hotel St John's, pues el trovador era uno más dentro del *feeling*. Precisamente «Mis veintidós años», la canción que más le llama la atención e incorpora de inmediato a su repertorio, se inicia bajo ese influjo y luego se transforma en una guajira, modalidad entonces muy en boga, por lo que también se le conoce por «La Guajira».

Canción de corte reflexivo, «Mis veintidós años» es considerada una especie de puente, o canción bisagra como prefiere denominarla el crítico Pedro de la Hoz, entre el *feeling* que finaliza su liderazgo y la nueva canción cubana que empieza a emerger, y a la cual la cantante presta su voz con particular entusiasmo. Pablo, años después, declara a un periodista sobre Elena: «Ella, cuando aún yo no tenía una personalidad definida como intérprete —ni siquiera como compositor— cantaba mis canciones; ella se me adelantó, creyó en mí desde el principio, popularizó «Para vivir», «Mis veintidós años», «Ya ves», lo cual le agradezco infinitamente.[79] Fue Pablo quien le lleva a su casa a Silvio Rodríguez, el otro joven trovador que deviene líder del nuevo cancionero cubano. Cuando aquel muchacho saca la guitarra y comienza a cantarle sus canciones, ella comprende que no será un creador de éxito pasajero. Al final de la descarga le dice que no puede irse sin firmarle la puerta del *closet*. Elena ya había disfrutado de sus interpretaciones a través de la televisión, de la que graba «Hay un grupo que dice», la primera canción suya que incorpora y luego graba con arreglo de Juan Formell. A esta siguen numerosas canciones, algunas con extraordinaria acogida, como sucede luego con «Te doy una canción», cuyo arreglo no fue del total agrado de Silvio, otras de menos trascendencia, es el caso de «El barquero», cuyo arreglo realizado por Enriqueta Almanza le produce una gran satisfacción al trovador. Silvio luego le confiesa a Marta Valdés.

> [...] Nunca he visto a un arreglista que haya interpretado tan bien un número mío, a no ser un arreglista que haya trabajado conmigo [...] todo lo que yo hacía con la guitarra lo distribuyó esa mujer en la orquesta de una manera que hasta los timbres de las distintas cuerdas que ella escogió sonaban a la altura que ponía en la guitarra.[80]

Silvio, igual que Pablo, desde ese mismo año le muestra su agradecimiento a la cancionera, la cual es una de las primeras invitadas al programa televisivo *Mientras tanto*, el que lamentablemente solo permanece en pantalla entre noviembre y abril de 1968, cuando en medio de la Ofensiva Revolucionaria los sectores más conservadores del medio lo desaparecen de la programación. Pronto la Casa de las Américas, el Icaic y otras instituciones y personalidades, entre ellas Elena y Omara, le brindan su respaldo y solidaridad, no solo a ellos, sino también a otros jóvenes con inquietudes similares que pocos años después fundan el pujante Movimiento de la Nueva Trova.

[79.] Clara Díaz. *Pablo Milanés*. Editorial Letras Cubanas, La Habana, 2007, p. 28.
[80.] Marta Valdés. *Donde vive la música*. Ediciones Unión, La Habana, 2004, p. 84.

Del Capri a Montreal

El céntrico y hermoso hotel Capri es una referencia obligada en la vida de Elena. A él vuelve una y otra vez durante gran parte de las décadas que van desde 1960 a la de 1980. Gran parte del primer semestre de 1967 alterna allí, así como en los hoteles Flamingo y Nacional, con diversas figuras y agrupaciones, varios combos y cuartetos, formatos que se destacan por entonces. Ese fue el caso del cuarteto Los Bucaneros, que jubiloso recibe en sus filas a Raúl Gómez y sus canciones, y el combo renovado del ya mencionado Senén Suárez, el cual vive un año de éxitos sin precedentes, recreando con su guitarra eléctrica «La muchacha de la valija», «Ser» y otras composiciones del *hit parade* nacional e internacional. Senén y su combo fueron los designados para inaugurar el pabellón cubano en la Exposición Universal de Canadá, evento en el que también Elena tiene una participación destacada.

Aunque el pabellón de la isla mantiene de forma permanente la presencia de músicos, uno de los mayores logros en la difusión del patrimonio cultural de la mayor de las Antillas en ese megaevento, es el gran espectáculo *Fiesta Cubana*, el cual es dirigido por Rogelio París entre el 22 y el 26 de julio. Días antes la delegación, integrada por más de cien artistas de diversas manifestaciones. Entre los que viajan junto a la Burke están los integrantes del cuarteto Los Modernistas, la Orquesta de Enrique Jorrín, Los Papines, el cuerpo de baile del Teatro Musical de La Habana y la Orquesta Cubana de Música Moderna.

Debe haber sido esa la primera, de las muchas veces, que la agrupación fundada apenas dos meses antes por el maestro Armando Romeu González, trabaja a su lado. Esas presentaciones de la Expo 67 se realizan en el teatro Maissonneuve, uno de los más importantes de ese país, y resultan un éxito para la cancionera y el resto de la delegación, a la que se incorpora Bola de Nieve, quien se traslada a Canadá directamente desde México, país al que ella viaja al año siguiente con gran trascendencia para su carrera internacional. De Montreal, ciudad en la que se había presentado quince años atrás con el Cuarteto de Orlando de la Rosa, regresa feliz de sus actuaciones y de la acogida a los discos suyos que allí comercializa la Egrem, aunque semanas después la invade una honda tristeza al conocer que, en cumplimiento de esa gestión de promover sus grabaciones y las de otros artistas cubanos, fallece en un accidente aéreo un entrañable amigo, Giraldo Piloto Bea. Otro duro revés para el *feeling* y la música cubana.

Elena en la Egrem

Sin dudas el disco es un medio de extraordinaria importancia en la promoción y en el legado que deja a la posteridad un creador o intérprete en el ámbito musical. Al producirse su definitivo debut como solista, Elena realiza varios discos de 45 rpm y de larga duración para el sello Gema, pero al surgir la Egrem, en medio de un contexto muy complejo por la falta de materias primas para la producción de discos y el «bloqueo/embargo» de Estados Unidos —el cual deja fuera al país del mercado discográfico internacional, salvo el campo socialista— la misma es incapaz de cumplir plenamente sus funciones, por lo que las salidas de sus discos comienzan a sufrir algunos inconvenientes.

Dentro del debate que cobra auge en 1967 sobre la crisis de la música popular en Cuba, la Egrem es uno de los organismos más cuestionados, como evidencia el medular informe que José Antonio Méndez, presidente de la Sociedad de Autores Musicales (Scam), presenta a la reunión anual de esa institución y eleva a la dirección del CNC, aunque en vez de soluciones el mal se agrava. Una creadora de la calidad de Marta Valdés, por ejemplo, entre 1967 y 1979, no registra más que una o dos grabaciones de su catálogo en esa empresa, por su parte Moraima Secada tras su disco de larga duración de 1967 no vuelve a grabar otro álbum hasta veinte años después. Algo similar sucede con el propio José Antonio Méndez y otras reconocidas figuras.

Al no disponer de turno de grabación se le impide a Elena el entregar al público varias canciones en el momento más adecuado, como sucede con «Canta lo sentimental». No obstante, aunque sus grabaciones, y las de todos, suelen salir al mercado casi siempre dos años después de efectuadas, la Egrem respeta su jerarquía artística hasta donde le es posible. Entre los primeros álbumes de esta empresa, sin contar el titulado *Bellos recuerdos*, de Gema nacionalizada que sale a la luz en 1965, se encuentran el LP Areito 1026 *Canta la Burke* y el LP *Egrem 3202 Elena Burke con Frank Emilio y Meme Solís*. Unos dos años después, a mediados de 1967, Elena retorna a los estudios y, a partir de entonces y hasta 1971, realiza diversos registros fonográficos que contribuyen a darle un nuevo impulso a su quehacer. Unos se mueven en el formato de la charanga, otros de la *jazz band*, pero la inmensa mayoría resulta muy exitosa. Entre los primeros está la grabación del bolero de Rubén Rodríguez «Persistiré», el cual, con arreglo de Rafael Lay, integra un disco de 45 rpm de la Aragón, el que por la cara b completa la guaracha pa'cá de Pedro Aranzola «Charlas del momento». Fue tanta la acogida que antes de terminar el año integra el primer *extended play* de la serie discográfica *Sorpresa Musical*, así como el LP homónimo. Posteriormente también aparece en *Música para un Mundial*, álbum compilatorio de la obra de Rubén Rodríguez y en una nueva grabación con la Aragón, en el CD dedicado al famoso concierto realizado en 1978 en el Lincoln Center.

Dentro de los patrones del formato charanguero también encuentran una buena acogida las grabaciones que realiza junto a dos grandes innovadores del mismo: el veterano Enrique Jorrín y el joven bajista Juan Formell. Con el primero ella se presenta desde 1966 en el estelar programa televisivo *Melodías de ayer y de hoy*, el cual es dirigido por Amaury Pérez García, y en el que el autor de «La engañadora» está al frente de una agrupación de sesenta y dos excelentes músicos que se presenta como la Sinfónica del Cha cha chá, la cual con tremendo sabor cubano respalda a los mejores intérpretes. De esa experiencia queda para la posteridad el *extended play* que Elena graba con la misma, en el que sobresalen una magnífica versión de «Si te contara», de Félix Reina, «No es posible querer tanto», del maestro Guzmán y «Me encontrarás», la hermosa creación de Tania Castellanos, más reposada que la grabada por Moraima Secada, pero no menos conmovedora. De mayor impacto popular y significado para la evolución de este formato, eminentemente bailable, son las grabaciones que Juan Formell junto a Elena inicia para la Egrem en 1967.

Juan Formell

El gran renovador de la música bailable cubana finalizando la década de 1960, el artífice de la mítica orquesta Los Van Van, siempre reconocería, con ejemplar modestia, que gracias a Elena entra por la puerta grande de la música popular. Debe haber sido bien avanzado el 1965 cuando el baterista Blas Egües, quien la conoce de la etapa de ambos en Sans Souci, los presenta formalmente en el hotel Habana Libre. Él integra la orquesta del Cabaret Caribe que dirige Carlos Faxas, la cual por entonces tiene gran acogida con los shows del ritmo Pa'cá creado por Juanito Márquez, quien le ofrece valiosas orientaciones a su joven tocayo, hijo de un notable compositor de música de concierto de quien hereda su vocación por la música. Formell le canta a ella algunas de sus composiciones con la guitarra, les gustan y promete grabarlas. Pasan unos seis meses y en un nuevo encuentro le dice que el maestro Francisco García Caturla está enfermo y hay que esperar, él se brinda para asumir esa labor. Así surge el dueto Elena-Formell, que mucho ha dado de que hablar en el ámbito musical de la isla durante años. La primera composición que resulta un éxito es «Qué será de mí», la cual graba con la Orquesta Revé, agrupación en la que el joven músico inicia una verdadera revolución musical mezclando el son y variantes como el changüí con la música internacional en boga, del experimento surge el contagioso songo que luego los Van Van han paseado por el mundo. Y por supuesto, aquel puñado de canciones *shake* que durante años vuelven a ubicar a Elena en la cima de la preferencia, como quedara demostrado en el Festival Varadero 67.

Del Parisién a Varadero

Después de retornar de la Expo 67 en Canadá, la Burke no retorna al Salón Rojo del Capri, como muchos imaginaban. Ella se decide por *Diluvio Musical*, la nueva producción que Joaquín Riviera prepara con el acompañamiento de la orquesta del gran trompetista José Ramón Urbay para el Cabaret Parisién del Hotel Nacional y cuyo estreno se produce el 15 de septiembre de 1967. Allí alterna con un valioso elenco en el que se destaca el debut del cuarteto Los Cañas, una de las mejores agrupaciones de este formato en esa etapa y que bajo la guía del compositor Antonio, *Tony*, Pinelli, creador de bellas canciones como «Tú eres la música que tengo que cantar», Gran Premio del concurso Adolfo Guzmán 1983, despliega una meritoria labor durante muchos años.

Sin embargo, la mayor satisfacción que siente al trabajar en ese espectáculo es compartir con Omara, la amiga y compañera de tantos empeños, la que finalmente abandona el Cuarteto D'Aida e inicia su carrera como solista.

Durante los meses postreros del año también se presenta en otros escenarios del país, entre ellos un albergue estudiantil en Guane, Pinar del Río, provincia que no visitaba desde 1964; así como en el Salón Las Antillas del hotel Habana Libre, lugar donde actúa junto a Frank Emilio y el Trío Los Galantes para los delegados al Congreso Cultural de La Habana que se realiza en los primeros días de 1968. Pero sin dudas su actuación más importante de esos meses se produce en el balneario cubano por excelencia, lugar donde se realiza durante la primera quincena de diciembre el Primer Festival Internacional de la Canción Varadero 67.

Durante las dos semanas del evento, comparte con treinta y tres vocalistas procedentes de diecinueve países, los cuales son acompañados por la Orquesta Cubana de Música Moderna bajo la dirección de Tony Taño y Rafael Somavilla. En representación del país anfitrión hay ocho solistas y cuatro cuartetos, entre ellos Omara, Maggie Carlés, Miriam Ramos, Los Meme, Los Bucaneros, Los Modernistas y las D'Aida. De los países del este europeo llegan buenos exponentes del pop y otros aires modernos, como el cuarteto polaco Novi, de Bulgaria Yordanka Kristova y de Hungría Susan Koncz y July Shoguely, esta última ganadora de Sopot 67, igual que Eva Pilarová, la notable cantante checa que en el anfiteatro de la playa azul arrebata al público asistente cuando canta «Réquiem», tema compuesto a dos octavas y una tercera.

Otras figuras muy aplaudidas son Eva Demarczyk, El Ángel Negro de la canción polaca, a la que Elena admira muchísimo, la mexicana María de Lourdes; Isabel Aubert, cantante de Francia que conquistara el máximo galardón en el Festival Eurovisión de 1962, además de los italianos Jenny Luna y Sergio Endrigo. El triunfador del Festival de San Remo con la balada «Yo te quiero solo a ti», emociona a todos los cubanos, quienes a través de la radio y la televisión no se pierden ninguna de sus jornadas. Particularmente cuando Endrigo canta «La rosa blanca», musicalización de los versos sencillos de Martí, aunque más conmovedora resulta la actuación de Massiel, dueña también de una poderosa voz de contralto, la joven cantante española hace llorar a muchos cuando, luego de evocar la figura histórica de Camilo Cienfuegos, interpreta «Rosas en el mar», la antológica canción de su compatriota Luis Eduardo Aute. La voz agridulce de Elena y sobre todo sus fabulosos registros graves, impresionan a todos los asistentes cuando recrea canciones de su nuevo repertorio como «Mis veintidós años», de Pablo Milanés, «Mi guajira de hoy», de Piloto y Vera y «Qué será de mí», de Juan Formell. Esta última forma parte de uno de los discos grabados por la Egrem en el propio anfiteatro, esos discos dejan para la posteridad testimonio sonoro de una época que sigue siendo motivo de nostalgias y añoranzas, no solo para sus protagonistas, sino en muchos que lamentan la pérdida de cualidades que distinguían aquella música y que están ausente en gran parte de la que se difunde en la actualidad.

De Tropicana a México

Durante los primeros meses de 1968 la cancionera sigue su intenso quehacer artístico en teatros, programas de televisión y centros nocturnos. En enero se destaca en el Festival de Música Popular Cubana que se efectúa en el teatro Amadeo Roldán, en el cual alterna con la Aragón, Bola de Nieve, Pello el Afrokán, Joseíto Fernández y el cuarteto Los Meme, entre otros. También por esos días vuelve al Tropicana, institución que transita por una etapa llena de adversidades, pues escasean las bailarinas, las figuras de gran poder de convocatoria y recursos para mantener en escena los fabulosos espectáculos que siempre lo caracterizaron.

No obstante, con grandes esfuerzos se producen cambios sustanciales que mejoran su imagen y permiten llevar a escena el show *Son y ritmo en Tropicana*, el que al decir de Luis Carbonell, otro de sus protagonistas, fue «una producción fabulosa con cortinas de humo, escenarios hidráulicos y una gran remodelación de todo el cabaret».[81] Elena se integra a un equipo que conforman, entre otros, el versátil coreógrafo Tomás Morales, el pianista Felo Bergaza, director musical allí hasta que muere al año siguiente, además de los cuartetos D'Aida y los D'Enríquez. Con esta última agrupación

---

[81.] Rafael Lam. *Tropicana, un paraíso bajo las estrellas*. Editorial José Martí, La Habana, 1997, p. 92

inicia una colaboración muy estrecha, especialmente con Alberto Morgan, quien luego fuera su pareja sentimental.

Sin embargo, 1968 es un año convulso a escala planetaria y Cuba no es la excepción. El 13 de marzo, en la colina universitaria, Fidel realiza vigorosos pronunciamientos que provocan la llamada Ofensiva Revolucionaria, la cual combate todo lo que «reñía con la línea igualitaria del socialismo», como expresa la ensayista Adriana Orejuela en uno de los más relevantes estudios sobre la música en Cuba en la etapa revolucionaria.[82] En el sector de la cultura era el preámbulo de la llamada década oscura. Se cierran los centros nocturnos, se intervienen las instituciones privadas que promueven el arte como las academias de música y hasta la modesta herrería de Sirique, uno de los pocos lugares en que podían presentarse longevos trovadores, incluyendo glorias de la música cubana como Ñico Saquito y los Matamoros.

Con Giraldo Piloto, Alberto Vera

[82.] Adriana Orejuela. *El son no se fue de Cuba. Claves para una historia 1959-1973*. Editorial Letras Cubanas, La Habana, 2006, p. 335

Ese suceso, al que parece aludir Silvio Rodríguez críticamente en su canción «Segunda cita», *ahoga* muchas iniciativas y estimula una nueva oleada de artistas que abandonan su patria, algunos muy cercanos a esta cancionera: Doris de la Torre, Ela O'Farrill, Myriam Acevedo, Juanito Márquez, Urbano Gómez Montiel, Luis García y Meme Solís. Luis llevaba esperando su salida hacía unos tres años, Meme hace pública esa determinación en 1969, pasando también a una prolongada espera. Elena, a partir de entonces, realiza durante casi una década junto a Froilán el programa radial *A solas contigo*.

Así llega el verano y los Juegos Olímpicos de México'68, evento que favorece el arribo a ese país de numerosos artistas del mundo, entre ellos esta cancionera cubana.

El 7 de agosto el periódico *Granma* inserta en sus páginas un cable de Prensa Latina fechado el día anterior en la capital azteca, el mismo destaca sus actuaciones en varios teatros de esa ciudad, así como la entrevista que concede al periodista Ruber Torres, la cual publica el día anterior el diario *El Heraldo* en su página cultural ilustrada con varias fotos.[83] A partir de entonces y hasta después de su regreso a La Habana, a mediados de septiembre, *Granma* y otras publicaciones cubanas dan a conocer noticias y comentarios de sus triunfos en la patria de Armando Manzanero, uno de los nuevos compositores que pasa a ocupar lugar destacado en su repertorio.

El eximio escritor y periodista Efraín Huerta, laureado con el Premio Nacional de Letras y el de Periodismo en ese país, por ejemplo, rubrica el siguiente elogio en la revista *D.F Guía*:

> [...] un conjunto vocal, el octeto *The Swingle Singers* y la cantante cubana Elena Burke, fueron los que más sobresalieron la semana pasada entre el mar de hechos y sucesos de arte ligados, unos, a la Olimpiada cultural, y otros, desarrollados de forma independiente.
> [...] fiel a las más finas corrientes del canto, Elena Burke es, sin embargo, singularmente personal. Es la reina del *feeling*, esa escuela, estilo o sentimiento que entre los hombres tiene como reyes a Raphael y Charles Aznavour.

---

[83]. Elena Burke señala alegría de artistas cubanos, *Granma*, 7 de agosto de 1968, Recorte en álbum de la artista, Museo Nacional de la Música.

Por su parte el periódico *El Día*, en una de sus ediciones, dedica amplio espacio a su actuación en el escenario al aire libre de la Alameda Central, precisando que:

> Ayer ante 15 mil asistentes se presentaron en la Alameda Central la cubana Elena Burke, la italiana Lorenza Lory, la brasileña Noelia Noel y el cotizado norteamericano Litle Richard, en la parte internacional del programa.
> Elena Burke, voz maravillosa, sentimiento, musicalidad y tersura al cantar, emocionó al público de la Alameda Central. Musitó y fraseó con sentimiento sin par, entre otras canciones «La Guantanamera», con la letra original de José Martí, y el público conocedor y amante de las expresiones finas se le entregó en aplausos.

Álbum grabado en México

Comentarios semejantes también aparecen en otras publicaciones, lo mismo sobre sus actuaciones en espacios abiertos que en el espectáculo que centraliza con su guitarrista Froilán en el Cardini

Internacional, al que acuden Angélica María, Rubén Fuentes, Marta Roth, Amparo Montes, Sonia, *La Única* y José Luis Caballero. Allí se había comprometido a realizar dos actuaciones de media hora cada jornada, pero a insistencia del público tiene que extenderlas a hora y media en cada turno. La sección Ondas, del diario *Novedades*, sintetiza su éxito en ese lugar tan exclusivo al escribir: «Pocas veces ha habido tanto éxito de un artista en Cardini Internacional, como ahora, con la antillana Elena Burke. Es una cancionista de mucha clase».[84] La gran acogida también se extiende a la televisión y al ámbito de las grabaciones, pues la firma Polydor le extiende un contrato y graba un álbum, el primero que realiza en el extranjero, en el cual reúne piezas como «Hay un grupo que dice», de Silvio Rodríguez, «De mis recuerdos», de Juan Formell y «Llévatelo», de Armando Manzanero.

Ya de regreso a La Habana declara a la prensa:

> Me siento feliz por encontrarme de nuevo en Cuba. Vengo del mejor viaje que he hecho, el más fructífero. Llegué allá algo apocada. Después con el cariño del público, se me fue quitando. Ellos me decían «tú eres Elena de la nueva Cuba» y eso me emocionaba. Ellos sienten gran cariño por lo cubano.
> [...] Me sentí muy contenta. Hubo noches en que tuve que llorar.
> Las composiciones que más gustaron fueron «Persistiré», de Rubén Rodríguez; «Pensar», de Meme Solís y «La Guantanamera», con versos de Martí, que tuve que ofrecer en cada actuación. «Aquí de pie» era el tema de presentación, pero a mí se me olvidaba, y la gente me decía: "el tema, el tema". Traigo nuevas melodías de Miguel Pous, de Miguel Prado, Arturo Castro y Lolita de la Colina y de un movimiento de autores muy nuevo que discuten sus obras en colectivo.[85]

[84.] Sobre el éxito de Elena Burke en México, *Granma*, 19 de septiembre de 1968, Recorte en álbum de la artista, Museo Nacional de la Música.

[85.] Luis Adrián Betancourt: «Elena, al regreso de México», *El Mundo*, 27 de septiembre de 1968, Recorte en álbum de la artista, Museo Nacional de la Música.

Poco después se produce su reaparición por la televisión cuando acude al programa *En el Aire*, en el mismo exhibe unos aretes de brillantes que le obsequiara Monique Garbó, una artista francesa que una noche en el Cardini, muy emocionada, le arrebata de la mano el micrófono y se los entrega diciéndole «cuando se los ponga, recuerde a una francesa que fue muy feliz en Cuba y piensa volver pronto allá».[86]

Por sus triunfos en el país hermano, la CTC Nacional le realiza, el 23 de septiembre, un homenaje en el Salón Internacional del Palacio de los Trabajadores. También recibe flores, regalos y canciones del Cuarteto del Rey y Harry Lewis, entre otros artistas. Ella, por su parte, interpreta algunas de las nuevas piezas traídas de México como «Llorar por dentro», de Arturo Castro y «Estás enamorado», una de las incluidas en el álbum acabado de grabar.

Para esta fecha ya están circulando en el mercado cubano algunos de los discos grabados el año anterior, en uno de la denominada *Colección Popular* aparecen las cuatro composiciones con la Orquesta Jorrín, en otro «Mis veintidós años» por una cara y por la otra «Pero qué será de mí», de Juan Formell. Sobre todo las composiciones de Formell desplazan de las listas de popularidad a ídolos internacionales de la balada y el pop. El 28 de octubre el periodista Gabriel en su muy leída sección ¿Qué hay de nuevo?, del diario *Juventud Rebelde*, precisa que en la selección semanal, elaborada con los éxitos de *Nocturno*, *Sorpresa Musical* y *Festival*, los tres programas favoritos de los jóvenes, se encuentra en primer lugar hace siete semanas «El juego de Simón», por el mexicano Roberto Jordán, en el segundo el italiano Sergio Endrigo con «Yo te quiero solo a ti», en el tercero «Me siento libre» por Los Bucaneros, en el cuarto el argentino Alberto Cortés con su primer éxito en Cuba, «En un rincón del alma», y en el quinto Elena con «Ya lo sé», superando a Juan y Junior, Aznavour, Los H-H y Massiel, entre otros.

Y tras «Ya lo sé», toda Cuba canta con Elena otras composiciones de Formell como «De mis recuerdos» y «Lo material» que también llegan al mercado en discos de 45 rpm y luego en el álbum *Elena*, igual que otras composiciones de cultores del *feeling*, a los que nunca abandona, y de Pablo y Silvio, con quienes comparte presentaciones en el Palacio de Bellas Artes, Casa de las Américas

---

[86.] Revista *Bohemia*,18 de octubre de 1968, Recorte en álbum de la artista, Museo Nacional de la Música.

y otras instituciones. Como dice Adriana Orejuela «asombra la capacidad de la Burke para, desde los años de 1940, ocupar el puesto delantero en el carro de la modernidad».[87]

1969: Otro año de triunfos

Una de las primeras presentaciones de este año la realiza Elena en el Festival de Canciones que, programado por el CNC para el teatro Amadeo Roldán, se efectúa entre el 23 y el 25 de enero. Durante esos días alterna con Pablo y Silvio, además de otros artistas como Maggie Carlés, Ela Calvo, Omara, Portillo de la Luz, José Antonio Méndez, Los Bucaneros, Mirta Medina y la OCMM. También por esos días la Egrem, para facilitar que más artistas accedan a sus estudios, crea grupos de trabajo, y de esa forma se consolida aún más el vínculo de Elena con Formell y la Revé.

Es de esta fecha la grabación con esta charanga del *extended play Un diálogo*, en el que además del *afro shake* homónimo, registran la guajira «La chica solitaria», la canción «Optimismo», y el son *shake* «chala con cha chá». Estas composiciones también la cancionera las interpreta con la Revé en una serie de conciertos que, a partir de los primeros días de marzo y durante varios fines de semana, se realiza en el coliseo de Calzada y D, el cual resulta pequeño ante la concurrencia de público.

Según el periodista Germán Piniella en una publicación de la época, «Elena volvió a demostrar todo lo que se espera de ella en cada actuación: afinación excepcional, gran sentido del ritmo, buen volumen de voz, y además otra de sus virtudes: conversar con el público con una naturalidad que ya quisieran para sí algunos animadores. Quizás esto le venga del mucho tiempo cantando en locales pequeños». Luego acota otra cualidad característica en ella: las canciones fuera de programa: «con permiso de ustedes y de Formell, porque hoy tengo ganas de cantar», con lo que daba a entender al público que se estaba dando por entero.[88]

El fin de semana siguiente, el periodista Gabriel publica otro elogioso comentario en el periódico *Juventud Rebelde*, en el mismo resalta la

---
[87.] Adriana Orejuela: Obra citada, p. 354.
[88.] Germán Piniella. «Elena, Formel, Revé: el son», 8 de marzo de 1969, Recorte en álbum de la artista, Museo Nacional de la Música.

continuidad de las presentaciones en el Roldán e inserta declaraciones de Formell y Elena. Según él: «la juventud ha aceptado esto como si fuera música moderna, sin embargo las raíces están todas en nuestra música antigua. [..]. Lo que he tratado de elevar el son a una fase superior».
A una pregunta del periodista ella responde:

> [...] son precisamente los arreglos de Formell los que han logrado unificar la corriente de la música internacional con la nuestra, porque lo nuestro no se puede olvidar, ¿verdad? Mira, yo no creo eso de que la música cubana puede estancarse o está estancada, lo que hay es que trabajar y trabajar duro. El extranjero es una muestra. Por fuera se vuelven locos por la música cubana.[89]

Es precisamente por esa demanda de la música cubana en el exterior que pone punto final a su presencia en el Amadeo Roldán, pues ya era inminente su partida a realizar actuaciones durante dos meses en el Cardini Internacional. Antes de subir al avión que la lleva a ese país, en los primeros días de abril, expresa a *Granma* que allá dará a conocer piezas como «Para vivir», de Pablo Milanés, «Hay mil formas», de Marta Valdés, «De mis recuerdos», «Ya lo sé» y «Chala con cha chá», de Juan Formell, de Silvio Rodríguez «Un buen día» y otras de Tania Castellanos, Piloto y Vera, Meme Solís y Olga Navarro, algunas de ellas piensa incluirlas en el segundo álbum que debe grabar en tierras de ese país.[90]

De los triunfos en esta nueva visita a la patria de Agustín Lara, el diario *Granma* destaca en su edición del 18 de abril que su debut en el Cardini Internacional fue todo un éxito, con lleno completo y la presencia de relevantes figuras y personalidades de la radio y la televisión, entre ellas Consuelo, Chelo, Velázquez, Mariano Rivera Conde, Mario Ruiz Armengol, Vicente Garrido, Amparo Montes y Oscar Chávez. Otra de sus presentaciones más importantes se ofrece en el anfiteatro de la Alameda Central, en un espectáculo del Festival Popular junto a Angélica María, Tito Guizar y la española

---

[89.] Gabriel: «¿Qué hay de nuevo?», *Juventud Rebelde*, La Habana, 16 de marzo de 1968, Recorte en álbum de la artista, Museo Nacional de la Música.
[90.] Omar Vázquez: «Actuará Elena Burke nuevamente en el Cardini y la tv mexicana». *Granma*, 11 de abril de 1969, Recorte en álbum de la artista, Museo Nacional de la Música.

Naty Mistral. Según el cable, el público, compuesto por unas veinte mil personas, la aplaude con entusiasmo y clama por la repetición de varias piezas cantadas en su visita anterior. Con su proverbial entusiasmo canta y canta más de lo debido. Cuando baja del escenario, muchos la rodean, alguien le ofrece un granizado que acaba al instante, quedando disfónica por varios días.

Con el título de «Resonante triunfo de Elena Burke en México», nuevamente el *Granma* del 2 de mayo publica otra reseña con fotos de Osvaldo Salas, en la misma resaltan elogios de periódicos y revistas de ese país como *Excelsior* y *Siempre*. En esta última Jacobo Zabludovsky en su leída columna escribe:

> Fui a ver a Elena Burke. Mucho había oído hablar de ella, mucho había leído. Fui a Cardini tratando de vencer el prejuicio forjado en las lecturas elogiosas hacia ella. Elena Burke es sensacional. Distinta a lo que esperábamos. No está en el extremo del grito ni en el otro del susurro. En su justo medio. Elena tiene una voz cálida, personal, emocionante. En sus canciones está la sensibilidad del cubano; contagia cuando habla a media voz en la canción romántica o cuando dice una queja y también cuando canta una alegría. Elena Burke es, como ya le dije, otra cosa. Recia y fina a la vez, una personalidad que se transforma al cantar y que crece con cada canción. Me gustó, me gustó mucho y la felicité personalmente al terminar el espectáculo... Si usted no la ha visto yo no sé qué espera. Si deja de verla habrá perdido la oportunidad de ver, oír y aplaudir a una de las cantantes más importantes de nuestra época.

A lo largo de todo el mes de mayo continúan sus actuaciones en dos segmentos diarios en el Cardini, en programas del canal 4 y en otros de Televisión Independiente de México, Canal 8, así como en importantes eventos, entre ellos el Festival del Disco de la AMPRIT, una asociación de periodistas mexicanos que la invita al mismo y en el que alterna con Ray Charles, Pérez Prado, Armando Manzanero, Marie Laforet, Angélica María, Robertha y otras figuras internacionales. En ese espectáculo recibe un diploma de mérito de la prensa azteca y en el de la Alameda Central un trofeo.

Luego de estas nuevas presentaciones siguen en aumento los encomios de la prensa, el periódico *El Universal*, por ejemplo, escribe: «Hay que verla y oírla. Realmente consideramos que es la no hay otra. Esto puede parecer exagerado, pero la Burke está a una altura que difícilmente pueda alcanzar cualquier interprete de su género».[91]

Desde el debut tampoco pasan inadvertidas las excelencias de su acompañante, el periódico *El Día* resalta en uno de sus comentarios:

> Elena no se acompaña con la guitarra de Froilán, si no que canta con ella. La voz y las cuerdas juegan, dialogan, contrapuntean. Una queja, un trino suave, un mero susurro a veces, y la voz maravillosa de la Burke asoma; despacio primero, impetuosa luego, sus notas se van apoderando del ambiente. Y del alma.[92]

Hasta los últimos días de esa estancia en suelo azteca, la cancionera está inmersa en el mundo de las grabaciones. Tras la presentación del primer álbum mexicano se empieza a grabar el segundo, el cual recoge «Hay mil formas», de Marta Valdés, «La razón de sufrir», de Carol Quintana, estas dos con el combo Los Alushes y Froilán. También están «El madrugador», de José Ramón Sánchez, «Amanecer con mambo», de Orlando Peña, «Destino incierto», de Rubén Rodríguez, «Pequeños detalles», de Sarita Santana, «Aquí y allá», de Piloto y Vera, «Cuidado», del argentino Chico Novarro, «La lluvia en mi corazón», de Randazzo–Pike-Moreno; «El tiempo dirá», de Elena Julián, «Lo sabes», de Alberto Zentella (El Cuba) y «Tengo el secreto», de Vicente Garrido. Estos números con orquesta de jazz y cuerdas, arreglos y dirección del mexicano Raúl Stallenvorrth y el norteamericano Chuck Anderson.

Sus pocos ratos libres los aprovecha para enriquecerse musicalmente, asiste a algunos de los grandes espectáculos que cada semana se realizan en esa superpoblada capital, entre ellos los de Sammy Davis, Juliette Greco, Charles Aznavour, Ray Charles, Sergio Méndez,

---

[91] Omar Vázquez: «Seis preguntas y seis críticas a Elena Burke después de su gira por México». *Granma*, s/f. Recorte en álbum de la artista, Museo Nacional de la Música.
[92] *IbédIm*.

Joao Gilberto, Carlos Lira, Nancy Wilson, Leni Andrade y Lucecita Benítez quien fuera la ganadora del Festival de la Canción Latina 1969. En los primeros días de junio regresa a casa, sin poder cumplimentar algunas presentaciones en otras ciudades de ese país y en programas de televisión. En el aeropuerto internacional de Rancho Boyeros es recibida por funcionarios del Consejo Nacional de Cultura y varios periodistas, a quienes brinda detalles de sus actuaciones y de las nuevas canciones de Vicente Garrido, Paco Chanona y otros autores mexicanos que trae consigo. En esta ocasión viene con un pequeño derrame en una cuerda vocal y debe descansar, pero tan pronto se siente recuperada vuelve a la carga, pues como dijera en una de las entrevistas concedidas en México, su mayor satisfacción era estar frente a su público.

La reaparición de Elena en los escenarios habaneros se produce en el Amadeo Roldán el 7 de julio, entre las canciones que interpreta se encuentran «Génesis», la ganadora del primer premio en el Festival de la canción Latina realizado en México, así como «Pequeños detalles», «Para vivir», «Aquí o allá», entre otras de autores como Rubén Fuentes, Marta Roth, Vicente Garrido, Alberto Zentella, Meme Solís, Okamura y el venezolano Guillermo Venegas. Además de Froilán que la acompaña en la primera parte, la novedad en la segunda es un combo integrado por Enriqueta Almanza en el piano, Silvio Vergara en el bajo, en la flauta Mario Badía, en la batería Roberto Dee Tibo y Froilán en la guitarra. Este sería el antecedente de su efímero grupo acompañante.

En los últimos meses de 1969 sobresalen, entre las principales actividades en que participa la cancionera, las realizadas por el aniversario treinta de la fundación de la Aragón, compartiendo con esta orquesta fundada a finales de septiembre de 1939, un gran espectáculo en el teatro Amadeo Roldán en el cual también se destacan entre los invitados Omara y Argelia Fragoso, una niña de diez años que ya muestra una excelente musicalidad. Unas semanas después debuta otra charanga que junto a la llegada de Cienfuegos se ubica entre las más notorias de la música cubana y con la cual Elena mantiene estrechos vínculos a lo largo de más de un lustro: Los Van Van.

Con Los Van Van por el mundo

Durante el primer trimestre de 1970, la canción «Pequeños detalles», de Sarita Santana, es una de sus grabaciones que suena insistentemente en la radio de Cuba, así como en sus presentaciones dominicales en el Teatro Musical de La Habana y en estelares programas de la televisión, entre los cuales *Buenas Tardes* es uno de los más recientes y el preferido por el público juvenil. También en el transcurso de estos meses recorre varias provincias, apenas llegado el año nuevo se presenta en el Teatro Principal de Camagüey, posteriormente viaja a la parte más oriental. En Santiago de Cuba canta el 22 de marzo en el teatro Oriente abarrotado de público, así sucede en cualquier lugar en que se anuncia su actuación. En el primer recital del año, programado para uno de los primeros días de enero en el Palacio de Bellas Artes, una avalancha humana puja por entrar al mismo, por lo que se decide aplazarlo.

Su repertorio sigue creciendo, lo mismo con piezas de creadores noveles como Noel Nicola y Mike Porcell que de figuras con respaldo popular como Silvio, Pablo y Formell. Pablo ya forma parte del recién fundado Grupo de Experimentación Sonora del Icaic, al que Silvio se incorpora después de su travesía en el barco pesquero Playa Girón, mientras que Formell consolida su labor de experimentación y búsquedas al fundar Los Van Van, orquesta que, además de Froilán, la acompaña a ella y al Cuarteto D'Aida, durante cerca de tres meses de gira por Europa y Japón con el espectáculo Carnaval de Cuba.

Dirigido por los maestros Rafael Somavilla y Tony Taño, en el mismo tiene desempeño encomiable el dúo Los Compadres con sus chispeantes sones orientales, el grupo Los Bravos que pone a bailar a todos con contagiosas congas, así como el Órgano Oriental de Arquímedes Ajo, al cual el maestro Taño le asigna la responsabilidad de también acompañar las voces de las D'Aida, quienes ponen toda la fuerza rítmica que exige un espectáculo que tiene como centro esas tradicionales fiestas veraniegas.

Nuevamente la capital francesa es la primera escala del periplo, a ella arriban a mediados de mayo y las presentaciones en el prestigioso Teatro de la Villa de París, arrastran a cientos de personas de disímiles culturas y países, especialmente latinoamericanos que residen o están de paso por esa gran ciudad. Luego prosiguen hacia otros países, entre ellos la Unión Soviética, donde al concluir la primera semana de julio finalizan sus actuaciones en el Teatro de Variedades de Moscú. Días después llegan a Japón, el último país, y en el cual tienen uno de los principales compromisos de esta gira: participar en la Exposición Universal de Osaka 1970.

Bajo el lema Progreso y armonía para la humanidad, en esa ciudad nipona, se reúnen más de un centenar de países. El pabellón cubano siempre está lleno de visitantes curiosos por conocer todo lo relacionado con este archipiélago del Caribe, también los medios de difusión del país anfitrión y de otras naciones le prestan mucha atención. La música cubana es muy bien recibida, pasando por sus escenarios varios artistas criollos. Antes de las presentaciones de Elena y sus compañeros allí actúan, entre otros, Los Papines, Omara Portuondo y el pianista Joseíto González.

El 22 de julio, en las páginas de *Juventud Rebelde*, el periodista Gabriel reseña el debut del espectáculo en ese evento donde, después de haber actuado Sammy Davis, los Swingle Singer y Sergio Méndez, tal parecía que ningún show podía rivalizar en cuanto a aceptación general. Sin embargo, *Carnaval cubano* echa abajo esos pronósticos y las dos funciones diarias demuestran el entusiasmo que el mismo despierta. En cada función a teatro lleno Elena y los Van Van, como el resto del elenco son muy aplaudidos, además de recibir la medalla que se entrega a los mejores espectáculos en esa feria mundial.

La Señora Sentimiento por Cuba

Antes de concluir el tórrido verano de 1970, Elena vuelve a disfrutar de las cálidas aguas de la playa de Varadero, cuando entre el 26 y el 30 de agosto se realiza en el majestuoso teatro Sauto el Tercer Festival del Creador Musical de Matanzas. A este certamen asiste junto a figuras como Omara Portuondo, Moraima Secada, Aurelio Reynoso, Voces Latinas, César Sarracent, Beatriz Márquez, Miguel Chávez y Formell. A este último el periodista Orlando Quiroga, siempre creando epítetos y calificativos para los artistas, lo denomina *El alquimista de la nueva sonoridad cubana*, mientras que a Elena la rebautiza como *La Señora Sentimiento*, certera definición que ha perdurado en el tiempo.[93]

---
[93] Orlando Quiroga:«Tercer Festival del Creador Musical en Matanzas», *Bohemia*, 4 de septiembre de 1970, pp. 88-89.

La ciudad yumurina, gestora de ese certamen en 1968, nuevamente se esmera en darle altura y distinción, aunque algunos detalles lastran los resultados finales. Entre ellos el que algunos intérpretes lean los textos de las canciones que defienden, al serles entregadas a última hora. No fue el caso de Elena, quien, al decir de Quiroga, borda con sus graves únicos la composición que se le asigna «Ven aquí», de Nelson Hernández, la cual también defiende al año siguiente en la primera edición nacional de este evento que, luego de tres ediciones en esa provincia, se extiende a todo el país.

Elena en plena actuación la Alameda Central, México, 1968

Los tres últimos meses del año son de intensa actividad para la cancionera, como casi siempre para esa fecha. En la primera emisión de octubre del telejuvenil *Buenas Tardes*, su equipo realizador, integrado por el guionista Orlando Quiroga, el productor Pedraza Ginori y el director Manolo Rifat, la selecciona dentro del elenco que festeja el primer aniversario del programa, además de sumarla al equipo de conductores del mismo. Ese día en cuarteto ocasional con Aurelio Reynoso y Clara y Mario interpreta «Mis noches sin ti», antigua canción sudamericana que había vuelto a popularizar el español Nino Bravo. Con El dúo romántico de Cuba, ya había cantado en otros programas piezas como «Romance andaluz», del dúo español Manolo y Ramón o Los Dinámicos, la cual canta en solitario en muchas de sus actuaciones.[94]

De los extranjeros ya habían asistido a la edición anterior Eva Pilarová y Sergio Endrigo, a los que se suman Karel Gott, La voz de oro de Praga, y la carismática cantante soviética Edita Pieja.

Aunque la delegación de España es la más grande y popular: Los Bravos, Los Ángeles, Los Mustang, Luis Gardey y Rosalía, sonaban constantemente en la radio cubana. Son ellos los designados para cerrar el evento la noche del 22 de noviembre junto a otros como Edita Pieja, quien con la canción *Mi vecino* se convierte en una de las favoritas de esta edición, además de una fervorosa admiradora de Elena, de la que adquiere muchas de sus grabaciones y con quien comparte en otros eventos, como el Festival del disco que al año siguiente se realiza en Santiago de Cuba.

De Chile a España

A inicios de 1971 la dirección de Consejo Nacional de Cultura (CNC) empieza a anunciar una serie de cambios en este sector, uno de los más adversos para la cancionera es que, a partir de ese momento, en el teatro Amadeo Roldán, escenario frecuente de sus actuaciones, solo podrá realizar un recital cada año, al igual que otras descollantes figuras de la canción popular. Allí actúa el sábado 30 de enero y el domingo 31 y, además de Froilán, la acompaña la Orquesta Cubana de Música Moderna, ya bajo la dirección de Paquito D'Rivera, así como un grupo musical que «en el futuro podrá ser su grupo acompañante», según destaca el periodista Gabriel en la edición del periódico *Juventud Rebelde* correspondiente al 27 de enero.

El grupo lo componen Jorge Varona en la trompeta, Rubén González en el piano, Julián Fellove en el saxofón tenor, Fabián García en el bajo, Filiberto Sánchez en la batería, José Sarmiento en la guitarra, Jesús González en la percusión y en el trombón Juan Pablo Torres. De este último es «Con las manos y las flores», una de las composiciones que estrena, mientras que de Martín

---

[94.] José Antonio Morales Oropesa. *El dúo romántico de Cuba*. Editorial Oriente, Santiago de Cuba, 2013, pp. 86-87.

Rojas da a conocer «En la orilla del mundo», de Eddy Gaytán «Con tus mentiras», de Mike Porcell «Vivir es bello», además de dos de las canciones que canta con mayor acogida durante la década que comienza: «Hoy te quiero más», de Juan Formell y «Te doy una canción», de Silvio Rodríguez.

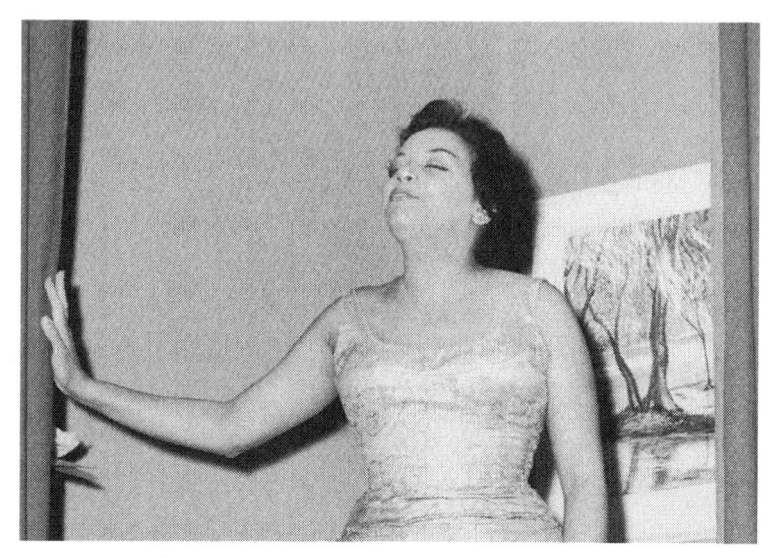

A pesar de la buena concepción que le imprime su director general Tony Henríquez, el recital tiene sus tropiezos. Ella se encuentra inmersa en los preparativos de su próximo compromiso internacional, la aquejaba una disfonía y se sentía insegura con las seis canciones a estrenar, por lo que acude a leer los textos de las mismas, lo que motiva señalamientos de la revista *Bohemia*.[95] Aunque, en sentido general, el público sale complacido con las veinticuatro canciones que interpreta, varias de sus compañeros del movimiento *feeling*, entre ellas «Sin ir más lejos», composición de Marta Valdés, quien por esta fecha enriquece su repertorio y el de la cancionística cubana con verdaderas joyas.

Lamentablemente, el gusto del público andaba por otros derroteros y pasan casi inadvertidas, tal vez el ejemplo más significativo es cuando en otro recital Elena estrena «Llora», hermosísima canción que sintetiza una historia desgarradora de alguien que sufre ante la realidad de recomenzar su vida por la senda no deseada pero ya

---

[95.] Sección de Orlando Quiroga, *Bohemia*, 12 de febrero de 1971, p. 45.

ineludible. Según el testimonio de la propia Marta, nadie la aplaude, mientras una canción de la ligereza de «Amor y solfeo», de Luis Rojas, no solo es la ovacionada de la noche, sino que se convierte junto a «Te doy una canción», en uno de los dos *hits* de la Burke durante 1972.[96]

Otra adversidad que por esta fecha se impone, es la reducción de *A solas contigo*, el programa que realiza con Froilán en Radio Progreso, el cual pierde quince minutos de la media hora que inicialmente tenía.

No obstante, ambos continúan, a partir de las diez y treinta minutos de la noche, desgranando canciones románticas, incluyendo versiones de canciones de Aznavour, Manzanero, Francis Lai o del repertorio de Nino Bravo, uno de los ídolos del momento en toda Iberoamérica y a quien tiene oportunidad de conocer en el Festival de Viña del Mar, evento que la acoge durante la segunda semana de febrero.

Viaja a Chile —vía Ciudad de México—, lugar donde es invitada a una velada en la residencia de la cantante y actriz Angélica María en la que comparte con Julio Iglesias, Sergio Méndez y otros artistas. Finalmente llega al aeropuerto Pudahuel de Santiago de Chile en compañía de Froilán y de Julio Bidopia, director nacional de música del CNC. Desde que pisa tierra chilena no deja de estar rodeada constantemente por jóvenes que le solicitan autógrafos, aunque durante los días que vive allí no todo es felicidad.

En el famoso balneario también se realiza, en otra fecha, un festival de cine en el que realizaciones cubanas ya habían triunfado, pero en la música Elena es la primera representante de la mayor de las Antillas. Cuando debuta ante un inmenso público en la Quinta Vergara ya se han seleccionado las canciones nacionales de género folk y se definían las internacionales, modalidad en la que competían diecinueve países. También habían iniciado sus actuaciones artistas de varios países, entre ellos los italianos Sergio Endrigo y Nicola Di Bari y los españoles Víctor Manuel y Nino Bravo, a los cuales el público acoge con entusiasmo.

Cuando se produce su debut ante unas treinta mil personas, vive una experiencia muy difícil, la rechifla es inmensa. El público, esencialmente por razones políticas, estaba dividido, una parte a favor, otra en contra, discutían entre ellos. Unos gritaban para que no siguiera, otros la alentaban aplaudiendo y gritando bravo.

[96.] El estreno de Llora se produce en 1969. Testimonio de Marta Valdés al autor. 20 de septiembre de 2000.

Hasta piedras llegaron a tirarles a los músicos. Elena se molesta mucho, pero no abandona su puesto, se dice para sus adentros «*ah, no quieren caldo, tú verás ahora*», y entonces canta con todas sus energías «La Guajira guantanamera», y es la llave que abre todos los corazones. ¡Fue un éxito! Una vez más se demuestra que la cultura que gesta un pueblo está por encima de las modas y los credos que dividen. Al abandonar el escenario, aún entre aplausos, los organizadores la rodean y la felicitan, expresándoles «¡No te han matado de milagro!, ¡qué valiente has sido!».[97]

Luego la llevan a un castillo donde tiene la oportunidad de compartir una velada con Salvador Allende, su esposa e hijas. Allí le ofrecen un banquete en su honor. Después el presidente de Chile le pide que cante canciones antiguas, luego él dice algunos chistes que a Elena le resultan muy agradables. Otros momentos de beneplácito en Viña del Mar son los del almuerzo que el señor Barrientos, su alcalde, le ofrece a los cubanos y el agasajo de la casa discográfica Phillips, en el que es atendida por la cantante Miriam, ex del dúo Sonia y Miriam, con el cual trabajara en varias ocasiones cuando formaba parte del Cuarteto D'Aida.

De Chile Elena se traslada a la península ibérica donde participa en el IV Festival Internacional de la Canción de Málaga. En España filma un video tape para la televisión y concede entrevistas para diversos órganos de prensa. Una de ellas al periodista Nativel Preciado, la que bajo el título de Elena Burke, primera cantante cubana, publica el diario *Madrid* a página completa, y en la que se brinda información detallada de su quehacer artístico en diversas partes del mudo.

El evento de la ciudad andaluza, en el que en una edición precedente triunfa la cubana Luisa María Güell con una canción de Manuel Alejandro, se efectúa el 20 y el 21 de febrero en el Palacio de los Congresos de Torremolinos. El primer día los invitados de la gala son Mari Trini y Sergio Méndez, y el segundo ella, Julio Iglesias y Daniel Tomey. Elena canta «De mis recuerdos», «Para vivir», «A ti destino», de Rubén Rodríguez y cierra su presentación con «La batea» de Tony Taño y «Cachita», de Rafael Hernández. Los aplausos la obligan a continuar e interpreta «Solo lloro por amor», repite «De mis recuerdos» y recrea a su estilo «Somos», el

---
[97.] *La Nueva Gaceta*, No. 7, julio de 1985, pp.13-17.

viejo bolero del argentino Mario Clavel que nuevamente Raphael ha colocado en las listas hispanas.

Un momento emotivo de su breve periplo español, es su reencuentro con el grupo Los Mustang, el cual graba con gran acogida «La batea», la composición más versionada de Tony Taño, así como «Tu caminar», otra de las canciones que Elena tiene en su repertorio. Los integrantes del grupo «no hacían más que hablar de Cuba, de su cariño a nuestro país, de las miles de cartas que reciben del público de la isla».[98] Una de sus últimas actividades en España fue la grabación de un video tape para el programa *Andante* del canal 11, el principal de la televisión de ese país, en el que interpreta «De mis recuerdos», «Somos» y «Pero qué será de mí».

El 26 de febrero el periódico *Juventud Rebelde*, a pocas horas de su llegada a Cuba, publica la primera entrevista con impresiones de sus recientes viajes por tierras de América y Europa. Días después comienza a ensayar la canción «De noche en la playa», de Rafael Casas Termada, nieto del maestro Luis Casas Romero quien trabaja a su lado como arreglista. La pieza es laureada el 28 de marzo en el Primer Festival Provincial del Creador Musical de La Habana y clasifica para el certamen nacional, el cual se convierte en uno de los eventos musicales más representativos de esa controvertida etapa de la cultura cubana que unos consideran fue un quinquenio gris y otros la consideramos más prolongada.

---

[98] Orlando Quiroga: «En Cuba», *Bohemia*, 5 de marzo de 1971, Recorte en álbum de la artista, Museo Nacional de la Música.

EN LA DÉCADA OSCURA

Se considera que con el ascenso del escritor Luis Pavón Tamayo a la presidencia del CNC, en abril de 1971, se inicia el período más duro y polémico de la cultura en Cuba tras 1959. Algunos sencillamente lo llaman «el pavonato», pero aquel panorama tan desolador y marcado por un feroz dogmatismo tiene muchos culpables, y también víctimas. En el ámbito musical, la avalancha de música extranjera, contribuye a que grandes representantes de valores como tradición e identidad, pasen al ostracismo y al más cruel olvido, e incluso fueran insultados con epítetos denigrantes.

Numerosos embajadores de la música cubana por el mundo optaron por acogerse a la jubilación ante tal rechazo, otros resistieron la embestida, como Barbarito Diez y Ñico Saquito, aunque al primero lo despojaran de su programa de Radio Progreso y el segundo únicamente pudiera realizar presentaciones en la Bodeguita del Medio y en las casas de la trova que comenzaban su defensa de la música tradicional, gracias a apasionados promotores de la cultura como Ezequiel Rodríguez y otros que, en diversas instituciones, se esfuerzan para preservarla y estimular su cultivo. En ese empeño, además de las casas de la trova, y al margen de la desidia imperante entre los burócratas de turno y de la indeferencia de la mayoría del público que ha dado la espalda a lo autóctono, se fomentan otras iniciativas, entre las más valiosas está el Festival del Creador Musical, en el cual Elena tiene un desempeño destacado.

Tras su participación en el I Festival del Creador Musical de La Habana, ella incluye la canción que defiende en el mismo, «De noche en la playa», de Rafael Casas, en diversas presentaciones, incluidas las que realiza durante el mes de mayo en Santa Clara, Cienfuegos, Camagüey, Oriente y Matanzas como parte de una gira nacional. Además de ésta, también canta acompañada de Froilán «Olvida el ayer», de Guzmán, «A ti destino», de Rubén Rodríguez, «Déjame sola», de Roberto Cantoral, «Prohibido», de Carol Quintana, «Con tus mentiras», de Eddy Gaytán, «Para vivir», de Pablo Milanés y «Te doy una canción», de Silvio Rodríguez.

En la segunda parte de esa gira interpreta «Somos», del argentino Mario Clavel; «Reencuentro», de Antonio Castro; «La copa de vino» de Luis Demetrio; «Te quiero, te quiero», de Rafael León y Augusto Algueró, «Como lo hice yo», canción anónima; «Por accidente», de Lolita de la Colina y «Llévatelo», de Armando Manzanero. Todas ellas con su grupo acompañante.[99]

Para esta fecha el grupo tiene su conformación definitiva y el nombre de D'Aneles, al que si se le suprime la "s" final de «Aneles» y se lee al revés, como señala Adriana Orejuela en su libro *El son no se fue de Cuba*, la resultante viene a ser "Elena" o Los D' Elena, es decir aquellos músicos que sabían de sus pausas, sus silencios, lo impredecible de su interpretación y, además, sabían acomodar en el momento preciso el acorde perfecto. Estaba formado por Froilán en la guitarra, Genaro García Caturla, flauta; Rolando Valdés, batería; Silvio Vergara, bajo; y la maestra Enriqueta Almanza, en el piano y las orquestaciones.[100]

El grupo, con algunos cambios entre sus integrantes, acompaña sus interpretaciones en diversas partes de Cuba durante unos dos años, pues sus integrantes tenían también otros intereses, además de que la misión de acompañar a Elena solía ser una tarea llena de exigencias. Nunca faltaron pequeñas querellas con algunos de sus acompañantes. La Almanza, quien durante casi medio siglo fue una de sus más brillantes colaboradoras, en más de una oportunidad hizo declaraciones como esta:

> No es fácil acompañarla. Por eso, me gusta hacerlo. Me estimula. No permite caer en rutinas, aunque se trate de canciones repetidas muchas veces. En un escenario, uno tiene que "cazarla", pues nunca proyecta un número igual, ni dos veces. Y no hablo de lo musical solamente, sino de la emoción. Eso sí, no necesita de la partitura

---

[99.] Gabriel: «¿Qué hay de nuevo?», *Juventud Rebelde*, 10 de mayo de 1971, Álbum de recortes de la artista, Museo Nacional de la Música.
[100.] Adriana Orejuela: *El son no se fue de Cuba. Claves para una historia 1959-1973*, Editorial Letras Cubanas, La Habana, 2006, p. 367. Aunque esta fuente afirma que Rolando Valdés ejecutaba la batería, este se desempeñaba fundamentalmente en la tumbadora, según las reseñas de la prensa.

para recordar el acorde preciso y si uno se sale, hace gestos muy graciosos, demasiado suyos para repetirlos, y advierte cualquier cambio.[101]

Durante esta etapa se produce un suceso interesante: el debut de un trío con su hija María Elena y su madre Dulce María. Como ya era usual que en los programas de la televisión ella apareciera formando parte de diversas combinaciones de voces, el director Amaury Pérez, al conocer que ambas gustaban del canto y tenían voces afinadas, las pone a cantar juntas canciones como «Somos», «Quiéreme mucho», «Tu caminar» y «Guajira Guantanamera». Posteriormente las tres se presentan en escenarios de Guanabacoa, Artemisa, San Antonio de los Baños y Güira de Melena, entre otras poblaciones.[102]

Una canción para Ángela Davis

En el verano de 1971 la canción más difundida en la radio cubana era «¡Por Ángela!», en distintas versiones. Había sido escrita dos meses antes por Tania Castellanos en solidaridad con la afronorteamericana Ángela Davis, presa desde el mes de enero, acusada de facilitar armas a un negro recluido en la cárcel de San Quintín. Por entonces eran frecuentes las manifestaciones de la población negra de Estados Unidos exigiendo el respeto a sus derechos, incluyendo luminarias del arte como Diana Ross, quien encabeza varias de ellas en la ciudad de Nueva York. La pieza la estrena, con arreglo del maestro Guzmán, Rosita Fornés en el programa *De repente* en TV y semanas después formaba parte del repertorio de numerosas intérpretes, entre ellas Mirta Medina, Gina León, Ela Calvo, el cuarteto D'Aida, Moraima Secada, Omara y Elena.

La versión de Elena en español y la de Rosita en inglés, son de las más difundidas internacionalmente, pues la Egrem las registra en un disco sencillo que circula en diversos países, incluyendo Estados Unidos. En ocasión de la visita a Cuba de Oreta Proctor, hermana de Ángela, el Comité Cubano de Solidaridad impone el Botón de la

---

[101.] *Ibédim.*

[102.] Orlando Quiroga: «De Viernes a Viernes», *Bohemia*, 7 de mayo de 1971, pp. 40-41. De los recorridos por otras poblaciones Quiroga comenta en esta sección, ya con el nombre de *El sonido de la semana*, el 10 de noviembre de 1972, p. 14.

Solidaridad a los intérpretes de la canción, por Elena lo recibe su hermana Bárbara porque ella se encuentra de gira por la región oriental.

Según los reportes de sintonía de *Nocturno, La Discoteca Popular, Sorpresa* y otros programas, entre las otras nueve grabaciones más populares, sin orden de preferencia, se encuentra su interpretación de «Tu caminar»,[103] la composición de Juan Formell que tiene mayor impacto a través de un disco de Los Mustang. Se le graba en disco pocas semanas después, en el álbum titulado *Elena Burke* y con la Ocmm dirigida por Paquito D'Rivera, la *samba shake* «Y hoy te quiero más», la cual alcanza popularidad, aunque no tanta como «Amor y solfeo», «Para vivir» y «Te doy una canción» las cuales registra para ese larga duración y otro de canciones de corte político-social del que no tenemos noticias de que haya sido impreso nunca.

De ese álbum, por suerte, algunos de sus *tracks* fueron incluidos en otros discos, «Te doy una canción», en el Areito 6343. En tanto «Su nombre puede ponerse en verso», de Pablo Milanés, integra otro que la Egrem dedica a Viet Nam, y «¡Por Ángela!», en el ya mencionado sencillo junto a la Fornés. Y como casi siempre, esos fonogramas circulan dos o tres años después, salvo que tengan mucha prioridad, como sucede con el álbum *Música para un Mundial*, una valiosa selección que se realiza del catálogo autoral del comentarista deportivo Rubén Rodríguez, con el que se saluda, como su nombre sugiere, el xix Campeonato Mundial de Béisbol Amateur que se efectúa en La Habana en noviembre, en el que Cuba se corona campeón por décimo segunda ocasión.

Este álbum, que desde septiembre sale al mercado, incluye en su voz «Persistiré» y «A ti destino». En octubre es uno de los que encuentra espacio en el Festival del Disco que se realiza en Santiago de Cuba, evento en el que se reencuentra con Edita Pieja. La cantante soviética había declarado en una visita anterior que Elena: «es una mujer de trato sencillo, de maneras sencillas... pero cuando comienza a cantar... es una hechicera».[104] así que, una vez más, la abraza efusivamente e incluye en su equipaje las nuevas grabaciones de la cancionera cubana de quien la prensa comenta por esos días que será la representante de Cuba en el Festival de la canción de Tokio, aspiración que tampoco se hace realidad.

---

[103] *Bohemia*, 3 de septiembre de 1971, p. 78.
[104] *Bohemia*, 4 de junio de 1971, p. 35.

El Festival Nacional del Creador Musical

Luego de participar en el Festival Provincial del Creador Musical de Camagüey, uno de los más brillantes efectuados en las seis provincias, según lo cataloga la revista *Bohemia* en su edición del 17 de diciembre, Elena llega a Cienfuegos, sede de la primera edición a nivel nacional de ese certamen, uno de los mayores estímulos para los creadores de la música popular cubana hasta su desaparición en 1976. Le espera muchísimo trabajo, pues es la única intérprete que ha logrado clasificar para el mismo tres canciones finalistas: «Ven aquí», de Nelson Hernández de la provincia Matanzas; «De noche en la playa», de Rafael Casas, por la provincia Habana y «Para dártelo a ti», del maestro Jorge González Allué por la provincia Camagüey.

Estas canciones forman parte de las ciento veintitrés preseleccionadas en todas las provincias, para ser cantadas allí entre el 17 y el 19 de diciembre, por un prestigioso jurado integrado por figuras como Guzmán, Roberto Valdés Arnau, Osmundo Calzado, Gustavo Rodríguez y Rolando Baró. La locación escogida no puede ser más hermosa, se trata de la zona de Punta Gorda, junto a la bahía y el Palacio de Valle, emblemática edificación de esa ciudad donde Olga Navarro concibiera el texto «Aquí de pie», el bolero que ella ha cantada en medio mundo. Para el certamen se conforma una excelente orquesta de setenta y nueve músicos procedentes de las orquestas sinfónicas y de música moderna de Matanzas y Las Villas, la cual bajo la dirección de Somavilla, Valdés Arnau, Guzmán, Rafael Ortega y otros destacados directores acompaña a los intérpretes en esas tres noches, luego de una semana de ensayos.

Cientos de espectadores disfrutan de las obras en concurso y de la actuación de los artistas invitados que integran los espectáculos, a los que se suman fuegos artificiales y otras opciones que brindan los anfitriones. Finalmente, Elena tiene la satisfacción que dos de las canciones que interpreta, las de Allué y de Casas, resulten laureadas. Sin embargo, ninguna de ellas, ni las que interpreta en ediciones posteriores, alcanza la acogida popular de «Evocación», de Tania Castellanos, «De esa gente», del actor Mario Aguirre, y «Mirando a través de un mundo de cristal», de Raúl Gómez las cuales interpretan Omara, Farah María y Mirta y Raúl, quienes van en franco ascenso, mientras que su carrera artística, aunque no ha perdido un ápice en calidad interpretativa, inicia lentamente su más larga mala racha.

A partir de 1972 comienzan a espaciarse significativamente los éxitos de Elena en el mundo discográfico, también su presencia en los teatros habaneros, y no se le programa un concierto en el Amadeo Roldán hasta el mes de julio, que es el mes escogido para su única presentación anual en ese escenario. Sin embargo, su voz no deja de sonar en la radio desde enero a diciembre, sobre todo con «Te doy una canción», ese auto de fe que a partir del año siguiente comienza a tener casi igual difusión en la voz de su autor, y «Amor y solfeo», creación de Luis Rojas, uno de los participantes más laureados en las primeras ediciones del Festival del Creador. Esta composición ella la siente y canta como si fuera una canción para niños, pero no obstante su ligereza, con su aire de alegría y buen humor, encuentra una receptividad increíble en todos los públicos. Quiera o no, se ve obligada a cantarla en Cárdenas, Matanzas, Pinar del Río y otros lugares donde se presenta.

Según reporte a la revista *Bohemia* de Eduardo Rosillo, en la penúltima semana de marzo «Amor y solfeo» ocupa el primer lugar en La Discoteca Popular de Radio Progreso, le seguían Los 5 u 4 y Mirta y Raúl con «Se me perdió el bastón» y «Campanas siempre campanas»; en el tercero se ubicaba José Valladares con «Así es la vida» y en el cuarto lugar nuevamente Elena con «Te doy una canción» y en el quinto Los Barba con «Dama de todos los sueños». Algo similar sucede en Carrousel, de Radio Habana Cuba y en casi todos los espacios de la radio a lo largo del país en el transcurso de los meses subsiguientes. Por supuesto, otra parte de sus admiradores, incluyendo al cantante español Luis Gardey que ha retornado a la isla y la considera su cantante cubana favorita, prefiere «Te doy una canción» o «Los años mozos», de Pablo Milanés, una de las piezas que cierra sus recitales del 28 y el 29 de julio y otro especial en espera del 26 de julio.

Con motivo de ese recital en vísperas de las celebraciones de julio, tradición que mantuvo hasta su muerte Bola de Nieve, la entrevista en su casa Orlando Quiroga para *Bohemia* y, mientras cambia un disco de Serrat en su tocadisco por otro del grupo argentino Ocho, le brinda detalles del programa en el que la trova y el *feeling* ocupan lugar preponderante. Se inicia con «Tema de la medianoche», de Tania Castellanos y Frank Emilio, quien la acompaña además en «Delirio», de Portillo de la Luz, y una mezcla de números de Tania

Castellanos, «Si llueve» y «De los dos», luego estrena de Marta Valdés, «La canción», y otro de su hermana Encarnación, que es acomodadora del Amadeo Roldán, «Vivirás en mí».

A continuación, asume la interpretación de «No puedo ser feliz», de Guzmán, «Se equivocó la paloma», de Rafael Alberti-Carlos Guastavino, y otro estreno de Rubén Rodríguez: «Es un dolor», que es la última en compañía de Frank Emilio.

Luego con Froilán en «Si me comprendieras», de José Antonio Méndez, para continuar con «Y lo que quieras», de Candito Ruiz; por su parte de Silvio Rodríguez «Esta canción» y de Armando Larrinaga «Ilusión, ilusión». Le siguen otros estrenos: «¡Habrase visto!», de Alberto Vera, de Francia Domech «Si es otro tu mirar», «Demencia», de Juan Arrondo, de Alina Torres «No tengas temor» y «Dame las manos», estos a cuatro guitarras ejecutadas por Froilán, Rey Montesinos, Ñico Rojas y Martín Rojas. Por su parte en «Canción Estudio», de Ñico Rojas, este se une a Froilán quien luego forma otro dúo acompañante con Martín Rojas para que ella interprete «En la orilla del mundo», canción de Martín. Finalmente «Los años mozos», de Pablo Milanés, y «Tristeza», del binomio brasileño de Edú Lobo y Niltinho.[105]

Contribuyen también al éxito del recital Silvio Vergara en el bajo, Bernardo García en la batería y Rolando Valdés en las tumbadoras, miembros del grupo D'Aneles que intervienen en algunas de esas composiciones. Al reseñar en la edición del periódico *Juventud Rebelde* del 28 de julio lo acontecido esa noche en el Roldán, el periodista Gabriel resalta la calidad innegable mostrada por Elena y los músicos que la secundaron. De los estrenos resalta que «La canción», pieza de Marta Valdés en la que, aparte de la calidad textual y melódica del ritmo, hay que anotar el buen gusto del puente musical con el ya conocido «La imaginación» [...], por su parte de la canción de Ñico Rojas acota que es "una composición para dejar bien claros los signos de admiración ante la concepción del compositor, cercana a lo clásico..."

Por su parte las presentaciones del 28 y 29 de julio cuentan con el respaldo de Froilán y la OCMM bajo la dirección del maestro Rafael Ortega y brindan un amplio muestrario de su repertorio a lo largo de su carrera, pues canta desde «Tú, mi rosa azul»; «Mil congojas» y

---

[105.] Orlando Quiroga: «El sonido de la semana», *Bohemia*, 21 de julio de 1972, p. 20.

«Libre de pecado» hasta sus éxitos del momento. El programa de este recital se presenta en otras ciudades del país, a partir del 19 de ese mes y hasta los primeros días de octubre. En varias de ellas, además de Froilán, le acompañan las orquestas de música moderna de las provincias visitadas y algunos músicos de su grupo acompañante, el cual por esta fecha hace mutis definitivamente.

Presumo que no todo sale a la perfección durante esta gira, pues un recorte del periódico *El Guerrillero*, de Pinar del Río en el que no aparece el año pero sí el día y el mes, 10 de septiembre, justo el día siguiente de la anunciada presentación de esta gira en esa ciudad, publica bajo la firma de Aldo Martínez Malo el comentario titulado: «Una voz capaz de imponerse en cualquier circunstancia». En el mismo impera cierto velo de misterio, pues no se explica el porqué del atraso del recital con Froilán y el grupo Los D' Aneles bajo la dirección de la Almanza. Según Aldo, Elena "salió a escena pasadas las diez de la noche, el ambiente no le era favorable, aunque el público la recibe con aplausos, se respira una atmósfera de inquietud y malestar". ¿qué impide el inicio de su recital en el tiempo señalado? ¿hubo problemas con algún músico? Ignoramos con certeza qué sucede en esa noche, e incluso, si fue en 1972 o el año precedente, lo que sí confirma la prensa de la época es que pasada esta fecha no hay referencias a la labor de la cancionera con esa agrupación.

Durante el último trimestre del año vuelve a presentarse en el Salón Rojo del Capri con Froilán, Enrique Arredondo y otros artistas, actúa con su madre e hija en la clausura del Primer Festival Regional de la Trova 72 que se efectúa en Güira de Melena y en los festivales provinciales del creador musical en Matanzas y Pinar del Río. En esta última defiende una de las cuatro canciones que presenta al certamen el joven Ariel Alfonso e interviene en otro segmento, pero ante el reclamo de los asistentes su actuación se prolonga en un pequeño recital.[106]

En esta etapa, en la cual reina tanto descontento en el sector cultural, no solo desaparece su grupo sino también otras agrupaciones, hasta la OCMM llega casi al punto de desintegrarse porque una parte de sus integrantes no están de acuerdo en que prácticamente solo se emplee de orquesta acompañante. De la misma sí se separan algunos de sus instrumentistas de mayor categoría, entre ellos Juan Pablo

---
[106] *Bohemia*, 17 de noviembre de 1972, p. 36.

Torres y Chucho Valdés, quienes fundan Los Caneyes e Irakere, los que debutan en el teatro Amadeo Roldán entre el 17 y el 19 de noviembre. Elena y Beatriz Márquez fueron invitadas por el nuevo grupo de Chucho, el cual de inmediato se ubica entre los de mayor prestigio internacional de la música cubana. A finales de ese mes el maestro Guzmán, ya con problemas de salud que incluso le impiden asistir a la conferencia de prensa sobre el Festival Nacional del Creador Musical que preside, recibe un homenaje a través de la televisión cubana desde los estudios del edificio Focsa, en el cual reside el notable pianista y compositor cuyo deceso cuatro años después fue uno de los más duros golpes que en este decenio recibe la destacada cancionera. Esa noche interpretan sus obras, entre otros, el Cuarteto D'Aida, Rosita Fornés, Farah María, Mirta y Raúl, Aurelio Reynoso, Reinaldo Enríquez, Moraima Secada, Omara y Elena quien con emoción y gratitud, canta en los inicios «Sacrificio» y casi al final la canción moderna «Por tu falso amor», la cual fue una de las últimas grabaciones discográficas que realiza bajo su dirección poco después de este homenaje.

Del primero al tres de diciembre, días en que se gesta en Manzanillo el Movimiento de la Nueva Trova, también se realiza en el anfiteatro del recién inaugurado Parque Lenin, el Segundo Festival Nacional del Creador Musical, evento al que dedica muchas de sus energías el maestro Guzmán, quien para su feliz realización recorre una y otra vez toda Cuba. Fue él quien, durante el Festival de Camagüey cuyo jurado presidía, al escuchar la canción «Recordarás en vano», de Jorge González Allué dijo: «esta canción es para Elena Burke».[107]

El anfiteatro con su gradería de piedra y hierba, sus chorros de agua y cientos de reflectores que iluminan la plataforma flotante en que se desarrollan los espectáculos, acoge en cada una de las tres noches miles de espectadores en esas tres jornadas, en la última de las cuales se anuncia a la canción defendida por Elena entre las treinta y tres premiadas junto a otras de creadores como Luis Rojas, Armando Guerrero, Baz Tabranes, Rubén Rodríguez, Tania Castellanos, Ricardo García Perdomo y Pedro Gómez.

Por esa fecha se hace pública la información de que el ICR y el CNC despedirían 1972 en esa misma balsa flotante, presentando las composiciones cubanas más divulgadas en la radio ese año con sus

---

[107.] Oscar R. Viñas Ortiz. *El último de los grandes*. Editorial Ácana, Camagüey, 2010, p. 83.

respectivos intérpretes. El mayor acumulador es Héctor Téllez quien ubica tres piezas en esa selección: «Frente a ti», «Vive» y «Viviré soñándote». Luego con dos obras se ubican Beatriz Márquez, Los 5 u 4, Pacho Alonso, Los Latinos, Rumbavana y Elena, de la cual se incluyen «Te doy una canción» y «Amor y solfeo». También anuncia *Bohemia*, publicación de donde tomamos la información, que en esos espectáculos tomarían parte otros que habían logrado ubicar entre las más radiadas al menos una de sus grabaciones, eran los casos de Annia Linares, Los Barba, Omara, Alfredo Rodríguez, Mirta y Raúl, Los Bocucos, Estrellas Cubanas, Cuarteto D'Aida, Van Van, Revé, Maggie Carlés, Miguel Ángel Piña y la Aragón, la admirada orquesta cienfueguera con la que, meses después, La Burke recorre varios países.[108]

Con la Aragón por Europa

A inicios de 1973, Elena continúa presentaciones en el Capri y el Scheerezada junto a Froilán y, en ocasiones, con el notable trompetista Jorge Varona y los D'Enríquez. El vínculo con esta agrupación, y especialmente con Alberto Morgan, su tercer esposo, se prolonga durante un tiempo, pese a las críticas que aparecen en algunos órganos de prensa. En un comentario en la revista *Bohemia* el periodista cuestiona la relación profesional de la siguiente forma:

> [...] ¿para qué? Lo que no aporta nada al cuarteto y principalmente a la solista; es la mezcla de intérpretes tan diferentes como Elena y los D'Enríquez. El cuarteto es simpático, tiene un visible empeño en hacer las cosas cada vez mejor... pero no está a la altura interpretativa de nuestra primera cancionera. Y cuando se unen en el número movido, o uno hace con ella "Palabras, palabras", el público siente que algo anda mal musicalmente.[109]

Durante esos primeros meses prosiguen sus giras por Cuba junto a Froilán. A mediados de febrero se presentan en el Teatro Infante (hoy Comandante Eddy Suñol) de Holguín, ciudad en la

---

[108] Orlando Quiroga: «El sonido de la semana», *Bohemia*, 29 de noviembre de 1972, p 26.
[109] Orlando Quiroga: «El sonido de la semana», *Bohemia*, 9 de febrero de 1978, p. 30.

que no se detenía desde 1967. Allí interpreta, durante dos noches, canciones de Pablo Milanés como «Mis veintidós años», «Para vivir» y «Los años mozos», de Silvio «Te doy una canción»; «La tarde», de Sindo Garay; «Un día increíble», de Alina Torres, además de otras de Formell, Arrondo y los compositores mexicanos Arturo Castro, Luis Demetrio y Manzanero.[110]

Mario Luzardo, Elena Burke y Frank Domínguez en el Club Scheerazada

Sin embargo, con la llegada del verano es cuando la artista reinicia sus periplos más largos y trascendentes del año. En julio, junto con la Aragón y otros artistas, se presenta en la Unión Soviética y seguidamente en otras naciones del campo socialista.

En 1972 había viajado de Moscú a La Habana una numerosa delegación para protagonizar la primera Jornada de la Cultura Soviética en Cuba, por eso la isla reciproca el gesto, entre el 25 de julio y el 6 de agosto, con una jornada similar. Elena, Froilán, la Aragón, el fonomímico Andrés Centurión y el grupo Los Bravos forman parte de la revista de variedades *Saludo Cubano*, la cual alterna con un espectáculo del Conjunto Folklórico Nacional bajo la dirección de Alberto Alonso, aunque la delegación era de una amplitud impresionante. La misma abarca desde la música y el ballet hasta artes visuales, ventas de libros y discos, así como

---

[110.] Cornelio Batista Almaguer: «Exitosa actuación de Elena Burke, anoche», *¡ahora!*, 16 de febrero de 1973, p. 1.

proyecciones fílmicas en múltiples escenarios, desde el Museo Ermitage hasta apartados koljoses del Báltico.

En esos días de verano, Elena vive momentos llenos de emoción, entre ellos el encuentro con el gimnasta criollo Jorge Cuervo, quien conquista un nuevo triunfo en un importante evento deportivo en el que ella, Froilán y Los Bravos le dieron un asalto para celebrar el triunfo entre canciones y aplausos. Concluidas las actuaciones en el Teatro Rossía de Moscú, la delegación se divide en grupos para recorrer diversas ciudades y repúblicas del gigante estado, posteriormente algunos continúan giras por naciones de Europa y Asia. Elena con el espectáculo *Saludo Cubano* se presenta prácticamente hasta finales de ese año en escenarios de Rumania, Polonia, Bulgaria, Checoslovaquia y República Democrática Alemana. En todos ellos comparte los elogios de la prensa y los aplausos del público con Froilán y la Aragón. Los integrantes de la famosa charanga, que le acompaña en piezas como «Persistiré», «El madrugador» y «El son te llama», se sienten felices con su compañía, pues como dice el maestro Rafael Lay en mensaje que envía a la revista *Bohemia*, "¿qué se puede esperar de ella sino el éxito?".[111]

A partir de esa gira las presentaciones con la Aragón se hacen más frecuentes. A inicios de 1974, en ocasión de su aniversario treinta y cinco forma parte junto a Omara del elenco que comparte con ella en el espectáculo que se ofrece en el teatro Amadeo Roldán. Luego continúan sus recorridos por Cuba, los festivales del creador musical, sus actividades con el Movimiento de la Nueva Trova, sus presentaciones en programas de radio y televisión, entre estos últimos el Álbum de Cuba en el que Esther Borja realiza homenaje al maestro Guzmán. Imposibilitada de participar en el efectuado a fines de 1972, por sus compromisos con el Lecuona In Memorian de Santa Clara, Esther prepara este otro en el que Elena interpreta «Magia de amor».[112]

Ella canta con satisfacción las canciones de Guzmán, de Sindo Garay y sus éxitos de años precedentes, pero cada día se hace más evidente su ausencia de las listas de popularidad. Tal vez ese elemento influyera en su decisión de incluir trece estrenos entre las veinticinco canciones que conforman su recital del año en el Amadeo Roldán, el cual se realiza a mitad de julio. Unos días antes declara a la prensa:

---
[111] Revista *Bohemia*, 28 de agosto de 1973, p 29.
[112] Merecido homenaje, *Bohemia*, 20 de diciembre de 1974, p. 41.

He querido preparar este recital con la música que actualmente se compone en nuestro país. De esta forma será una especie de pequeño panorama de nuestros compositores actuales, aunque incluya alguna que otra melodía internacional, como la "Plegaria a un labrador" de Víctor Jara, que también será para mí la primera interpretación. Hay sobre todo un número de Marta Valdés que voy a sentirme emocionada en estrenar, la canción «Aida», dedicada a la directora del Cuarteto D'Aida, que interpretaré a trío con Alberto Morgan y Miguel Sotolongo.[113]

La noche del recital un público ávido de escucharla, acude al teatro de Calzada y D, primero en pequeños grupos, después en avalancha incontenible, al decir de Lapo, uno de los periodistas de *Bohemia*. En la primera parte predomina la canción romántica, en donde el hábil uso de diapositivas y el acompañamiento de Froilán, contribuyen a enriquecer la comunicación con el auditorio. Poco después el pregón, el son y la rumba reafirman su versatilidad y cubanía. En la segunda parte, con el acompañamiento de la OCMM, bajo la dirección de Germán Piferrer, se destacan por la calidad algunos de los estrenos, entre ellos las canciones de Marta Valdés y la de Víctor Jara. Solo en algunos números el exceso de brillantez en los metales perjudica la atmósfera creada por la cantante.[114]

A la cancionera también la perjudican en esta etapa otros elementos, entre ellos la selección de las composiciones que registra en discos. Es de lamentar que no grabe, o no le permitan grabar, la mayoría de las buenas canciones cubanas e internacionales que interpreta en el lapso que va de 1973 a 1978, mientras se incluyen otras que nada aportan y son decisivas en que su figura comience a pasar a un segundo plano, mientras intérpretes como Omara y Beatriz Márquez se disputan el sitial privilegiado del cancionero criollo que hasta poco antes ella ocupara.

---

[113] Lapo: «Recital», *Bohemia*, 19 de julio de 1974, p. 28.
[114] *Ibedím.*

Con Las Diego en el Cabaret Caribe

En diciembre de 1974, la directora de espectáculos Marta Dennis, concibe *Seis lindas cubanas*, una producción del cabaret Caribe que a través de la música de sus creadores más representativos, rinde tributo a las provincias del país, algunas de las cuales pierden sus nombres con la nueva División Político Administrativa que se aprueba meses después. Entre ellas Oriente, región cuyos autores son los más representados, por razones harto conocidas, en los ochenta minutos que dura este show que encabeza Elena secundada del cuarteto Los D'Enríquez, Maggie Prior, el vocalista Rafael Alejandro y Las Diego, dúo que ya había triunfado en el hotel Riviera, pero que aún no componía en binomio esas canciones que un lustro después, ya establecidas en Estados Unidos, las consagran internacionalmente.

Teresita y María Luisa intervienen en el segmento dedicado a Camagüey, en el cual interpretan «Amorosa guajira», de Jorge González Allué y «Sin tus caricias», de Luis Casas Romero. Sobre todo, se destacan en la primera pieza en la que exhiben un perfecto acople.[115] A Elena le inspiran simpatía y como siempre está dispuesta a promover el talento, canta alguna que otra canción de Teresita. ¿No le graba porque ya estaba en la lista de los prohibidos por la Egrem? No lo sabemos con certeza, pero sí queda posteriormente registrada en su discografía la *canción* «Qué pasará conmigo», incluida en el CD *A solas contigo* (Discmedi, 1994) compilación del programa radial de igual nombre, el cual con su cierre ese año, se suma a la lista de adversidades de esa década.

La revista *Bohemia* al valorar *Seis lindas cubanas* en su páginas, poco después de ser estrenada, no deja de señalar lunares, pero tampoco de reconocer sus méritos, especialmente la versatilidad de su principal figura, de la que resalta:

> Lo de Elena es un recital de canto de los más variados matices: desde lo serio ("Longina", de Corona), pasando por un homenaje a Benny ("Santa Isabel de las Lajas"), hasta el simpático contrapunteo con su guitarrista acompañante, Froilán, y un humorístico mano a mano con uno de los D'Enríquez.[116]

[115.] «Seis lindas cubanas», *Bohemia*, 31 de enero de 1975, p. 29.
[116.] *Ibedím.*

Perú, México, Panamá

En el primer lustro de los años de 1970, gobiernos como los de Juan Velasco Alvarado en Perú, el de Omar Torrijos en Panamá y el de Luis Echeverría en México, estrechan vínculos con la mayor de las Antillas; incluyendo el intercambio cultural. Como parte de ese intercambio, en el mes de agosto Elena, Carlos Puebla, Los Papines y otros artistas, integran una delegación que se presenta en Perú con favorable acogida, pese al intenso frío y esa lluvia que distingue a su capital, la cual describe César Vallejo en un poema que por esta fecha musicaliza el trovador cubano Noel Nicola.

Precisamente con Noel Nicola, Carlos Puebla y otros cultores de la canción pensante, comparte una de las actividades más gratas en las que interviene en los últimos meses de ese año: la primera presentación en Cuba de Mercedes Sosa, la cual se produce a finales de octubre en la Casa de las Américas. Aunque esa noche el médico le había prohibido cantar por la afectación que el clima había provocado en sus cuerdas vocales, Mercedes no deja de realizar unas horas antes la anunciada conferencia de prensa en el hotel Riviera, ni de emocionar con su canto a los presentes en esa bienvenida.

Más tarde ella fue la emocionada al escuchar a los cubanos cantar, primero Omara con Martín Rojas en «La Bayamesa», luego a Puebla en «Hasta siempre, comandante»; Pablo Milanés le interpreta «Yo pisaré las calles nuevamente», ella se conmueve tanto que le pide autorización para incorporarla a su repertorio. Prosigue Silvio con varias de sus canciones, Sara González, Noel Nicola en un canto a la alfabetización, dando paso posteriormente a Amaury Pérez. Mientras este último canta «Vuela pena»: «las lágrimas asomaron a los ojos de Mercedes, emoción similar a la que sintió cuando la Burke interpreta un popurrí de son cubano que finaliza con el «Son de la loma».[117] De aquella memorable noche con la gran folklorista de Latinoamérica, dejaría testimonio para el futuro un documental filmado para el Icaic por el realizador Rogelio París.

En el transcurso de 1975, Elena tiene oportunidad de alternar con otras prestigiosas figuras internacionales lo mismo en Cuba que en los países que visita. En marzo comparte, en la premiere del estelar programa televisivo *La Revista del Domingo*, con el

---

[117.] Pedro Herrera: «Pájaro que canta», *Bohemia*, 25 de octubre de 1974, p. 26.

español Pi de la Serra y los dominicanos Sonia Silvestre y Víctor Víctor. También en los primeros días del año se reencuentra en La Habana con artistas mexicanos que integran una embajada cultural que visita Cuba y, tres meses después, vuelve a ese país formando parte de la delegación cultural que responde a ese gesto fraternal del gobierno azteca. El presidente Echeverría preside, el 15 de abril, la apertura de una semana plena de emociones en la que el público desborda las instalaciones en las que se presentan los artistas criollos, incluyendo la Sinfónica Nacional, la genial bailarina Alicia Alonso, los concertistas y cantante líricos Leo Brouwer, Frank Fernández, Alina Sánchez y Ramón Calzadilla.

La Burke es, junto a Omara, Silvio, Van Van, Sonia Calero y Carlos Puebla, una de las principales atracciones del espectáculo *Noche cubana*, el que debuta la noche del 16 en el Auditórium, amplia y hermosa instalación ubicada a la salida del bosque de Chapultepec, el cual también alberga la residencia presidencial de Los Pinos. En este último lugar el presidente Luis Echeverría despide a la delegación días después, aunque Elena junto a los demás integrantes del espectáculo *Noche cubana* viaja a las ciudades de Guanajuato y Guadalajara.[118] Tras el regreso a Cuba y hasta finales de año participa en las últimas ediciones del Festival del Creador Musical, en espectáculos de cabaret, teatros, fiestas populares y programas de televisión, entre otras actividades que, tiempo después, con la llegada de Lena, la primera nieta, le proporcionan un matiz diferente de la vida.

Abuela y ama de casa

Si el nacimiento de su hija Malena marca indeleblemente la vida de Elena, no menos trascendente resulta el de cada uno de sus cuatro nietos, pues tras la llegada de Lena se produce el de las jimaguas Flavia y Dulena y finalmente irrumpe Osmell, su único nieto varón, a inicios de la década de 1980. Para esa fecha ya ha cumplido los cincuenta años, no tiene la esbeltez de años idos, es una mujer rolliza, confundible con una *prima donna* de la ópera. Hace muchos años ha dejado aquel esfuerzo de las dietas, las que le provocaron más de un contratiempo, como aquel desmayo producido en 1960

[118.] Bernardo Marqués y Gaspar Sardiñas: «Desde México la delegación cultural cubana», *Bohemia*, 25 de abril de 1975, pp.46 y 47.

en plena escena. Sin embargo, aún conserva su rostro lozano, su sonrisa a flor de labios y otros atractivos femeninos. Ahora se esfuerza en buscar tiempo disponible para ayudar a Malena con su prole y las exigencias del hogar.

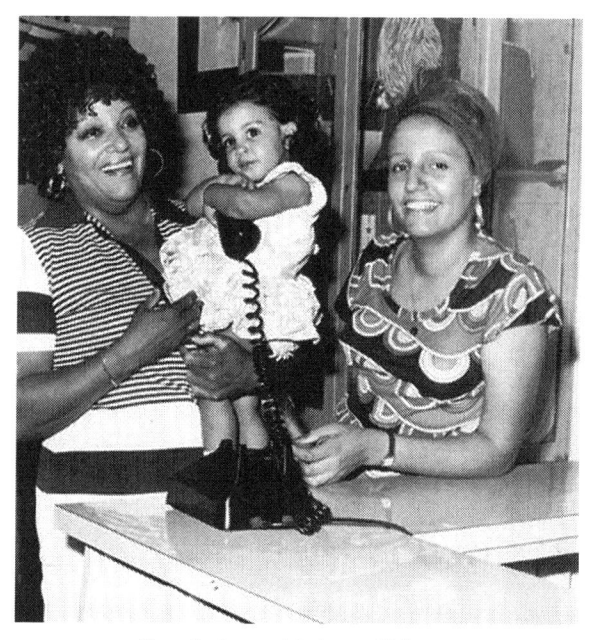

Elena Burke, su nieta Lena y Malena

En una entrevista que publica la revista *Opina* declara:

> [...] Me encanta cocinar y comer lo que hago y no puedo evitarlo. Me crítico. (En vez del bombón de Elena es el sopón de Elena, dice Marta Valdés).
> [...] cocino para sentirme completa, y nunca sobra ni un poquito, sabes? Seriamente, lo que más me gusta de la casa es cocinar y sentarme donde quiera a leer cuentos de aventuras, de acción [...] creo que voy a cerrar la terraza y hacer una peña de filin aquí en casa, para descargar, hablar, comer, beber y cero aplausos, porque cuando uno está inspirado, el aplauso rompe el hechizo.[119]

---

[119] Ana María Luján: «Un torrente musical de sentimientos», *Opina*, julio de 1980, pp. 30, 35 y 36.

La música ocupa lugar importante en su trajinar hogareño, que es también prolongación del trabajo. No por gusto coloca en la entrada principal un medallón mexicano que advierte a holgazanes y a otros especímenes similares: «*cuando estés en asunto de trabajo, las visitas al...*». Allí en la acogedora sala, lugar donde ha ubicado su librero, afiches y obras de Amelia Peláez, de Portocarrero y de otros artistas que le han sido obsequiadas, suele recibir a los amigos, a los autores y compositores que vienen a proponerle sus obras, además de ver televisión y escuchar para su disfrute y superación, mucha música. Además de la cubana, le gusta la de México, Brasil y de otros países. Para ella la mejor de todos los tiempos es Ella Fitzgerald. También disfruta de la italiana Mina, de la búlgara Yordanka Kristova, las polacas Eva Demarczyk e Irena Santor, la brasileña Ellis Regina y la dominicana Sonia Silvestre. De las cubanas sigue prefiriendo a Rita Montaner, Esther Borja y Rosita Fornés, tres monstruos sagrados, como las califica. «Nunca sabrán cuanto me han dado. Por suerte Esther y Rosita tienen programas fijos que veo, disfruto y aprendo».[120]

Elena Burke forjando el camino de Malena

A inicios de noviembre de 1975 realiza una nueva gira internacional con los Van Van, esta vez a Panamá y cierra el año en los espectáculos que se ofrecen en el teatro Amadeo Roldán. En

---
[120.] *Ibedím.*

1976 fallece Adolfo Guzmán, uno de sus más queridos guías y el maestro que tuvo más tiempo a su lado. Según confiesa más tarde a la revista *Opina* él le enseña:«sensibilidad humana, nobleza, desprendimiento y seguridad al cantar».[121] Con la pérdida de Guzmán cesa el Festival del Creador Musical, evento a cuya realización ambos se habían entregado plenamente.

En ese año Elena graba con los Van Van el bolero songo de Formell «Al fin creo en el amor», además protagoniza en el programa televisivo Verano Cubano, un excelente mano a mano con ese compositor, respaldado por su orquesta. Así se va cerrando el período más fecundo del intercambio con ese otro portento de la música popular cubana. También por esa fecha, con la gestación del Ministerio de Cultura, se empieza a generar una nueva era para la cultura del país. Con frecuencia ella es invitada a programas estelares de la televisión, como *Juntos a las nueve*, *Saludos amigos* y *Buenas tardes*, cantando canciones como «Querer tener riendas», de Silvio Rodríguez, «Sino», de Enrique Núñez y su magistral versión de «Alfonsina y el mar», del binomio argentino Luna y Ramírez, así como «Debut y despedida», composición del mexicano Luis Demetrio que había popularizado Carlos Lico y que ella canta también con frecuencia en sus giras por Cuba con Froilán y la OCMM.

A partir de 1977, con una nueva temporada de presentaciones en Panamá junto al trovador Carlos Gómez y el dúo Los Compadres, y sobre todo con sus actuaciones en México y Nueva York al año siguiente, la Burke reinicia en grande su carrera internacional la que no se detendrá hasta poco antes de su muerte. La favorece que en muchos países, con el auge de la salsa y los ritmos tropicales, las nuevas generaciones de jóvenes comiencen también a acercarse con respeto y admiración a expresiones melódicas como el bolero. En este género un aporte sustancial en Cuba es el quehacer de Osvaldo Rodríguez con sus boleros de corte pop, uno de ellos es «El amor se acaba», el cual en la voz de Elena se convierte en 1978 en su primer *hit* tras casi cinco años sin llegar a ubicar un tema entre los más difundidos en la isla.

[121.] Orlando Quiroga: «Confesiones de La Señora Sentimiento», *Opina*, julio de 1985, Álbum de recortes de la artista, Museo Nacional de la Música.

El cantautor Osvaldo Rodríguez recuerda:

> Desde muy chiquito yo sentía inclinación por la música, y mi sueño era escucharme algún día por la radio cantando y demás. Por tanto, era un fiel radioyente de la música. Así fue como escuché a Elena Burle cantando aquella canción que decía: «*No hay razón para quererte así*», no recuerdo al autor, pero fue la primera canción que escuché de ella. Después en algunas actividades donde yo iba con Adulto Ruiz, que desde que yo tenía 9 o 10 años él me llevaba, recuerdo que Elena fue a una acompañada de Froilán; y se realizó el sueño de escucharla de cerca, por lo menos esa parte de mis sueños.
>
> Más tarde profesionalmente me inicié unos años después a partir del año 66, como cuenta mi biografía. En la época de la canción «El amor se acaba» en el año 76, yo compuse esa canción y se montó con Los 5 u 4 a petición del grupo; era el inicio de mi trabajo con el bolero y ese fue el primero que prendió en el público, gustó mucho en Cuba.
>
> Así un día de 1978, casi 79, yo estaba trabajando en los preparativos de una actividad donde participan bastantes artistas, era un gran evento en el teatro Karl Marx de La Habana. Mientras hacíamos pruebas de sonido, se me acercó Lourdes y me preguntó: ¡Osvaldo, ¿qué dice la letra del «Amor se acaba» en esa parte…?! Yo no le di importancia a eso, pero ella me confesó que a Elena le gustaba esa canción.
>
> Pasó el tiempo, y un buen día estando en casa, mi suegra que estaba viendo en la televisión el programa *Palmas y Cañas* me llama para que escuchara que Elena Burke estaba cantando mi canción «El amor se acaba». Para mí fue muy emocionante escucharla, a ella le debo que fue quien la internacionalizó, la grabó en discos y recorrió el mundo con su extraordinaria interpretación.[122]

---

[122] Osvaldo Rodríguez. Entrevista para este libro por Armando Nuviola (audio), Miami, 17 de julio de 2021.

EL RENACIMIENTO DEL BOLERO

Armando Manzanero, Marco Antonio Muñiz, Carlos Lico y el Trío Los Panchos, entre otras figuras y agrupaciones, siempre habían mantenido viva la llama del bolero en suelo azteca, país que, junto con Cuba y Puerto Rico, ha sido artífice e impulsor del género, mucho más allá de Iberoamérica. He ahí la razón por la que México se convierte en uno de los escenarios más relevantes, sino el principal, que acoge a Elena en sus presentaciones fuera de Cuba. A México vuelve una y otra vez, allí cultiva la amistad de muchos colegas y de miles de amantes del bolero y la canción romántica, tanto que esa nación termina por convertirse en su segunda patria.

Luego de tres años sin actuar en su suelo, retorna en los primeros días de marzo de 1978 formando junto a Froilán, César Portillo de la Luz y Los Papines una delegación artística que realiza numerosas presentaciones con éxito rotundo. En Cuba le espera un verano pletórico de actividades, ya que La Habana es sede del XI Festival Mundial de la Juventud y los Estudiantes, en el que tiene participación, al igual que en las tradicionales fiestas carnavalescas de varias provincias, además del Festival de Música Popular Cubana que, en Sancti Spíritus, congrega muchos artistas entre el 25 y el 27 de agosto.

En ese evento se presenta con Froilán, la noche del 26, en el Rincón de la Trova (portales de la Escuela de Economía), compartiendo una grata noche con los espirituanos que abarrotan el reciento para disfrutar de sus interpretaciones y las de Carlos Puebla, José Antonio Méndez, el dúo de las hermanas Martí y Barbarito Diez, entre otros artistas. La noche siguiente, la de clausura, cuenta con un público enorme reunido en la Feria Agropecuaria de esa ciudad, como también el elenco encabezado por Joseíto Fernández, gran intérprete de los ritmos tradicionales y autor de la mundialmente conocida «Guajira Guantanamera».

Esa noche Joseíto fue homenajeado por su cumpleaños setenta, y toda Cuba pudo disfrutar días después, gracias a la televisión, ese grandioso espectáculo en el que, además de ellos dos, actúan la Aragón, Omara Portuondo, Pacho Alonso, Frank Emilio, el Conjunto Palmas y Cañas y una larga lista de prestigiosos artistas. Elena durante sus conversaciones con el llamado *Rey de la Melodía* le cuenta de sus aventuras en Viña del Mar con su más famosa creación, además de evocar memorables momentos vividos juntos como el de aquel cuarteto ocasional, a inicios de los años de 1960, que integraron ambos en un programa de televisión junto a Moraima Secada y Paulina Álvarez.

Ese año comparte espectáculos con otras relevantes figuras de la cultura cubana, en los carnavales de Moa realizados en septiembre, lo hace con Merceditas Valdés y los colectivos de los programas Alegrías de sobremesa y San Nicolás del Peladero, entre los cuales se encontraban Germán Pinelli, Consuelito Vidal, Cepero Brito y el infatigable promotor Eduardo Rosillo. Por su parte, en noviembre el dramaturgo Héctor Quintero, director del Teatro Musical de La Habana, institución que reabre sus puertas con nueva fachada y vestíbulo, la invita a protagonizar allí el espectáculo Todos los éxitos de Elena Burke, en el mismo no podía faltar «El amor se acaba», el cual aplauden en todas partes, incluyendo la Babel de Hierro, ciudad en la que recibe el nuevo año.

En Nueva York

La Aragón, Los Papines y Elena con el guitarrista Tomás Martínez, conforman un espectáculo que marca la rica historia de la música latina en Estados Unidos. Las visitas de cubanos residentes en esa poderosa nación, después de tantos años de odios, y el intercambio cultural entre los dos países, son elementos trascendentales en la historia que se vive por esos días.

Antes que ese viaje, se habían presentado en diversas ciudades artistas cubanos como Irakere, Silvio Rodríguez y el Ballet Nacional, entre otros cuyas presentaciones se habían desarrollado con bastante normalidad y un triunfo impresionante. Irakere y sus virtuosos músicos, por ejemplo, ganan titulares en los principales periódicos del país, además de recibir el codiciado Premio Grammy con el álbum que durante esa visita realizan para la CBS. La delegación de la Agencia Cubana de Artistas que integra la cancionera fue contratada por la compañía de conciertos estadounidense ICM también despierta muchas expectativas. Según recoge César Miguel Rondón en *El libro de la salsa*, varios días antes de su debut se palpa la extraordinaria repercusión entre la población latina y músicos cultores de su música, por lo que se habían vendido todas las localidades del *Avery Fisher Hall* del Lincoln Center.

Bobby Jiménez, Marta Valdés y Elena. Concurso Adolfo Guzmán, Habana, 1979. Foto: ©Bobby Jiménez

La primera función, el 28 de diciembre, el público aplaude delirantemente la fuerza contagiosa de los ritmos bailables de la Aragón, la polirrítmia de los tambores de Los Papines y la atmósfera cálida que la expresiva voz de Elena crea en aquel recinto con capacidad para cuatro mil espectadores donde interpreta con la Aragón «Persistiré» y con el guitarrista Tomás Martínez «El amor se acaba», de Osvaldo Rodríguez y «Llegaste a mi cuerpo abierto», de Pablo Milanés, sus dos éxitos más recientes; además de otras joyas del bolero, y del estilo *feeling*. En horas de la madrugada, en ese teatro se produjo una explosión que daña la calefacción y el agua corriente, provocando la suspensión de la segunda presentación, decidiéndose con rapidez cambiar la de la noche del 29 para la sede de la Casa de las Américas, la cual recibe igual acogida.[123]

De regreso a Cuba participa en el Primer Festival de la Radio, en una de cuyas galas canta acompañada de la Orquesta del ICR, en el Teatro Lázaro Peña de la CTC, antes de viajar a Moa para participar en el Quinto Activo y Festival de la Nueva Trova que se realiza del 21 al 25 de febrero.

En la llamada capital del níquel, Elena disfruta con las obras de un grupo de creadores de intérpretes que continúan la obra renovadora de Silvio y Pablo, entre ellos Santiago Feliú, Alberto Tosca, Xiomara Laugart, Donato Poveda, con quienes se reencuentra en varias de las próximas ediciones del Festival de Música Cubana Adolfo Guzmán en las que resultan laureados. Antes de la edición de ese año, participa en el encuentro entre músicos cubanos y estadounidenses que tiene por sede el teatro Karl Marx entre el 2 y el 4 de marzo. Dos años antes Dizzy Gillespie y otros jazzistas habían sido pioneros en este empeño largamente esperado, el cual tuvo en su contra que solo tenían acceso al gigante coliseo de Miramar aquellos que tuvieran el mérito suficiente para recibir invitaciones.

Fueron tres jornadas diferentes y memorables, Elena actúa en la última junto a la Orquesta de Música Moderna de Santiago de Cuba, bajo la dirección del maestro Osmundo Calzado, Juan Pablo Torres, Sara González, Pablo Milanés y el conjunto Manguaré por la parte cubana, teniendo de invitados a Emiliano Salvador, Eduardo Ramos y Francisco Bejerano. De los visitantes lo hacen Billy Joel, Kris Kristofferson, Rita Coolidge. En las dos noches precedentes del país norteño se presentan junto a otros cubanos los grupos *Weather Report* y *CBS All Stars*, Stephen Stills y una pléyade de salseros latinos reunidos en la famosa *Fania All Stars*, entre ellos Rubén Blades, hijo de la cantante cubana Anoland Díaz, una de las más populares Estrellas Nacientes de la *Corte Suprema del Arte*, antes de que ella empezara a cantar en el mismo. Lamentablemente la mayor parte de los verdaderos fans de estos artistas se ven impedidos de su disfrute, pues solo tuvieron acceso al teatro los que recibieron invitaciones por las razones antes apuntadas.

[123.] Rosa Elvira Peláez: «Ratifican su disposición de cumplir cualquier tarea, los artistas cubanos que actuaron en Nueva York », *Granma*, 3 de enero de 1979, p.1.

Concluida la primera semana de abril la cancionera realiza su sexta visita a México como solista, invitada a participar en el Tercer Festival de Oposición. Luego de los tres días de actuaciones en el Auditorio Nacional continúa presentaciones, en ellas le acompaña nuevamente Martínez Ajete, quien al año siguiente pasa a ser su guitarrista ante el retiro por enfermedad de Froilán, el cual en la encuesta que la revista *Opina* realiza entre músicos y especialistas es incluido entre los mejores guitarristas de Cuba.

El verano no es menos agitado que el anterior, el 16 de julio se inicia el Festival de los Pueblos de Caribe, Carifesta 79, y concluido este viaja a Holguín para tomar parte en las tradicionales galas en víspera del 26 de julio, en esa ocasión matizada por la victoria popular en Nicaragua. Esa noche ante miles de holguineros, que estrenan en esos días su hermoso estadio de pelota y la amplia plaza para actos cívicos, comparte con Esther Borja, Carlos Puebla, Sara González, Ramón Veloz, además de la infaltable Omara. Ella por su parte interpreta «Te doy una canción» y «Plegaria a un labrador». Es precisamente Omara una de las gratas acompañantes en su próximo viaje a la patria de Benito Juárez, poco después que en el Guzmán '79 intervenga en las galas dedicadas a Osvaldo Rodríguez y Marta Valdés, la gran triunfadora del certamen en su primera edición.

Con Omara y Moraima en México

Luego de su separación del Cuarteto D'Aida, Elena sigue compartiendo numerosas actividades junto a la agrupación, la última en vida de su fundadora Aida Diestro fue en un programa de televisión en 1970. Pero con Omara y Moraima el intercambio no se detiene nunca, juntas trabajan en múltiples espectáculos, e incluso con Omara graba uno de sus sencillos para Gema. Omara acude con frecuencia a sus presentaciones y aunque se ha convertido en la primera cancionera de Cuba, son frecuentes los halagos y los agradecimientos que expresa en múltiples entrevistas.

Sin embargo, es a partir de este viaje a México que las relaciones profesionales vuelven a ser estrechas, casi como en los lejanos días del cuarteto. Precisamente, el objetivo principal del viaje es evocar y rendir tributo al legado de esa agrupación, iniciativa emprendida por Jorge Saldaña, importante personalidad del Canal 13 de la televisión de México, el cual las contrata para su programa *Nostalgias*, aunque en esas ediciones prefiere mejor emplear el calificativo de «Tres lindas cubanas». Por supuesto, se habla mucho del cuarteto las actuaciones son salpicadas con el sano y divertido humor que las distingue, sobre todo a la Mora de quien se cuentan chispeantes anécdotas sobre las vivencias de esa estancia en tierra azteca.

Se dice que igual que en 1957 un día las sorprende uno de esos frecuentes temblores de tierra que impresionan tanto a los visitantes de esa capital, y mientras ellas corren a lugar seguro, un transeúnte les grita que se encomienden a la Virgen de Guadalupe, a lo que la Mora le grita «será a la Virgen del Cobre que es con la que tenemos confianza». En otra ocasión un locutor confunde su apellido y dice Moraima Sequeda, rectificándole de inmediato y aclarando que concluidas las actuaciones volvería a Cuba. En efecto, cumplido el contrato en la televisión y en otros lugares en que se presentan, las tres regresan a Cuba, donde continúan presentándose juntas ocasionalmente.

Cuarenta años de vida artística 193

En 1980 los organizadores del concurso Adolfo Guzmán le dedican una de las galas del evento, con motivo de las cuatro décadas de su debut en un programa de aficionados. Antes, la cancionera realiza numerosas presentaciones en Cuba y Panamá, país que visita en compañía del bolerista Fernando Álvarez y el guitarrista Reinaldo *Rey* Montesinos, pues los problemas de salud van limitando el quehacer de Froilán, quien poco después se acoge a la jubilación, ocupando su lugar durante esta década Juanito Martínez y Tomás Martínez. También por esta fecha la cancionera graba el álbum «De lo que te has perdido», nombre tomado del bolero del argentino Dino Ramos que de inmediato se convierte en otro de sus triunfos.

Con el respaldo de la Orquesta Egrem dirigida por el maestro Adolfo Pichardo y con excelentes orquestaciones de Enriqueta Almanza, Niño Rivera y Reynaldo Montesinos, ese larga duración incluye su muy exitosa versión de «El amor se acaba», «Llora», de Marta Valdés; «Amor en festival», del Niño Rivera; «Ausencia» y «Si vieras», de los boricuas Rafael Hernández y Tite Curet, entre otras composiciones que encuentran una acogida muy favorable.

En los últimos días de octubre se realiza en el teatro Karl Marx el esperado concurso Adolfo Guzmán, el cual como otros certámenes de su tipo en el mundo, deja alegrías e insatisfacciones. Entre estas últimas que las canciones de Adalberto Álvarez y Santiago Feliú no figuren entre los premios del jurado, el cual concede sus lauros principales a Andrés Pedroso, Lourdes Torres, Osvaldo Rodríguez y Sergio Morales, este último también excelente guitarrista con el que Elena y Marta Valdés conforman un cuarteto de efímera existencia denominado Cuarteto Cubano de *Feeling*.

La gala por los cuarenta años de vida artística tiene lugar el 23 de octubre, la tercera noche del Guzmán. Primero ella ofrece un pequeño recital en la compañía de Enriqueta Almanza y los guitarristas Froilán y Tomasito, entre canción y canción acude al diálogo con los espectadores e incluye temas rítmicos que canta a dúo o trío con sus invitados, entre los que no faltan Omara y Moraima, así como otros que también contribuyen a que ella y el público, que disfruta del espectáculo en el teatro o a través de la televisión, se sientan complacidos, algunos nombres son la ocmm, el Septeto Nacional Ignacio Piñeiro, el grupo Sierra Maestra y su hija Malena, ya convertida en cantante profesional.

Malena y Lena

La influencia de la Burke es notable en un grupo de destacadas intérpretes femeninas de Cuba en las últimas décadas, pero sin dudas su hija Malena y su nieta Lena son sus principales herederas y defensoras de su rico legado musical. Malena ha continuado cantando y grabando muchas de sus canciones emblemáticas y en su residencia de Miami ha dedicado una habitación para conservar fotos, discos y otras pertenencias de la reina del *feeling*, quien lamentablemente no pudo disfrutar de los grandes éxitos artísticos de su nieta, quien en uno de sus discos le dedica «Eterna pasajera», emotiva canción que en una de sus partes dice…«al no escuchar tu canto descubro que mi llanto te pertenece Elena, eterna pasajera, que el viento se llevó».

Según el testimonio de la autora de «Llora» y «Tú no sospechas», entre otras composiciones que han cimentado su prestigio internacional, el día que nace Lena había invitado a un recital suyo a Elena, una de sus mayores intérpretes. Con ello auguraba un hermoso y esperado final para el público. Casualmente, a las siete y media de esa noche nace su primera nieta. Algunos conjeturaron que la Burke faltaría a la cita artística, dando prioridad a su alegría de abuela recién estrenada. Se equivocaron; su responsabilidad ante el trabajo prevalece y, al finalizar el concierto, todos salieron a conocer a la pequeña Lena, hoy actriz, pianista, cantante y compositora laureada con el premio Grammy y otros importantes reconocimientos.

Malena y Elena

Malena nos comenta de su madre, La Señora Sentimiento:

> Mi madre Romana Elena Burgues González, su nombre artístico simplemente Elena Burke, con k, para mí fue lo más grande, era una diosa. A mí me crió mi abuela, o sea su mamá, Dulce María, se llamaba, pero su presencia siempre era importante en mi vida porque era una mujer, además de que en mi niñez y juventud era una de las artistas más grandes de mi Cuba, para mí ha sido la voz de Cuba, en el sentido de su voz grave, de su voz profunda, de que además de profunda era tierna.

Ella era una mujer así, muy fuerte pero muy amorosa. Tenía muchos detalles con sus amigos y sus familiares, siempre ella tenía apuntado en su libreta los cumpleaños de todos sus amigos, de todos sus familiares y ella compraba los regalos con un año de antelación cuando se le presentaba un viaje al extranjero y entonces tenía siempre, de repente, te sacaba un día de los enamorados, como decimos los cubanos, debajo de la manga, un obsequio, siempre fue muy detallista, muy trabajadora desde los doce años estuvo cantando, trabajando.

Lo primero que le compró a su mamá, porque veníamos de una familia, somos una familia muy humilde y lo primero que le compró fue una casa, una pequeña casita, pues nada, éramos sus cinco hermanos; Barbarita, Dosonte, Miguelito, el Niño y ella, vivíamos todos juntos con mi abuela, la verdad es que ella siempre quiso que yo estudiara, terminé mis estudios de bachillerato y de nivel medio de música en el Conservatorio Amadeo Roldán, le puse los dos títulos en la mano y se me dio la posibilidad de cantar y ella sin quererlo, sin proponérselo siempre quiso que montáramos dúos, que hiciéramos cosas juntas, y gracias a ella tuve la oportunidad de conocer Cuba entera, desde el Cabo de San Antonio hasta la punta de Maisí. Cantando a su lado como una cantante que hacía sus primeros pininos en el arte.

Era muy fuerte, dominante, por eso era cabeza, pero a su vez ella tenía el don de la frescura al hablar, al compartir con el pueblo, con la gente de a pie, se paraba, se tomaba un buche de ron con ellos, conversaba, nunca le negó un saludo, ni una caricia, un beso a alguien, era muy genuina, muy cubana, era una cubanaza.

Tuve experiencias difíciles a su lado; como un día que me pidió... estábamos viéndola cantar, yo estaba en una mesa de pista en Santa María del mar y me pidió que le cantara algo, alguien en la mesa dijo que le cantara "Mira que eres linda", y empecé : Mira que eres linda, que preciosa eres... y me dijo delante de todo el mundo "mataste el sentimiento y la intención"... pasé una pena

tremenda, ella quería que yo entendiera, que siguiera el mismo estilo de lo que ella estaba cantando, en ese momento, creo que era José Antonio Méndez ,no sé...
Bueno así era ella, había que quererla como era, había que comprenderla, siempre estuvo a cargo de sus hermanos hasta que fueron mayores, porque ella era la mayor de la familia. Nos mudamos en un momento a un caserón de siete cuartos, éramos los muchos y yo que tuve cuatro hijos.
Ella me dejó muchas alegrías y muchas enseñanzas porque era un ser único. Yo por eso, siempre trato en mis actuaciones de que las nueva generaciones siempre sepan quien fue Elena Burke, La Señora Sentimiento, porque considero, sin que me quede nada por dentro, ni es por el amor de una hija, que en honor a la verdad, fue una de las más grandes cantantes que ha dado Cuba y hay que oír sus grabaciones de muy joven, le brotaba esa naturalidad, ese sentimiento, yo siempre trato de homenajearla, en cada actuación mía debe hacer algo de ella, porque yo soy ella, aprendí mucho de ella, me decía "canta como si estuvieras en la sala de tu casa", claro con esa distancia que te da el poder del escenario pero mucho, de todo aprendí, la forma de cantar, la forma de jugar con las manos, la expresión que da las manos, ella era en eso única, cada vez que interpretaba una canción, ella cantaba con toda su alma, ella cantaba, padecía sufría, hacia vibrar, hacía que te volvieras a enamorar...
Ella lo fue todo, fue el horcón de mi casa hasta el día de su muerte y con todos sus hermanos siempre fue amorosa.
Le gustaba el alcohol, era muy alegre, recuerdo anécdotas de Santiago de Cuba y Bayamo, nosotras arrollando detrás de una comparsa, como ella decía "cachin cachin quichan cachan"... Trocha arriba y Trocha abajo, arrollando con una perca de cerveza en la mano... experiencias como esas, descargas con su guitarrista Froilán Amézaga, que era un genio también, por eso hizo tan buena mancuerna, sabía darle la belleza a los

silencios, los espacios, estuvo quince o dieciséis años a su lado, hicieron cosas geniales… después estuvo Juanito Martínez, estuvo… no me acuerdo, el último… bueno yo me quedé en Felipe Valdés, se convirtió en mi hermano, en uno de los mejores que la acompañó en la guitarra después de Froilán, y he tenido la oportunidad de poderlo invitar en mis espectáculos aquí en Miami y de seguir la relación, ya no de guitarristas, sino de hermanos y creo que vive en México, creo que él también la veneró, la apapachó como dicen en México, le dio felicidad con su guitarra. Todos los que hemos estado a su alrededor la hemos querido, la hemos querido muchísimo, Pancho Céspedes, todos a su alrededor le hicimos la vida más grata y ella a su vez nos la hacía a nosotros.

A pesar de ser de un carácter fuerte, muy fuerte, emanaba amor, solo eso por eso, yo de ella lo aprendí todo, no me arrepiento de ser como soy, que la gente me diga que me parezco a ella, no me arrepiento, tengo que parecerme porque además de los genes, ella era una escuela de cantante, expresión corporal, en todo el sentido de la palabra, había que aprender de ella, había que querer ser como ella, a ser como ella. La Señora Sentimiento, Su Majestad la Burke, hubo una sola, quiero que perdure por los siglos de los siglos.[124]

Lena y Elena

[124.] Testimonio para este libro a Armando Nuviola (audio), 25 de agosto del 2021, Miami, Florida.

Con Lena apenas pudo compartir el escenario, mucho antes de su ascenso al estrellato, pero sí tuvo la enorme alegría de trabajar con su querida hija durante años. Malena, poco después de su graduación en el Conservatorio Amadeo Roldán es incorporada por la directora Marta Denis a uno de los espectáculos por el medio siglo del cabaret Parisién, a partir de entonces madre e hija comparten la escena en muchas partes del país y también en el extranjero.

Malena logra desarrollar una carrera como solista y un repertorio personal en el que, durante su permanencia en Cuba, destacaron sus grabaciones junto a NG La Banda y otras agrupaciones. Aunque sus voces eran diferentes, madre e hija acoplaban perfectamente en sus interpretaciones, las cuales se distinguían por su frescura y cubanía. Desde pequeña Malena la acompañaba a muchas de sus presentaciones y cuando cumple doce años canta juntas en la televisión y en otros escenarios, pero ya como profesional es a partir de 1980 que esa relación se hace más sólida.

Lena, recuerda de su abuela:

> Mi abuela Elena tenía el don de hacer felices a los que se le cruzaban en el camino, y si la escuchaban cantar, entonces quedaban prendados para siempre con su esencia, su interpretación relevante y exquisita, su filin, su arte y su cadencia inigualable, llena de sabor cubano..., pero mucha gente no sabe que en la intimidad ella era una mujer con gran sentido del humor, de cierta manera tímida, extremadamente fiel a sus amigos, juguetona, carismática, ingeniosa, no hablaba mal de nadie, le gustaba mucho hacer sopones, por supuesto siempre fuera de los horarios tradicionales para preparar platillos de comida.
> Además, era meticulosa, buena hija, hermana, tenía una caligrafía bellísima, y por sobre todas las cosas, era una mujer de fe. Sincera y sensual, majestuosa y a la vez muy cercana a su público hasta su muerte.
> La recuerdo cada día y la venero con mucho respeto y orgullo porque era muy grande, una abuela diferente y especial, una artista con todas las de la ley que desde

niña supo que su camino era el canto y a quien su arte la llevó a donde ella se propuso llegar, ni más ni menos, cantando en miles de escenarios por el mundo y siendo profeta en su tierra como se lo merecía.

Cantó hasta el final de sus días como era su deseo, que más se le puede pedir a la vida.

Yo, como nieta estaré siempre muy agradecida a toda la gente que la quiso bonito y la siguen queriendo porque ella canta para nosotros sin cesar, nos ilumina y protege a mi madre y a mí, en cada paso que damos en esta carrera, y a toda la familia y seguidores que la escuchan para elevar sus sentidos y con una copa brindar por ese amor a la vida y a la buena música.

La veo como varias Elenas en una, Elena el ícono, Elena mi abuela, Elena la inspiración y eterna pasajera.[125]

Lena, Elena y Malena

---

[125]. Lena Burke. Testimonio para este libro (email) a Armando Nuviola, 30 de agosto del 2021, Miami, Florida.

En La Dama del *feeling*, interesante trabajo del investigador Rafael Lam, publicado en Cubarte el 28 de febrero de 2018, se incluye este testimonio de Malena sobre su madre:

> Cantaba como si de cantar dependiera su existencia, con un gozo tan profundo y contenido que entonces parecía estar sola en el mundo. Pero nunca dejó de tener en cuenta que cantaba para los demás. El público era lo primero, aunque estuviera muriéndose. Ella era un caso muy extraño, una pisciana hija de Changó, muy centrada. No permitía que nadie entrara a su cuarto. Ni siquiera yo. Le gustaban las cosas correctísimas. Quería ensayar todos los días. Compraba los regalos para la familia y para las amistades un año antes de dárselos. Mi regalo de los quince lo guardaba desde que yo tenía un año. Era muy organizada. De todos sus viajes, desde que comenzó, tenía un orden por mes. Me he encontrado anotaciones como estas: «Le presté a Moraima (Secada) siete arreglos (musicales). Fulano me debe 3.10»; incluso cosas simpáticas: «No me dieron el pollo esta semana». En una libreta bellísima del año 1943 hay autógrafos de Celia Cruz, Julio Gutiérrez, Orlando de la Rosa. Hasta me encontré una lista de sus maridos.

De Agustín Lara a Alberto Vera

Luego de instituirse el Día de la Cultura Cubana, se otorga por primera vez la Distinción por la Cultura Nacional el 20 de octubre de 1981, reconocimiento que recibe la cancionera junto a un grupo relevante de artistas de las más diversas manifestaciones. En ese año recibe la categoría de A por otorgamiento durante las evaluaciones artísticas y vuelve a triunfar en México cantando boleros. Género que, por esta época, también comienzan a cultivar Beatriz Márquez, Annia Linares, Héctor Téllez y otros que habían triunfado con la balada y la canción moderna.

En México esta vez gana aplausos cantando los boleros de Agustín Lara al lado de Toña La Negra, quien fallece al año siguiente, después de recorrer medio mundo durante la apoteosis del bolero y que ahora, finalizando el siglo XX, también disfruta con la resurrección de este y de otros ritmos típicos de Latinoamérica como el son, género al que Portillo de la Luz compone una canción que la Burke convierte en uno de los hitos insoslayables de ese legado que ella y el creador van sedimentando a su paso por la vida.

«Son al son», que es el título de esa pieza, y «Nostalgia», el viejo tango del binomio argentino de Cobián y Cadícamo, tan popular cuando era apenas una adolescente, integran uno de los álbumes recién grabados por la Aragón y que tienen una excelente acogida en la presentación que realiza la Egrem durante el Festival Internacional de la Música Latinoamericana y del Caribe que se efectúa en noviembre en Varadero, evento en el que comparte con artistas llegados de diversos países del continente, además de la Aragón, cuyos integrantes la invitan a sumarse al homenaje de que es objeto la agrupación, semanas después, durante una de las noches del Guzmán 81 en el teatro Karl Marx.

En esta nueva edición de la cita más importante para los creadores de la música popular en Cuba, realizada entre el 23 y 27 de diciembre, Elena tiene una participación muy destacada en varios de sus espectáculos. En la noche de apertura participa con Marta Justiniani, Rosita Fornés, Ramón Calzadilla, Alba Marina, Mayra Valdés, Leonor Zamora, Luis Téllez y el cuarteto Los Heraldos Negros, en el homenaje a Guzmán; en otra jornada se une a Amelita Frades, Farah María y Beatriz Márquez en una magnífica versión a cuatro voces de «La Lupe», de Juan Almeida. Por su parte en la gala dedicada a la Aragón, la noche del 25, sus interpretaciones ganan el aplauso del público y elogios de diversas publicaciones. Una de ellas, el diario de la juventud cubana, resalta en una reseña sobre el tributo a los aragones: «Elena, La Señora Sentimiento, se llenó de esa criolla cadencia que la caracteriza y la desgranó por la escena, dejando eufórico al público».[126]

Durante el mes de enero de 1982 el Teatro Musical de La Habana acoge A las cinco con Elena, un espectáculo dominical que tiene como centro las interpretaciones de esta cancionera,[127] la cual comparte la escena con Luis Carbonell, El Acuarelista de la poesía antillana, y Los Cuatro, un nuevo cuarteto que comienza a hacerse muy popular,

---

[126] Periódico *Juventud Rebelde*, 27 de diciembre de 1981, p. 4.
[127] Enrique Capetillo: «A las 5 con Elena», *Bohemia*, 22 de enero de 1982.

sobre todo con una composición de Alberto Vera titulada «No te asustes», que la revista *Opina* incluye entre las más populares del mes de mayo de ese año. Esa misma lista de éxitos ubica en el quinto lugar la grabación de Elena de «Son al son», la cual muy pronto traspasa fronteras y nutre el repertorio de Cheo Feliciano, Lucía Altieri, Amaya con El Consorcio, entre otras figuras y otras agrupaciones.

Esta pieza de Portillo de la Luz, en la interpretación de Elena y la Aragón, recibe un premio especial el 24 de octubre durante la clausura del Tercer Festival del Son, la que se efectúa en el complejo deportivo de Santiago de Cuba. Así aparece recogido en el dictamen del jurado del certamen, el cual es presidido por el musicólogo Odilio Urfé e integrado por figuras como María Teresa Linares, Rosendo Ruiz Quevedo, Hilario González y Victoria Eli, quienes premiaron la producción e interpretación sonera desde la conclusión del festival anterior en 1980.

Finalizando el mes de noviembre, retorna nuevamente a la cita musical de Varadero, la cual saluda el décimo aniversario del Movimiento de la Nueva Trova con la edición del Primer Festival Internacional de la Nueva Canción, por lo que el grueso de los invitados son relevantes cantautores cubanos y extranjeros, entre ellos Chico Buarque, Carlos Enrique Mejías Godoy, Daniel Viglietti, Joan Manuel Serrat y Alberto Cortez, aunque también disfruta de la presencia de otros artistas que admira como Astor Piazzola, Moncho y Carlos Lico. A este último, quien había popularizado composiciones de Manzanero y Luis Demetrio que también nutrían su repertorio, le une una amistad y una admiración que eran recíprocas, pues el llamado Tenor de la voz de oro había declarado que «Elena es una cantante de voz sublime y de una personalidad absoluta en la escena».[128]

Al iniciarse 1983, el vínculo con Omara continúa haciéndose más estrecho. Finalizando el mes de enero comparten el programa televisivo *Mano a mano*, en el cual, al decir de la periodista Soledad Cruz, se derrocha buen gusto en las canciones de todos los tiempos, interpretadas como solistas o en acoplados dúos.[129]

---

[128]. Enrique Capetillo: «Lico: entrevista», *Bohemia*, 7 de marzo de 1975, p. 28.
[129]. Soledad Cruz: «Mano a mano está embelleciendo las noches del martes», *Juventud Rebelde*, 28 de enero de 1983, Álbum de recortes sobre la artista, Museo Nacional de la Música.

Es por esta fecha que surge la idea de realizar ellas dos y Moraima Secada la peña del parque Lenin, para la que Alberto Vera escribe la famosa canción «Amigas». Sobre su génesis, Omara le comenta a la periodista Mayra. A. Martínez, muchos años después:

Elena, Moraima y Omara

[...] en ese momento estaba un poco caída la difusión de los boleros y entonces le digo a Elena: ¿Por qué no nos reunimos para hacer espectáculos y cantar boleros? Ella se quedó pensando y me responde:«Está bien, vamos a ver». En ese tiempo, Moraima estaba un poco relegada y casi no trabajaba en los mejores lugares, y le hablé a Elena para sacar a Moraima de ese ambiente donde estaba. Un día, saliendo de mi trabajo, en el hotel Capri, me encuentro con Elena y me dice: "Omara, lo que tú me dijiste es verdad, así que vamos a hacer eso, vamos a cantar las tres". Hablé con la gente del Parque Lenin, y solicitamos la galería donde se entregaban los premios *Opina*, para presentarnos Elena, Moraima y yo, una vez por semana. Después hablé con Alberto Vera y le conté el proyecto [...] por lo cual necesitábamos un tema para cantar entre las tres, y de ahí sale la canción. Alberto nos pinta a cada una de nosotras, las características de cada una están en la canción.[130]

[130.] Mayra A. Martínez: *Cuba en voz y canto de mujer. La música en voces femeninas*, Editorial Oriente, Santiago de Cuba, 2018, p.162. Al respecto es importante apuntar que, según las declaraciones de Elena a Ana María Luján en revista Opina de julio de 1980, ella estaba espe-

Testimonio de Alberto Vera*

Entonces yo me propuse... me gustaría hacerles una canción a estas tres mujeres y empecé a recordarla como es cada una, puse en general lo que yo pensaba de las tres y fui a casa de Martín y le canto la canción. Martín cogió la guitarra, cogió el equipo, entonces ya la canción la dejamos ya montada, la dejamos montada por él en la guitarra y yo cantando.
La llamo a las tres en los días siguientes diciendo: «he hecho una canción que me gustaría»... realmente creo que nunca en mi vida, nunca realmente estoy convencido, estuve tan nerviosos como ese día, llegamos a casa de Martín, las tres se dan cuenta que yo estoy como si fuera la primera vez que había hecho una canción: "cálmate nosotros la vamos a cantar de todas maneras, así que despreocúpate"... ese bonche simpático... Martín pone la canción, cuando terminó se pararon, se abrazaron, 'eso es, cómo nos has retratado... ¿qué parte canto yo? ¿cómo la dividiste? ¿cómo la subdividiste?' «Yo no he subdividido nada, yo quiero que ustedes mismo la subdividan», ellas fueron quienes subdividieron la canción. Se enamoraron de la canción. Yo guardo el recuerdo más lindo de cuando decidieron hacerla en un homenaje que me dieron en la televisión, Manolo Rifat y entonces ellas cantaron ese número y cuando terminaron se pusieron a llorar:

Amigas

Amigas como ha pasado el tiempo
como han llovido inviernos en nuestros corazones.

Amiga aun recuerdo el momento en que
soñamos juntas interpretar canciones.

Te acuerdas,
De aquella melodía que le cantaste un día a tu primer amor.

Me acuerdo fue después de aquel baile en que estrenaste un traje
que nunca te gustó, se que nunca te gustó.

Amigas que tal te va el presente

---
rando respuesta de Moraima para fundar un cuarteto con ella y Omara. Ese proyecto no se concretó entonces, pero sí uno de vida efímera llamado Cuarteto Cubano de *Feeling*.

Dime si hallaste alguna gente que llene tus rincones
A veces, mas no constantemente,
como he soñado siempre y aún sueñan mis amores.

Amigas no hay por qué lamentarse
la vida es un contraste, de muchas emociones
Es cierto, aunque a veces yo sueño,
Y yo también lo sueño, igual que en las canciones.

Entonces, cantemos con el alma
Cantemos como siempre
Viviendo en las palabras
Cantemos lo que es la misma vida
que es esa es la dicha nuestra
nuestra verdad amigas.

Así fue como a partir de abril de 1983 cantando la canción de Alberto Vera «Amigas», Elena, Omara y Moraima comienzan a realizar *La peña de las muchachas*, o de las muchachitas, donde abunda el buen humor y las descargas marcadas por la espontaneidad y el reencuentro con amigos y colegas de muchos años. Lamentablemente la muerte de Moraima, a finales de 1984, pone punto final a los encuentros entre las tres grandes amigas, los que también se extendieron a múltiples escenarios, la televisión y la radio, en donde aún se escucha la antológica composición de Vera, de quien Elena populariza en los albores de ese decenio otras canciones, entre ellas «Pido permiso», uno de sus mayores éxitos en 1984, composición que devino un himno en pro de la tolerancia y el respeto a la otredad.

Otra experiencia interesante por esta fecha, es la grabación del álbum con el grupo T con E, bajo la dirección de Lázaro Valdés Espinosa, pianista y compositor que formara parte de la Banda Gigante de Benny Moré y miembro de una de las más notables familias de músicos cubanos, la cual ha procreado desde Vicentico Valdés hasta el hijo de Lázaro de igual nombre, el cual es el fundador de la orquesta Bamboleo. En ese disco la Burke canta desde obras del propio Lázaro y de su hijo hasta clásicos de la talla de «Son de la loma», de Matamoros y el pregón de Grenet «Rica pulpa».

Otras actividades en las que participa Elena entre 1983 y 1984 son las filmaciones para los documentales *Descarga*, de Bernabé Hernández y el titulado *Omara*, de Fernando Pérez, los conciertos organizados por la Uneac en el teatro Mella, en ellos canta acompañada del guitarrista Juan Martínez «Te voy a echar de menos», de Alberto Vera y «Recordaré tu boca», de Tania Castellanos. A esta querida compositora se le realiza, el primer jueves de agosto de 1984, un homenaje al que se suman ella y Moraima, el mismo tiene por escenario el Patio del antiguo Palacio de los Condes de Jaruco y fue iniciativa de la directora del Fondo Cubano de Bienes Culturales, Nisia Agüero Benítez, relevante promotora de la cultura con quien la cancionera se incorpora a varios proyectos.[131] Antes de concluir ese año incorpora a su repertorio «Este son homenaje», tributo póstumo a Miguelito Cuní, sonero al que admiraba tanto como a Benny Moré y con quien compartiera, meses antes de su muerte, en el acto en que ambos reciben la medalla Raúl Gómez García.

En 1985, la Burke viaja nuevamente a México, realizando una temporada triunfal en el teatro Blanquita junto al cancionero Fernando Fernández, el Trío Los Diamantes y el cómico Palillo. Muy significativa es también su participación en el filme *Una novia para David*, en el III Festival Benny Moré y en otros espectáculos y programas de la televisión. Ese año además de conceder entrevistas de valía a varias publicaciones, entre ellas la que bajo el nombre de *Confesiones de La Señora sentimiento*, Orlando Quiroga publica en la revista *Opina* del mes de julio. El hábil periodista y guionista de la televisión, el cual desde su debut como solista en 1957 y hasta el final de su vida es uno de los más tenaces promotores de su carrera, consigue que le revele aspectos de interés sobre su carrera y sobre su relación con grandes creadores de la música popular cubana y las obras que prefiere de estos.

De Orlando de la Rosa destaca cualidades que ya apuntamos en otra parte, además de resaltar que en los inicios prefería su canción «Una noche», pero ahora se quedaba con «Nuestras vidas». De Guzmán escoge «Libre de pecado», pero acota "él tenía dos canciones preciosas, «Mi sacrificio» y «Busco un amor», que ya no sé cantarlas y es una lástima. En aquellos tiempos le escuché «Luna del

---

[131.] Antonieta César: «Con emoción recóndita y cariño del bueno», Trabajadores, 4 de agosto de 1984, Álbum de recortes sobre la artista, Museo Nacional de la Música.

Congo» y fue ahora, en el último concurso Adolfo Guzmán cuando me di el gusto de cantarla por primera vez". De Portillo de la Luz se queda con «Canción de un festival», "aunque es una selección difícil porque Portillo escribe canciones como monumentos".

Luego afirma que de Aida Diestro cantó su canción «Deseo», en la cual se encuentra algo del estilo que hace particular la música de Marta Valdés. Aida siempre estuvo pendiente de la perfección y con ella reconoce que es con quien completa su aprendizaje de las voces, Aida era dura para eso, pero Elena confiesa que se lo agradece muchísimo. También le agradece la amistad y sus canciones a Piloto y Vera, de quienes nunca saca de su repertorio «Duele», una composición que no puede cantar siempre, pues necesita una atmósfera muy particular. De José Antonio Méndez le gustó enseguida su música, al inicio estaba loca por su canción «Que podré hacer», pero luego fue su preferida «Me faltabas tú».

De Frank Domínguez, «Tú me acostumbraste» es la composición que más le gusta, de Isolina Carrillo «Miedo de ti», de Formell «Pero que será de mí». Al final de la entrevista se detiene en Silvio y Pablo:

> Enloquecí con «Te doy una canción», que sigue siendo mi preferida de Silvio y cuando la monté lo llamé para que diera su aprobación: creo, dijo tras escucharla, que nadie la puede cantar mejor. Siento por él amistad y admiración, como por mi Pablo, mi Pablo de «Para vivir». Él me sigue y yo le sigo desde hace muchos años, desde *A solas contigo*, en Radio Progreso, mucho antes de que Pablo estuviera en el Cuarteto del Rey, desde que compuso su primera canción que creo fue «Tú, mi desengaño», Pablito es todo filin.

Es precisamente de Pablo una canción que en su voz logra mucha popularidad poco después de esa entrevista con Quiroga: «Ámame como soy», la cual graba el 10 de enero de ese año para la banda sonora del filme de Orlando Rojas *Una novia para David*. Este, sin ser una de las grandes conquistas del cine cubano, logra una impresionante aceptación del público, sobre todo por la historia sentimental que aborda. El protagonista es un apuesto joven que a fines de los años de 1960, llega del campo a estudiar a La Habana y termina por elegir de novia a una compañera de curso, pasadita de libras pero que lo ama de verdad.

La presencia de la cancionera en una de las escenas del filme realza su mensaje, pues además de su interpretación vocal impecable, su imagen de mujer obesa y sus gestos corporizan la dolida, humana y hermosa historia que la canción, como el argumento del filme, encierra. A partir de entonces ha pasado a nutrir el repertorio de numerosos cantantes cubanos y extranjeros, entre ellos María Betania, Cheo Feliciano y la Orquesta Guayacán de Colombia.

De Palma Soriano a Varadero 87

Aunque ya en la década de 1940, Elena canta acompañada de diversas orquestas charangas, es a partir de los años de 1960 que esa relación se hace más estrecha. Primero fueron la Aragón y Jorrín, luego la Revé, Van Van, Estrellas Cubanas, Neno González, Richard Egües, entre otras que la respaldan en discos, programas de televisión, fiestas populares y giras por el país y el extranjero. Por eso, cuando en 1986 los organizadores del Encuentro Nacional de Charangas deciden qué cantantes invitar a ese evento que se inicia en Palma Soriano, su nombre ocupa lugar junto al de Barbarito Diez, Omara y Argelia Fragoso, entre otros que comparten actuaciones junto a la Aragón, Ritmo Oriental y la Original de Manzanillo, entre otras agrupaciones de ese formato que actúan para el pueblo en esa ciudad oriental entre el 23 y el 26 de octubre de 1986.

A inicios del año siguiente la televisión cubana está inmersa en una etapa de renovación, se aspira a que los programas musicales sean menos agotadores y manidos. Se acude nuevamente al programa en vivo, el cual exige una entrega mayor del artista y resulta más auténtico y espontáneo. En ese empeño surge *Mañana es domingo*, que bajo la dirección del experimentado director Amaury Pérez García cumple su cometido durante varios años y cuenta con frecuencia en su elenco con artistas de alto nivel profesional y gran poder de convocatoria como Elena y Omara, dos figuras que en el Festival Varadero 87, también sobresalen en la delegación criolla, la cual abarca una rica variedad en su conformación al incluir desde la canción al jazz, pasando por lo bailable: Pablo Milanés, Gonzalo

Rubalcaba, Adalberto y su Son, Xiomara Laugart, Silvio Rodríguez, Pedro Luis Ferrer, Irakere y Sandoval y su grupo.

Elena en el Festival Internacional de Varadero, 1987

    La agrupación de Sandoval es la que acompaña esta vez a Elena, luego de un mes de intensos ensayos, durante los cuales conforman un programa de cinco canciones, entre las que se incluyen «Homenaje», otra de las plausibles composiciones que le entrega Pablo Milanés y «Sin ir más lejos», de Marta Valdés, con quien prepara un álbum íntegramente dedicado al catálogo de esta notable figura del *feeling*. A pesar de la calidad conseguida por la cancionera y el grupo, además de las convincentes actuaciones del resto de la delegación anfitriona e invitados del prestigio de León Gieco, Eugenia León, María Betania, Gilberto Gil y Fito Páez el evento «no logró despertar en la población el interés característico a sus cinco ediciones anteriores».[132]

Un homenaje en el teatro América

Apenas concluido el festival de Varadero, comienzan los preparativos para la gala por sus cuarenta y cinco años de vida artística, la cual es organizada por la Empresa Artística Ignacio Piñeiro y se realiza los días 9 y 10 de mayo en el América, sito en Galiano y Concordia. Bajo la dirección artística de Luis Montalvo, se logra reunir un amplio elenco artístico en el que destacan la versátil Olga Navarro que se encarga de la animación del espectáculo, José Antonio Méndez, Ángel Díaz, Vilma Valle, Portillo de la Luz, Dandy Crawford, Beatriz Márquez, Cuarteto Génesis, el bailarín Rolando Espinosa y su compañera Mechy, además de la representación musical de la familia con Malena y el Dúo Habaneras, integrado por dos de sus nietas además de los pianistas Enriqueta Almanza, Frank Domínguez e Isolina Carrillo, la orquesta de Richard Egües y su guitarrista acompañante Juan Martínez Izquierdo, con quienes interpreta veinte piezas de sus diferentes etapas.

Mucho público asiste a ambas funciones, en las que se entrega un folleto que recoge una síntesis de la labor artística en esas cuatro décadas y media, la misma es confeccionada por la musicóloga Miriam Villa Correa y resalta sus giras por países de tres continentes como Perú, Curazao, Panamá, Finlandia, Suecia, Noruega, Dinamarca, Holanda, Japón y República Dominicana, además de sus dúos con Bola de Nieve, Omara, Tito Gómez, Barbarito Diez, Benny Moré, Toña la Negra, Fernando Álvarez, Pablo Milanés y Juana Bacallao, entre otros artistas con los que ha compartido la escena hasta ese entonces. La prensa escrita, la radio y la televisión no solo promueven y reseñan esa y otras actividades por el aniversario, sino también recogen entrevistas, comentarios y hasta poemas que diferentes escritores le dedican, como este publicado en el periódico *Trabajadores* por Nancy Robinson Calvet.[133]

[132.] Neysa Ramón: «Por debajo Varadero 87», *Bohemia*, 8 de mayo de 1987, pp. 8-11.
[133.] Nancy Robinson Calvet: «Retrato en vivo», *Trabajadores*, 16 de mayo de 1987, Álbum de recortes sobre la artista, Museo Nacional de la Música.

Aquí, sin ningún fracaso
y de pie, querida Elena,
con tu voz rotunda y plena
bien distante del ocaso
fundimos en un abrazo
tu racimo de canciones,
de boleros y de sones,
pues Señora Sentimiento,
de tu musical aliento
crecen nuevas emociones.

Casi coincidiendo con las actividades de homenaje por el 45 aniversario de su debut, sale a la luz una obra relevante de la narrativa cubana en la cual se le rinde tributo a la cancionera. Aunque, como ha señalado la profesora Daisy Cué Fernández, Las iniciales de la tierra, de Jesús Díaz «no aparece incluida entre las novelas de culto al ídolo y sus propósitos generales son mucho más abarcadores que la relación música-literatura»,[134] ese vínculo ídolo/fanático cobra fuerza en sus páginas cuando sus protagonistas Carlos y Gisela durante su luna de miel acuden a escuchar a Elena con unos amigos, pasando a formar parte de «un público en íntima comunicación con esa voz que desgrana sus sentimientos en los oídos de quienes le escuchan en estado de trance».[135]

«Siempre tú» —decía Elena de pronto—, inventando un ritmo propio, improvisando, sorprendiendo, sobresaltando con su filin los oídos habituados a las lentejuelas y no al bolero entero y verdadero, y dejando un compás de silencio que el Ronco no había previsto en su canción, un compás que Froilán aprovechó para sacarle sabor a la guitarra y Gisela para decirle a Carlos, *Siempre tú*, haciéndolo sentir pleno y perfecto y dispuesto a beberse aquella voz que de pronto dejó de cantar, ahora hablaba, decía *Estás*, decía *Conmigo*, con un dejo tranquilo, coloquial, tenue, desde el que empezó a subir naturalmente, sin esfuerzo, suavemente hasta las mismas puntas de las palmas donde situó su tristeza, su alegría y su sufrir y los llevó al lugar secreto, altísimo y azul donde guardaba las llaves del bolero,

---
[134] Daisy Cué Fernández: *Los narradores cubanos también cantan boleros*, Editorial Oriente, Santiago de Cuba, 2012, p. 94.
[135] *Ibídem*, p. 95.

de su vida y su pasión y su dicha y su delirio y él la quería, y cuando los tuvo soñando en pleno cielo, los bajó de golpe al cabaré murmurando, no cantando sino murmurando *También*, y sonriendo y llevándose el bolero y los aplausos como si tal cosa.[136]

La Burke ya no era solo la voz máxima del *feeling*, sino una de las figuras supremas de la cancionística cubana y una referencia en la vida y en la obra de numerosos artistas más allá de la música, entre ellos narradores, poetas, ensayistas o cineastas como Pablo Armando Fernández, Miguel Barnet, Nancy Morejón, Jorge Luis Sánchez, Reynaldo González, entre muchos más. En esos años finales de la década de 1980 la reclaman una y otra vez de México, Dominicana, Colombia, Venezuela y Brasil, entre otros países en que el bolero ha resurgido con ímpetu. Gran parte del verano de ese año lo pasa trabajando en Río de Janeiro y otras ciudades del gigante sudamericano.

Poco después de su regreso a Cuba y cercana otra estadía en México declara sobre su estancia en el país de la samba y la Bossa Nova, a una periodista de *Bohemia*:

> ¡Brasil es maravilloso!, conocerlo era uno de los anhelos de mi vida. Creo que es el país más bello de todos los visitados por mí, y ya son muchos. Río de Janeiro es el más lindo lugar, es precioso, increíble, no sé cómo contarlo. En Río visité la Bodeguita del Medio, que es como la nuestra, y donde canté por cuatro días. Marilia, su dueña, organizó una fiesta..., fue muy lindo: se cantó nuestro Himno Nacional, todos de pie.[137]

Invitada por asociaciones de amistad con Cuba, Elena durante esa primera visita a Brasil permanece cuarenta días trabajando en teatros, cabarets y carpas de Río de Janeiro, además de presentarse en escenarios de otras importantes ciudades como Recife, Sao Paulo y Belo Horizonte, de allá trajo varias canciones en portugués y muchos deseos de un pronto retorno.

[136.] *Ibídem.*
[137.] Neysa Ramón: «Elena Burke: siempre una canción», *Bohemia*, 11 de diciembre de 1987, p.34.

El Festival Boleros de Oro

En el segundo semestre de 1987, Elena con su guitarrista Juanito Martínez, Marta Valdés, Portillo de la Luz y José Antonio Méndez participan con gran acogida en el Festival de Boleros que se efectúa en la capital mexicana. Ese mismo año la Unión Escritores y Artistas de Cuba (Uneac) organiza un evento teórico en pro del bolero con interesantes ponencias y reflexiones de musicólogos y promotores de este género. Durante el mismo se gesta la idea de convocar para el año próximo un festival con intérpretes cubanos y extranjeros, además de mantener el evento teórico.

Aunque la génesis de la celebración del Festival Boleros, según confiesa el compositor Leopoldo Ulloa a la escritora Dulce María Sotolongo, fue en Alquízar:

> Uno de los momentos más emocionantes de toda mi carrera artística fue el 19 de noviembre de 1980, cuando tuve la oportunidad de ser homenajeado en el Primer Festival de Boleros realizado en Alquízar junto a ese grande de la música cubana Luis Marquetti, por el cual siento gran admiración desde que era un adolescente, entonces le cambiaba la letra a muchas de sus canciones cuyo texto no me sabía.
>
> En Alquízar expresé mi deseo de que este evento se convirtiera en algo grande, internacional como sucede actualmente.[138]

En mayo de 1988 acompañada del guitarrista Tomasito Martínez y la Orquesta del Festival, Elena recibe en el Teatro Mella el aplauso de un público entusiasta, igual que Beatriz Márquez, Fernando Álvarez y Gina León, entre otros intérpretes que le dan su apoyo incondicional al evento, el cual luego se expande por otras ciudades, especialmente Santiago de Cuba, cuna del género y de muchos de sus grandes cultores.

Aunque la programación de actividades en el país y el extranjero es cada vez más intensa, la Burke se mantiene fiel a este encuentro,

---

[138.] Dulce Sotolongo. *En el balcón aquel: Leopoldo Ulloa, el bolero más largo: su vida.* UnosOtrosEdiciones, Miami, 2018.

así como a los diferentes espacios que se abren al bolero dentro y fuera de Cuba, entre ellos la peña de su amiga Isolina Carrillo y la que ella misma encabeza en la sede del Fondo de Bienes Culturales. También apoya otros eventos que promueven la música tradicional cubana, como el festival del Cha cha Chá.

Elena Burke canta a Marta Valdés

Aunque había participado en discos como los álbumes del grupo T con E y el titulado *25 aniversario de la música de Juan Almeida*, el dedicado al catálogo de Marta Valdés es el segundo larga duración, tras *De lo que te has perdido*, grabado en 1980. Se comenzó a realizar a finales de 1987, tras regresar de México y es la mejor demostración de la amistad y el respeto a la jerarquía artística de una creadora a la que estaba unida desde su etapa con las D'Aida en el Sans Souci. Según le confesó Marta a Sigfredo Ariel, ella tuvo su recelo en incluir «En la imaginación» en su primer álbum, sin embargo a partir del segundo nunca, o casi nunca falta una pieza de su autoría en sus discos, al igual que en sus recitales.

Entre ambas se fue tejiendo un vínculo amistoso y profesional que perduró hasta el final de la vida de la cancionera y el cual fue, sin discusión mutuamente provechoso para ambas, pero sobre todo para la música cubana. Cuando Marta creaba una nueva obra, solía llamar a Elena para que le diera su opinión, de la misma manera, ella fue para la Burke eterna amiga y consejera.

Testimonio de Marta Valdés*

Cuando yo llevaba nada más que un año dando vuelta en la cuestión con las canciones, la conocí en Sans Souci, empezó una amistad muy linda parecía como es la amistad de los niños. Lo primero que hizo fue regalarme una muñeca. Mi vida con Elena está llena de recuerdos, no ha dejado de ser una parte de mi organismo, cuando pasan los años siempre en cada uno de los discos, siempre me ha grabado mis canciones, cuando nadie cantaba mis canciones porque la gente estaba virando la espalda a la canción cubana o porque los empresarios mismos de aquí yo le caía *pesa*, no le gustaban mi música, ella siempre ponía por lo menos en el disco, al menos una canción. En vivo me las estrenó casi todas, se mantiene tan íntegra, es un tesoro no se puede descomponer es una unidad cerrada...

Mientras que para Elena*:

Para mi Marta es uno de esos seres que nace de vez en cuando. Marta tiene algo en su texto, Marta es mejor en el texto que en la música, que en la melodía, a pesar de que es buena en las dos.
Para mí lo más grande que ha dado Cuba es Marta Valdés, hay que interpretarla para saber lo que es eso, es muy difícil. Marta es difícil, según es difícil es maravillosa. Doy gracias porque tuve esa dicha y a través de los años siempre ha sido una amiga fiel y eso yo lo valoro mucho. Y ella es especial en eso.

El álbum que Marta produce en 1988 teniendo de protagonista la voz de Elena y también, en buena medida, a Carlos Emilio y su guitarra, así como el pianismo magistral de Enriqueta Almanza y Frank Emilio, es otra joya de la música cubana. En cada una de las interpretaciones incluidas se derrocha virtuosismo y belleza, resultando al año siguiente Premio Egrem y clasificando entre los mejores discos de esa década.

En el cierre de la década de 1980 su voz continúa multiplicándose en discos, películas, radio y televisión. Entre los discos están el álbum *Varadero 88 en vivo*, el volumen dos, LD- 4611, de la serie *Boleros de Oro*, en el que con el respaldo de la Orquesta Egrem se incluyen sus interpretaciones de «En nosotros», de Tania Castellanos y «El amor se acaba», de Osvaldo Rodríguez. Otro larga duración de valía es el que en 1990 realiza junto a Frank Domínguez totalmente dedicado a la música de este querido compositor. Por su parte, en 1989 realiza un recital junto a Pablo Milanés y con Silvio graba su hermosa canción «Réquiem», la cual se incluye en la banda sonora del filme *Barroco*, coproducción cubano-española que dirige el mexicano Paul Leduc, cuyo argumento está inspirado en la novela *Concierto Barroco*, de Alejo Carpentier.

Mucha satisfacción le causa la invitación enviada por el Museo Nacional de la Música para el homenaje que esta institución ofrece a la memoria de Orlando de la Rosa con motivo del setenta aniversario de su natalicio. No menos alegría la embarga el programa de televisión, con acertada conducción de Carlos Otero y dirección de Pedraza Ginori, sobre el quehacer musical de su familia y en el que resalta la simpática y jovial madre de Elena. Al decir de la prensa fue «un programa de relevancia artística y al mismo tiempo de hondura humana».[139]

Su hija Malena realiza por esa fecha grabaciones con NG y conquista el premio de interpretación en el festival del Cha cha chá de 1989, año en que Elena recibe el homenaje, junto a otros fundadores del *feeling*, de la Casa de las Américas y de la Upec. Es por esos días en que celebran el *Boleros de Oro 89*, cuando comparte por última vez con su querido José Antonio Méndez, el cual fallece víctima de un accidente de tránsito. Lo despiden en la necrópolis de Colón cantando su inmortal «La gloria eres tú», todos los participantes del evento, en cuya edición participa Vicente Garrido, compositor con el que se reúne nuevamente a fines de ese año en el festival de boleros que se celebra en México. Con sus compañeros en ese viaje, Frank Domínguez, Gina León, Portillo de la Luz, Beatriz Márquez y Argelia Fragoso, la Burke efectúa el 3 de enero de 1990, en el Palacio de Bellas Artes, una peña que centraliza el primer miércoles de

---

[139] «La Burke en casa. Un aplauso fuerte a su dinastía musical», *Trabajadores*, 21 de julio de 1989, Álbum de recortes sobre la artista, Museo Nacional de la Música.

cada mes.[140] Este proyecto lo hace realidad durante varios años, en instituciones como el Fondo de Bienes Culturares, el teatro Mella, el Museo de Artes Decorativas y en otras instituciones, reafirmando sus dotes de anfitriona versátil y carismática.

Con la Aragón en Caracas

A finales de julio de 1990, pocos días después de colaborar en el segundo álbum de Frank Domínguez, viaja con la Orquesta Aragón y el bolerista Fernando Álvarez a Venezuela. Especialmente para la ocasión incorpora a su repertorio «Esta casa» y «Lo que pasa contigo», dos boleros del destacado músico de ese país Aldemaro Romero. Días antes de la partida declara a la agencia de noticias Prensa Latina: «Me siento muy entusiasmada con mi próximo viaje a Venezuela, país que admiro mucho y por el cual siento un gran cariño».[141]

Las presentaciones en la capital venezolana forman parte de las actividades por el medio siglo de labor ininterrumpida de la famosa orquesta cienfueguera, la cual recibe el agasajo de los habitantes de ese país en sendas galas que se realizan en el Poliedro de esa capital y en el hotel Tamanaco, también se presentan en el Aula Magna de la Universidad de Caracas ante cuatro mil jóvenes,[142] además de participar en *Sábado Sensacional*, programa del canal Venevisión, cuya teleaudiencia se calcula en cerca de cuarenta millones, compartiendo allí con el cantante mexicano José José. Diversos rotativos de Caracas elogian las actuaciones de la Aragón, Fernando y Elena, entre ellos *El Nacional* y *La Noche*. Sobre estas presentaciones Lil Rodríguez, periodista y promotora musical con larga estancia en Cuba, recoge en su reseña la opinión de un joven caraqueño que, jubiloso, expresa sus elogios a la Burke. «ojalá las nuevas baladistas tuvieran la fuerza de esta señora».[143]

[140.] Miralda Estalez: «Elena y sus amigos, hoy en Bellas Artes», *Tribuna de La Habana*, 3 de enero de 1990, Álbum de recortes sobre la artista, Museo Nacional de la Música.
[141.] «Hacia Venezuela Elena Burke», *Granma*, 21 de julio de 1990, p. 7.
[142.] Marrero, Gaspar: *La Orquesta Aragón*, Editorial José Martí, La Habana, 2008, p. 189.
[143.] Lil Rodríguez: «Caribe», *Juventud Rebelde,* 27 de agosto de 1990, Álbum de recortes sobre la artista, Museo Nacional de la Música, El periódico *Granma* en su edición del 9 de septiembre fue otra de las publicaciones que destaca la aceptación de esas presentaciones en Venezuela.

ENTRE MÉXICO Y CUBA

A mediados de octubre de 1990 la carismática cancionera participa en uno de los más relevantes eventos culturales que se efectúan en México: el Festival Cervantino de las Artes. Durante las dos semanas que tradicionalmente abarcan sus actividades se presentan en Guanajuato, sede principal del mismo, Claudio Arrau, la Compañía de Nuria Spert, el Quinteto de Viena y Elena, entre otras figuras y agrupaciones que despiertan el interés del público y de la crítica.En las primeras jornadas ofrece un concierto en el Auditorio de la Universidad de Guanajuato, el cual es trasmitido por el canal 11 de la televisión.

El crítico Arturo Alcántar, en el periódico *Excelsior*, resume el impacto que causa en una crónica donde escribe:

> […] Desgarradora voluntad. Suicidio en la entraña. Que sangre y se desangre la víscera. Y además cantar como si nada. Elena Burke lo advirtió a sus escuchantes, cuando menos en dos ocasiones... esta canción me pone mal, me duele, nos duele!... y no importa confesarlo, Elena Burke va de azul, como su canción-desgarradura. El son. El corazón. El filin, cubanísimo, cubanísima.[144]

Poco después de este viaje, la cancionera vuelve nuevamente a Venezuela donde realiza presentaciones en el Hotel Tamanaco Intercontinental y concede entrevistas a Humberto Márquez para el periódico *La Noche*, el cual le dedica una página completa, y también a Mirna Mendoza de *El Universal*, el que la resalta entre las mejores cantantes latinoamericanas. Pero es México el país donde sus presentaciones continúan haciéndose más frecuentes, tanto son los compromisos que la retienen allá que muy pronto en Cuba solo realiza breves temporadas.

[144] Pedro de la Hoz: «La nostalgia más allá del bolero», *Granma*, 19 de octubre de 1990, p. 3.

Sus bodas de oro con la canción

Como decía Azorín en su famoso cuento: *el tiempo es un niño que juega a los dados*. Resulta que, en 1991 se cumplen cincuenta años desde que se presentara por primera vez ante un micrófono en una emisora habanera, siendo apenas una adolescente de trece años. Desde entonces no ha dejado de cantar y de soñar. Y también de hacer soñar e ilusionarse a varias generaciones de enamorados, la fecha ameritaba su celebración, así que en las noches del 25, 27 y 28 de julio de 1991, la dirección del teatro Mella en coordinación con el Instituto Cubano de la Música y otras instituciones, le programan tres recitales en los que interpreta un total de setenta canciones con la misma pasión de aquellos años de su juventud.

El primero, nuevamente a medianoche en compañía de la maestra Enriqueta Almanza y los guitarristas Froilán y Felipe Valdés, quien desde el año anterior ha pasado a ocupar el lugar de su guitarrista Tomasito Martínez. Esta noche se dedica a veintiséis compositores que ocupan lugar relevante en su trayectoria, entre ellos Adolfo Guzmán, Gonzalo Roig, Sindo Garay, Miguel Matamoros, Pablo Milanés de quienes canta «Libre de pecado», «Quiéreme mucho», «Tardes grises», «Lágrimas negras» y «Homenaje».

Por su parte, los recitales efectuados el sábado 27 y domingo 28, a partir de las nueve de la noche, cuentan con el respaldo del Conjunto Caney, de Froilán y Frank Domínguez, y en ellos solo se repite una sola composición: «Duele», la cual nunca falta en momentos tan especiales. Tampoco en ese recuento de medio siglo de bregar no podían faltar «Persistiré», «Carne nueva», «Me faltabas tú», «Aquí de pie» y «Dos gardenias», entre otras composiciones de creadores como Marta Valdés, Isolina Carrillo, Rubén Rodríguez, Luis Demetrio y Juan Formell, quienes la motivan a cantar y vivir.

La última jornada fue particularmente emotiva para ella, su familia, los artistas que tantas emociones habían compartido en interminables jornadas. También lo fue para los *elenistas*, ese sector del público que la sigue colmando de aplausos y halagos. Esa noche tiene la alegría de tener en la escena a Marta Valdés, a Isolina Carrillo y Enriqueta Almanza, quienes con sumo acierto la acompañan en un dúo pianístico memorable, a su querido Froilán en un «Duele» fabuloso, a Frank Domínguez en un dialogo musical que hace evocar tantos momentos gratos en los que no faltan una buena dosis de humor, a estos también se incorporan sus versiones a capela de «Tengo el secreto» y «Los Reyes magos», así como los minutos que comparte con su hija Malena y su nieta Lena, el relevo familiar que sigue su profesión.

Esas tres noches, en las cuales asume la dirección artística el maestro Roberto Ferguson, fueron solo el inicio, pues luego se sumaron otros significativos homenajes como los efectuados en el Festival del Cha cha chá y el de la Egrem, sin dudas el más perdurable y agradecido por sus admiradores, pues el álbum doble producido por ese incansable promotor de la cultura que es Jorge Rodríguez, deja un rico legado para el futuro y confirma que la artista llega a sus Bodas de Oro con el canto en plenitud de facultades. Mejor decirlo con algunas palabras de elogio, de las muchas que la prensa cubana le prodiga por esos días, y que fueron parte de la valoración de esos tres recitales realizada por Ada Oramas, una de las periodistas que durante décadas sigue su desempeño en varias publicaciones: «Baste decir que su virtuosismo, su potencia vocal, la melodía que insufla a su canto, su perfecta dicción transportaron al público a la raíz del sentimiento con agudos límpidos y unos graves de resonancia increíbles...».[145]

Otro momento significativo de 1991 se produce en Colombia, finalizando el año, cuando viaja a un festival de boleros efectuado en la isla de San Andrés. En este evento le acompañan el guitarrista Felipe Valdés, la Aragón, Marta Valdés y Enriqueta Almanza, realizando todos otras presentaciones en teatros de Bogotá.

En 1992 el realizador Carlos Bosch le realiza el documental *Cuba: La Señora Sentimiento*, el cual tiene acogida favorable en España y otros países. En marzo viaja nuevamente a Brasil, esta vez para realizar presentaciones en la populosa ciudad de Sao Paulo, invitada por el proyecto Encuentros del Memorial de América Latina. En junio, ya de regreso en Cuba, canta en el Teatro Nacional y otros escenarios durante el Festival Boleros de Oro; entre las novedades que interpreta «Aburrida», composición de Concha Valdés Miranda en defensa de la mujer, la cual en su voz se convierte nuevamente en *hit*.

---

[145] Ada Oramas: «Elena una gran voz todo sentimiento», *Tribuna de La Habana*, 29 de julio 1991. Otras publicaciones que reseñan esos recitales fueron Brindis por los 50 de la Burke, de Nancy Robinson Calvet, periódico *Trabajadores* el 29 de julio.

Nuevos éxitos y discos

Siempre buscando el rico aporte de los jóvenes, Elena por esta fecha graba, junto a Malena y el grupo Raison, «Estoy buscando un hombre», el contagioso son de Luis Emilio Ríos, quien con su hermano Efraín fundara esa excelente agrupación y creara composiciones de raigal cubanía, entre ellas «La bruma» y «Cuando se dice adiós», las cuales se convierten en éxitos tras su grabación ese año en el primero de los dos CD que integran el álbum *Aquí de pie. Cincuenta años en la canción*, en el que abundan composiciones antológicas, pero poco o nunca escuchadas en su voz, como «Quiéreme mucho», «Inolvidable», «Plazos traicioneros» y «Mis sentimientos» esta última estrenada por ella pero jamás, como la mayoría aquí reunida, registrada en ninguno de sus fonogramas. Esta idea fue una de las más brillantes de Jorge Rodríguez, quien junto a la musicóloga Iraís Huerta fue productor de los álbumes.

Una vez más, resulta encomiable el desempeño de directora y arreglista de Enriqueta Almanza, la cual ejecuta el piano y reúne en el grupo acompañante a destacados músicos: Tata Güines, Fernando Acosta, Germán Velasco, Lázaro Dagoberto González y Ahmed Barroso, entre otros. El disco, en el que también el trío Los Hidalgo la acompaña en algunas piezas, conquista el lauro en cancionística y el Gran Premio Egrem al año siguiente. Meses antes de ese veredicto, la intérprete declara a la prensa su satisfacción «Esto es de lo más hermoso en mi carrera artística, delicadeza que agradezco a la Egrem».[146]

En el mundo de las grabaciones, ese año 1992 hace realidad un sueño largamente acariciado: realizar un álbum junto a Vicente Garrido, el más filinero de los compositores mexicanos. El mismo se graba totalmente en una sola sesión la noche del 14 de octubre en los estudios de la Egrem, otra evidencia del oficio y rigor profesional de ella, del autor de «No me platiques», «Todo y nada» y otras famosas composiciones, además del grabador Ramón Alom y de Marta Valdés, quien se encarga de la producción y dirección artística del mismo. Sin ensayos previos, apenas un breve contacto de una hora a lo sumo la noche precedente en que Garrido graba

---

[146] Omar Vázquez: «Elena Burke: Aquí de pie», *Homenaje de la Egrem por sus cincuenta años en la canción*, *Granma*, 7 de octubre de 1992, Álbum de recortes sobre la artista, Museo Nacional de la Música.

otro álbum como autor e intérprete, se reúnen los tres para puntualizar las tonalidades y otros detalles. En esa sola noche, a partir de las once y cuarenta y dos minutos, la cancionera y el creador desde el piano «se enfrascaron en un discurso que logró apresar, en cinco horas, la memoria de buena parte del quehacer artístico de ambos».[147] Ese disco se comercializa en Cuba en formato de *casette* y, en México, de disco compacto por el sello Pentagrama, al igual que otros de sus discos en ese país.

En 1993, año en que va *in crescendo* el *boom* de la llamada World music y, dentro de ella, la música tradicional cubana con la circulación en el mercado mundial de una serie de discos, entre ellos *Mi Tierra*, de Gloria Estefan, la Burke es solicitada de México donde Luis Miguel, Manzanero y otros han contribuido notoriamente al rescate del bolero. A inicios de marzo ya recorre varias ciudades, en donde se reafirma como protagonista de ese *boom* y también en otras naciones del mundo en las que se presenta o se comercializan sus grabaciones con buena acogida a lo largo de toda esa década, la última de su carrera internacional, pues a causa del contagio sufrido del Síndrome de Inmunodeficiencia Humana (SIDA), se ve obligada a comenzar su distanciamiento de los grandes escenarios y las agotadoras giras por el mundo.

El 4 de mayo el diario *Granma* comenta los elogios que publicaciones aztecas realizan sobre su gira por ese país, precisa que Ovaciones, La Extra y otros rotativos destacan su exitoso debut en Los Espejos, Hotel Howard Johnson, del D.F, donde canta actualmente, tras recorrer Tabasco, Villahermosa, Campeche y otros lugares.Seguidamente inserta fragmentos del comentario que Saúl Ramos Naya publicara en *El universal*:

> En solo sesenta minutos, Elena Burke dejó constancia de su capacidad interpretativa y confirmó que los años en ella sí pasan en balde, pues según la gente que tiene años siguiéndola, dice que canta cada vez mejor... acompañada excelentemente por los guitarristas Felipe Valdés y Jorge Luis Gálvez, Elena vino a confirmar que es la mejor voz sentimental de Cuba.

[147.] Marta Valdés: *Donde vive la música*, Ediciones Unión, La Habana, 2004, p. 139.

A su vez Mario. E. Riaño, en *El Sol de México*, escribió:

> Ni modo. Aquella noche, aquellos privilegiados que fuimos convocados por esa gloria cubana que es Elena Burke, nos pusimos borrachos de amor... una reina voz negra del Caribe que vive en todo el mundo, como que en todo el mundo hay románticos.[148]

A las presentaciones en vivo se sumaron, casi desde su misma llegada, la venta de *casettes* y discos. El 4 y 5 de junio se realizan en el restaurant-bar Arcano del D.F las presentaciones de sus discos CD *Aquí de Pie* y *La Señora Sentimiento*, a cargo del sello Pentagrama. Al reseñar la del día 4, Xavier Quitarte en la sección Espectáculos de *El Nacional*, afirma en la edición del día 6:

> [...] Su alma arde cuando le espeta al hombre que tiene a su lado: *De lo que te has perdido/ la noche de anoche por no estar conmigo/ Yo con tanto fuego y tú pasando frío*. Elena no se anda por las ramas, le llama pan al pan y vino al vino: *Si me pides el pescado te lo doy*. Para esta voz única, la mujer debe ser *soñadora, coqueta y ardiente*, porque *una mujer que no sabe amar no merece llamarse mujer*.
>
> Como si el canto las hubiese convocado, suben al estrado dos diosas del amor, causantes de infinidad de sueños y deseos eróticos. Nadie en sus cabales y con los pantalones bien puestos, podría dejar de admirar y agradecer a Rosita Fornés y Ninón Sevilla sus vidas eternas como rumberas. Con discursos breves las tres mujeres recuerdan una historia común, la de las cubanas que encontraron en México su segunda patria. Ninón es concisa cuando se refiere a la cantante y, sobre todo contundente:«Elena canta con los ovarios».
>
> Así, con ellos en su lugar y el alma bien puesta, Elena Burke rinde su tributo a su patria, le canta al pueblo que la hizo *Mi tierra linda, porque te quiero/ yo a ti te canto mi*

[148.] Omar Vázquez: «Destacan en México gira de Elena Burke», *Granma*, 4 de mayo de 1993, Álbum de recortes sobre la artista, Museo Nacional de la Música.

son entero... Del son la voz pasa a la canción romántica, a César Portillo, Álvaro Carrillo, Agustín Lara, Pablo Milanés, a las frases tantas veces dichas, pero que en su interpretación suenan frescas. El efecto de su canto embriagador recae en buena medida en Felipe Valdés, guitarrista de altos vuelos, en quien ha encontrado un acompañante que además de técnica impecable, sabe imprimir su propio sello a la tradición del *feeling* cubano. La cantante sonríe, agradece la comunión, que esta noche ha logrado con el público que una a una ha disfrutado sus canciones, canciones con sabor a Elena.

Por su parte el periódico *La Jornada*, en su edición del 9 de junio, resalta que a esas actividades asisten personalidades como Vicente Garrido, Luis Demetrio, Paco Michel y Carlos Monsiváis quien realiza la presentación de uno de los discos, el cual en la contraportada inserta las siguientes palabras:

> [...] la voz de Elena Burke tiene el poder de encender lo que toca. Ella es lo que en Estados Unidos se denomina *torch singer*, la cantante capaz de transformar en antorchas las canciones... Elena Burke es el *feeling*. Magnética e irrepetible, se nos presenta en este disco, grabado medio siglo después de su debut, como una de las cantantes más admirables de nuestro continente.[149]

Dado que la música tradicional cubana es otra vez negocio lucrativo para unos cuantos, disqueras como Orfeón, Discmedi, S.A, Virgin Records y Música del Sol se interesan en ella. Antes de finalizar 1993 comienza a realizar grabaciones para el sello mexicano Orfeón, de Rogelio Azcárraga. Por su parte a inicios de 1994 la disquera catalana Discmedi, S.A saca al mercado una serie de discos destinados a coleccionistas y amantes de la música cubana más representativa, luego de remasterizar por un equipo de técnicos y especialistas parte de los Fondos Sonoros del Instituto Cubano de Radio y Televisión. Gracias a esa iniciativa circula el álbum Elena Burke *A solas contigo*, una selección de grabaciones en vivo

---

[149] Tomado de «Tributo musical de Elena en México», *Granma*, 16 de junio de 1993, p 8.

realizadas en el programa homónimo que ella mantuvo durante más de tres lustros en Radio Progreso, el cual facilita el conocimiento de su desempeño en la radio y de una parte de su inmenso repertorio que no llegara antes al mundo de la fonografía.

La Egrem tampoco es indiferente a ese filón comercial de fines del milenio, facilitando que viejas y nuevas grabaciones de la cancionera lleguen a un público nacional y extranjero ávido de su disfrute. Por esa etapa es incluida en varias colecciones, antologías y selecciones, las cuales se ponen a disposición de los interesados, lo mismo en *casettes* que en disco compacto, entre ellas *Feeling mucho más que sentimiento* (1993), *Canta lo sentimental* (1993), *Elena Burke en compañía* (1995), *Amigas* (con otras grabaciones de Omara y Moraima Secada,1996), Elena en la serie las *Voces del siglo* y *Elena Burke en persona*, álbum doble que graba para la Virgin Records en septiembre de 1995, al final de una temporada de dos meses en Cuba.

Dos meses en Cuba

1995 es un año en que la Burke trabaja hasta el agotamiento y vive intensas emociones, los mexicanos la quieren muchísimo y la han llegado a calificar como la «Ella Fitzgerald del bolero». Le reconforta el concierto que ofrece allá junto a Pablo Milanés y Vicente Garrido, también muy estimulante es su actuación en Caracas, la cual tiene ribetes espectaculares, al decir de la prensa. De los treinta mil dólares que percibe envía 25 mil para su país, el cual aún está inmerso en el llamado *Período Especial* y, ante tanta nostalgia, decide volver a expresarle su amor durante los días del Festival Boleros de Oro, aunque para ello tenga que interrumpir sus actuaciones en el café El Hábito y cancelar o posponer otros contratos.[150]

Cuando sube al avión en México, evoca en su memoria muchas peripecias de esta prolongada estadía, la número treinta y siete en ese país amigo. Fue contratada por diez días y había permanecido dos años y medio, actuando sobre todo en hoteles cinco estrellas y grandes espacios abiertos, lo mismo en la capital que en otras regiones. Recuerda cuando fue a escucharla, al hotel Howard-Johnson, Emilio Azcárraga, hijo, quien le propone grabar para el sello Orfeón treinta boleros de las décadas del cincuenta y sesenta. Él personalmente los escoge y pronto son difundidos por varios países, al igual que el álbum *Las grandes cancionera de América*, del mismo sello y en el cual el magnate admirador la incluye. Sonríe cuando llegan a su mente imágenes de los tres días inolvidables en las plataformas petroleras de Campeche, en donde sus trabajadores permanecen alejados un buen tiempo de sus familias. Al sitio se trasladaba diariamente en helicóptero y allí, en alta mar, les cantaba. Fue un régimen de trabajo con condiciones difíciles, pero se siente feliz de esa experiencia.

Finalmente, llega al aeropuerto de Rancho Boyeros. Desciende del avión radiante de alegría, sus primeros besos son para sus nietos Dulema, Flavia y Osmel, luego el saludo afectuoso a amigos y personalidades como Alicia Perea, presidenta del Instituto Cubano de la Música y Nisia Agüero, directora del Teatro Nacional. Pedro de la Hoz, periodista del diario *Granma*, le pregunta ¿no te cansas, Elena? a lo que ella responde «cantar es vivir y de vivir no me canso».[151]

A Ada Oramas del *Tribuna de La Habana* interesada sobre sus actuaciones en México, le comenta: «Actué en televisión, cabaret, teatro y grabé treinta canciones. Pero me siento muy feliz

---

[150] Ada Oramas: «La Señora Sentimiento en Boleros de Oro», *Tribuna de La Habana*, 21 de mayo de 1995, p. 7.
[151] Pedro de la Hoz: «La diva del filin llega hoy», *Granma*, 17 de junio de 1995, p. 6.

porque mi tierra es aquí, en Cuba. Estoy lista desde ahora para cantar. No voy a estrenar nada por el momento, pienso estar hasta septiembre, fecha en que tengo un contrato por un mes y luego a Japón. Estoy dispuesta a cantar lo que sea en todas las sedes del Festival Boleros de Oro. Vengo sabrosa».[152] Otro momento particularmente emotivo fue cuando escucha el hermoso poema que le ha dedicado la poeta Nancy Morejón

Glosa por el año nuevo

La puerta del comedor
que está anunciando el deseo
un patio con mucho aseo
y un jardín con mucha flor

José Jacinto Milanés

Para Elena Burke

I

Llega la brisa dormida
abriendo pétalos finos
y el arrullo de los pinos
cerrando el alma prendida
como si fuera la vida
la que trajese su amor
para olvidar el dolor
posándose ensimismado
como si tocara armado
la puerta del comedor

[152.] Ada Oramas: «Llegó la voz del sentimiento», *Tribuna de La Habana*, 18 de junio de 1995, p. 7.

II

La Burke viene volando
en esta tarde de enero
halada por un lucero
que en La Habana está llorando
y, en México, susurrando
como si fuera un Perseo
que desandara Paseo
buscando adivinaciones
y aquellas ensoñaciones
que está anunciando el deseo

III

Y cerca de la ventana
cuya sombra primorosa
levanta en vilo a la rosa
mientras la canción lejana
nunca sabe si engalana
el aliento de Berceo
anhelando ese deseo,
reclama un lento bolero
en un portal; un sombrero;
un patio con mucho aseo

IV

El álamo y el helecho
bordaron un nuevo encaje
para la musa que traje
tan bella como el Estrecho
de la Reina sobre un techo
repartiéndonos amor
de la sala al corredor,
del corredor a los patios,
del alero a los traspatios
y un jardín con mucha flor.

Días después, es invitada por la Promotora Musical Ignacio Piñeiro a un encuentro con la prensa en la que brinda detalles de su labor en México y accede a varias entrevistas. Una de las más interesantes es la publicada por Sahily Tabares con el nombre de *Estoy obdara*, palabra que en lucumí, religión que profesa Elena, significa me siento bien, sin ningún problema. En la misma aborda un amplio espectro de temas, desde su desempeño profesional hasta la familia, pasando por sinceras y profundas reflexiones en torno a su vida y su espiritualidad:

> Se detiene en "el espacio de las meditaciones", en el tiempo que dedica a pensar en su universo: la música y los pecados imperdonables. Después se autodefine "romántica de pies a cabeza" [...] "y enamorada, cuestión que implica riesgos de angustias, melancolías. Por algo hay que pasar. Me he casado cinco veces, fíjate si soy obstinada".
> "A veces me siento cansada, pero trato de sobreponerme. Los resultados satisfactorios estimulan cada nuevo paso [...] En ocasiones me considero una persona feliz, y otras, lo contrario, depende de las circunstancias. Sin embargo, soy optimista, paciente, reflexiva."[153]

En esa edición del Festival, al que asisten la ecuatoriana Patricia González, la dominicana Sonia Silvestre y su amigo Vicente Garrido, su reaparición se produce en el Teatro Nacional, lugar a donde acuden cientos de sus admiradores, pese a la lluvia caída sobre La Habana durante todo ese día de junio. Allí y en otros escenarios se reencuentra con Omara, Vilma Valle, Portillo de la Luz, Mundito González, Lino Borges y Fernando Álvarez, entre otros colegas a quienes la unen sólidos lazos de amistad. Fernando es su invitado especial el viernes 21 de julio cuando ofrece un concierto único titulado *Amigas* con su guitarrista Felipe Valdés y las pianistas Isolina Carrillo y Enriqueta Almanza.

El jueves 14 de septiembre ofrece un recital de despedida, en el que como siempre muestra su sentido del humor, al bromear sobre sus zapatos de tacón bajo y sus espejuelos.[154] Esa noche,

---
[153] Sahily Tabares: «Estoy obdara», *Bohemia*, 1 septiembre de 1995, pp. 56-57.
[154] Joel del Río: «Canta Elena», *Juventud Rebelde*, 17 de septiembre de 1995, Álbum de recortes sobre la artista, Museo Nacional de la Música.

también lluviosa, el público le hace solicitudes y ella les regala sus canciones. Sin embargo, el mayor tesoro que le deja a sus admiradores es el álbum que graba por esos días y que es su último recuerdo de Enriqueta Almanza, la cual fallece al año siguiente. Esa vez la querida maestra con su piano, la guitarra de Felipe Valdés, las tumbadoras del legendario Tata Güines y el bongó de Junio Isel, crea un magnífico universo sonoro para respaldar sus interpretaciones de un selecto grupo de piezas de Cuba, México y Puerto Rico, además de dos canciones del venezolano Aldemaro Romero y el tango argentino «El último café», de Cobián y cadícamo, recreado a ritmo de bolero y que al igual que otras grabaciones de este conjunto como el «Hay todavía una canción» de Marta Valdés, matiza con un tono de nostalgia y despedida que reafirman a plenitud el calificativo de Señora Sentimiento.

Sus últimos años

Elena engrandecía sus interpretaciones con su oficio y honda sensibilidad artística, pero también con sus alegrías y sueños, añoranzas y desgarraduras. En 1995 tras una estadía de trabajo en Venezuela, su hija y su nieta Lena se establecen en Estados Unidos, el tiempo implacable y la enfermedad que la aqueja comienza a dejar sus secuelas en su físico. También por esta fecha desaparece físicamente su madre y sufre otras adversidades, sin embargo, nada la detiene, el trabajo es siempre un bálsamo y un antídoto contra esos ineludibles tropiezos que llegan a la vida de todo ser humano. Antes de retornar a México participa entusiasta en el Museo de Bellas Artes, en el mes de agosto, en el homenaje que se le tributa a Marta Valdés en ocasión de los cuarenta años en la creación musical.

Poco después continúa su intensa labor por el mundo. Entre octubre y noviembre recorre treinta ciudades de Japón, actuando en una diferente cada día. Por su parte en México el teatro-bar El Hábito, del D.F, sigue siendo uno de sus principales escenarios, pues esa institución le había extendido un contrato por tres años, aunque sus presentaciones en otros lugares no se detienen. En un gran homenaje que se le brinda a Vicente Garrido en Guadalajara le interpreta un amplio muestrario de su catálogo, mientras que a

Armando Manzanero, presente en el mismo, le canta «Llévatelo», composición que nutría su repertorio hacía muchos años.

En 1996 retorna nuevamente al Festival Boleros de Oro, el 18 de junio en el piano-bar Delirio Habanero del Teatro Nacional tiene su primer contacto con el público. Al principio se siente inhibida, pero al poco tiempo fue la misma de siempre, extrovertida y jocosa. Así también se muestra en las actuaciones que realiza durante el evento y en las filmaciones del documental de Jorge Luis Sánchez *Yo me gasto la vida*. En junio de 1997 Elena retorna al Festival Boleros de Oro. Una noche en el teatro América se produce un hecho triste: al ir a pasar por la entrada de los artistas, el responsable del área no la reconoce y no la deja entrar. Ella le da la espalda y se marcha a su casa.[155] No pierde el optimismo, sigue en pie. Sin embargo, no pasa mucho tiempo en que serios problemas de salud la llevan al ingreso hospitalario y luego su traslado al Hospital de Medicina Tropical (IPK). No obstante, a fuerza de voluntad cumple lo que le expresa a muchos: seguir cantando hasta la muerte. A la periodista Ada Oramas le expresa en una entrevista «¡En la tumba voy a cantar!».[156]

Cuando se recupera un poco, graba en los estudios PM Records un conjunto de canciones de Elda Carrillo con el guitarrista Rey Ugarte Núñez y el grupo La Farándula con la aspiración de conformar un álbum que, tal vez si algún día se hace realidad, debe llevar el título pactado por ambas: *Alguien que le duela mi dolor*, pues se trata de un buceo por esos sentimientos y circunstancias de la vida que ahora ella conoce a plenitud y, en alguna medida Elda, la compositora-modista que en esos momentos tan difíciles que vive permanece a su lado.

Cuando cumple setenta años de edad, en 1998, su estado de salud es crítico. El equipo médico que la atiende en el IPK se esmera en su cuidado y luego de interminables jornadas entre la angustia y la esperanza, llega la mejoría. A inicios de 1999 un grupo de instituciones festeja su cumpleaños setenta y uno. En una de las tertulias de la Uneac, organización cuya Asociación de Músicos le otorga la condición de Miembro de Honor, recibe el agasajo de artistas y amigos como Omara, Luis Carbonell, Marta Valdés, Ángel Díaz,

---

[155] Ada Oramas: «Elena entre tú y yo», *Tribuna de La Habana*, 28 de marzo de 1999. Álbum de recortes sobre la artista. Museo Nacional de la Música.
[156] Ada Oramas: «Atrapada por el sentimiento», *Tribuna de La Habana*, 23 de junio de 1996, p. 7.

Frank Emilio, Ñico Rojas y Nancy Morejón, entre otros que cantan canciones que ha popularizado y cuentan simpáticas anécdotas.

Luego se produce otro en el Habana Café del hotel Meliá Cohíba, en el cual el poeta y narrador Miguel Barnet lee un poema en el que canta a su esencia vital. Allí se dejan escuchar Beatriz Márquez, Juan Formell con canciones que le diera a conocer al gran público, Pedrito Calvo, Miguel Ángel Céspedes, quien va acompañado de su hermano Pancho, el cual se presenta por primera vez en Cuba luego de su consagración internacional con canciones como «Vida loca», coreada por todos los presentes. El cierre corre a cargo de la Aragón, pero antes Elena con Omara canta un fragmento de «En el crepúsculo», composición muy difícil de Sindo Garay que formara parte del repertorio del Cuarteto D'Aida.[157]

Así, poco a poco retorna en condiciones muy adversas a algunos escenarios, las instalaciones del Teatro Nacional, en las que alterna con Angelito Díaz y otros artistas, ocupan lugar preferente. Un día Nisia Agüero, directora de ese teatro y especie de ángel protector para los artistas, le anuncia que el 29 de mayo de ese año de 1999, en la Sala Avellaneda, se hará una gala con música de Tania Castellanos, en el ámbito del Congreso del Sindicato Nacional de Trabajadores de la Cultura. Le pide que ella cante alguna composición, a lo que de inmediato responde que está dispuesta hasta realizar un recital

---

[157.] Helio Orovio: «Un canto para Elena», *Salsa Cubana*, no. 7-8 de 1999.

completo si se lo piden, pues admiraba extraordinariamente a esa compositora, la cual tuvo muchas atenciones con ella.

La periodista holguinera Clara Manzano, delegada a ese evento, me cuenta días después en un estudio de la emisora Radio Angulo, que los presentes sienten el corazón oprimírsele cuando con toda dignidad la Burke sale en su silla de ruedas a ser partícipe del homenaje a la destacada creadora del movimiento *feeling*. Como siempre continúa enriqueciendo su repertorio, entre las canciones nuevas aparece «El corazón partío», de Alejandro Sanz. ¡Qué lejos estaría de imaginar que este cantautor español, años después, contribuiría a proyectar su estirpe musical al mundo al colaborar en uno de los discos de su nieta Lena!

Su próxima meta era ofrecer un recital para su público. *Sueño con eso*, le confiesa a una periodista, quien le pregunta cuándo será, a lo que responde: *Hasta que yo no me pueda parar cantando «Aquí de pie», de Olga Navarro, no me presento. Y ese concierto quiero dedicarlo a los médicos y enfermeros, a todo el* personal del Instituto de Medicina Tropical, donde todavía estoy. Allí todos me tratan como mi familia.[158]

A pesar de todos los esfuerzos, Elena se ve imposibilitada de abandonar la silla de ruedas. No obstante, el 12 y 13 de junio ofrece en la Sala Avellaneda del Teatro Nacional su anhelado recital, coincidiendo con el cuarenta aniversario de esa institución. Además del respaldo del guitarrista Felipe Valdés, le acompañan el maestro Frank Fernández en «Veinte años», de María Teresa Vera y Guillermina Aramburu, el maestro Sergio Vitier en «Me faltabas tú», de José Antonio Méndez y la querida Marta Valdés en «La canción», una de las hermosas composiciones que ella le estrenara. A las instalaciones del Teatro Nacional, se suma poco después el emblemático Gato Tuerto, lugar donde cada viernes canta desde su silla de ruedas, ya sea en el escenario o desde una de las mesas de ese sitio.

[158.] Oramas, Ada: «Elena entre tú y yo», *Tribuna de La Habana*, 28 de marzo de 1999, Álbum de recortes sobre la artista, Museo Nacional de la Música.

Allí le acompaña primeramente el guitarrista Rey Ugarte y luego otros músicos como Silvio Tarín, su entrañable Froilán o la pianista Alina Torres, una de las tantas creadoras de valía que contribuye a promover a lo largo de su vida. Al Gato Tuerto y al hospital van a encontrarse con ella sus familiares, Marta Valdés, Omara y otros muchos colegas y amigos, a quienes muestra su buen carácter y su afán de seguir siendo útil a la cultura de su país. Una de sus últimas comparecencias públicas fue para el documental de Niurka Pérez *La Señora Sentimiento*. Pasadas las siete de la mañana del 9 de junio del año 2002 se produce su deceso.

Poco después órganos de prensa de Cuba divulgan la noticia y recogen opiniones de sus amigos y compañeros de labor, entre ellos César Portillo de la Luz quien expresa: «…siempre fue categórica para todo, porque obró sin hipocresía, porque nada era fingido en ella, sino auténtico, porque vivió la vida como la sintió».[159]

También se hacen eco de inmediato publicaciones de numerosos países iberoamericanos, entre ellos el periódico *Clarín*, de Buenos Aires, *La Reforma* y *La Jornada*, de México y *El País*, de España, entre otros muchos que dedicaron espacios para evocarla.

En México se volvieron a escuchar las palabras de Gabriel García Márquez cuando dijo: «Elena Burke descubre con su voz lo que hay en su interior. Por eso por donde pasa deja huella y deja huella porque sus interpretaciones consiguen imponer en el escucha el texto, la melodía y el ritmo de las canciones».

Artistas, intelectuales, familiares, gente sencilla de pueblo, acompañan su féretro en la mañana del 11 de junio, húmeda y gris, en medio de atronadores aplausos, desde la funeraria de Calzada y K hasta la Necrópolis de Colón. Al llegar a ese lugar no faltaron en medio de la tristeza, canciones que hizo muy suyas como «Para vivir», de Pablo Milanés. La poeta Nancy Morejón, Premio Nacional de Literatura, al pronunciar la oración fúnebre la compara con una siempreviva, mujer convertida en fábula, escuela y ejemplo de la canción cubana.[160]

---

[159] Odalis Troya y Antonieta César: «Con sentimiento señora», *Trabajadores*, 10 de junio de 2002, Álbum de recortes sobre la artista, Museo Nacional de la Música.
[160] Hoz, Pedro de la: «El sepelio de Elena Burke. Eso que llaman amor para vivir», *Granma*,12 de junio 2002. Álbum de recortes sobre la artista. Museo Nacional de la Música.

Ahí de pie

Yo, sin estar enamorado, como un
enamorado,
espero me pongan algo de beber
y cante Elena Burke.

Una paloma remontó el vuelo hacia
las siguarayas,
la marea baja abre ante mis ojos
abanicos de mar recién abiertos,
Un aire
como de tabaco en flor recorre la
ciudad
dormido en una hoja de recuerdos
cuando
canta Elena Burke;
sola,
libre de nosotros, pero viviendo ahí
para nosotros,
recoge ausencias y en verdor las
devuelve
una fiera, suave, soberbia gota de
amor
nos gana lentamente el alma
y brota en ese instante;
¿De qué cosa, no sé,
de qué tú hablabas
cuando estaba cantando Elena
Burke?
Yo, que no estoy enamorado, me
enamoro,
por nuestro encuentro canta Elena
Burke
y lo que ella nos cante,
así,
¿quién va a cantarlo luego?

*Nunca
se nos irá con la música a otra
parte*

Juan Luis Hernández Milián.

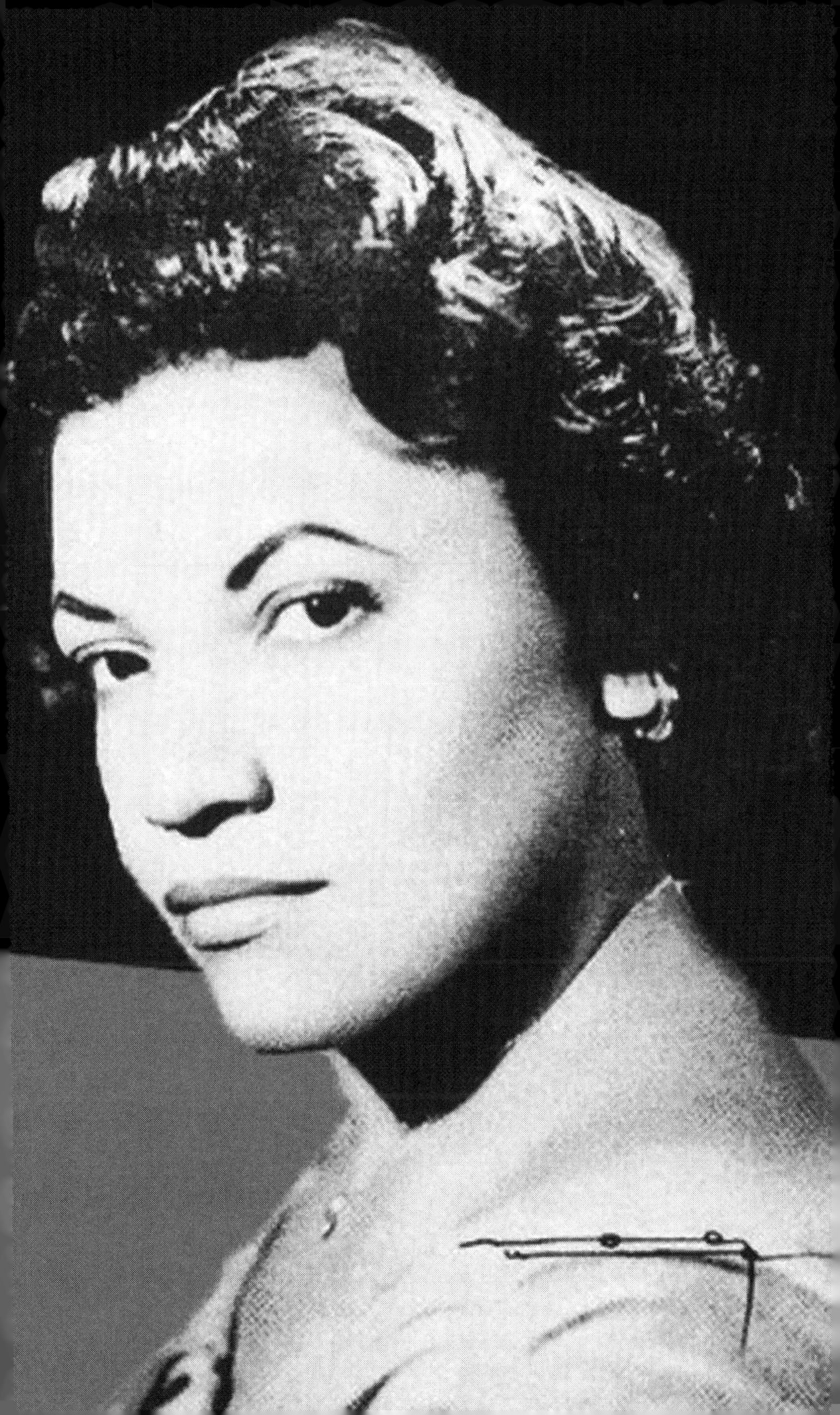

ANEXOS

VALORACIONES DE PERSONALIDADES DE LA CULTURA

Guillermo Cabrera Infante
(Escritor y guionista cubano, Premio Cervantes 1997)

[...] llevaba la canción más allá del mero límite de tónica-dominante-tónica en que se había mantenido durante decenios, introduciendo acordes inusitados en la música popular cubana, siempre rica de ritmo pero pobre de armonía, arrastrando las notas en calderones inesperados, produciendo rubatos rápidos y armonizaciones que parecían venir de Debussy a través de la música americana, de ciertos blues, de las torch songs cantadas por Ella Fitzgerald y de los arpegios, del *scat singing* de una Sara Vaughan, con los elementos tropicales de siempre del bolero que surgió de la habanera, tomando un nombre español pero siendo cubano...[161]

«Elena o la mejor acompañante»
Bladímir Zamora Céspedes
(Escritor, periodista y promotor de la música cubana)

Será por la natural costumbre de las mujeres de eludir confrontaciones con el calendario, o porque desde muy temprano ha tenido el talante de los nombres indispensables dentro de los intérpretes de la canción cubana y del resto de nuestra América, pero lo cierto es que ella produce la impresión de siempre haber estado...
Para el cubano rotundo, cualquiera que haya sido la lluvia o la sequía, nunca ha faltado Elena en una noche de privilegio cantando cerquita entre la bruma del cabaret, o humanizando el más trivial programa de radio, o desafiando la ausencia de misterio en la TV, o saliendo de entre la maleza distorsionadora de un *casette* orwo. Es una mujer que siempre ha cantado poniendo enamorada atención en cada uno de sus admiradores.

---

[161] Guillermo Cabrera Infante. Del libro *Cuerpos divinos*, Barcelona, Galaxia Gutenberg, 2010, p. 405.

Elena total, esa voz que huele a los mejores perfumes de la noche, esa voz que invita a vivir con todas sus consecuencias, que no nos falte. Ella se ha convertido en una pieza insustituible en el edificio espiritual del cubano.[162]

«Elena fue la vida»
Jorge Luis Sánchez
(Cineasta)

Elena Burke se ha ido a las profundidades insondables. A partir de ahora el misterio y el mito la acompañarán. Pero duele saber que el desenfado y el talento que habitaron dentro de ella, definitivamente no estarán más entre nosotros. Ajeno a estas ideas la llamé por teléfono una mañana de septiembre de 1996. Brevemente le esbocé mi interés, y el del Icaic, en hacerle un documental. Sin vacilación alguna aceptó recibirme en su casa para que le hablara del proyecto. Para mí, hacerle un documental a una personalidad como ella, implica estar bajo una especie de *embrujo consciente* de muchas cosas, entre estas; conocer y saber quién es la persona, pasando por el amor y el respeto, más cierta seguridad y fascinación para convencer a la personalidad de que uno está convencido de todo lo anterior. Pero con Elena nada de lo anterior era un dogma. Su poderosa intuición era quién decidía si el desconocido cineasta podía pasar de la puerta, o sencillamente quedarse en ella.

Como mi objetivo era conquistar ampliamente la sala de su casa, necesitaba lograr un impacto contundente y fecundo. Como era hija de Changó, decidí ponerme un pulóver impecablemente rojo. Luego de los saludos de rigor y la lógica tensión explicando lo que quería, Elena se abrió a una inolvidable conversación culinaria. Salí de su casa fascinado por aquella mujer conversadora, que con casi setenta años aún tenía un no sé qué perturbadoramente atractivo. Pero Elena era mucho Elena. Se me ocurrió telefonearla unas horas antes del primer llamado de filmación y me dijo que no recordaba haberme dicho que aceptaba que la filmara. ¿Cómo? ¿Y usted me va a dejar embarcado con el equipo listo para salir para su casa? Silencio... Bueno, ven para acá.

Fue una tarde maravillosa. Con una autenticidad aplastante habló de las noches, del ron, de Cuba, de México, de las enfermedades, de religión,

---

[162]. Bladímir Zamora Céspedes. «Elena o la mejor acompañante», *El Caimán Barbudo*, Edición 284, p. 6, 1987.

del amor, de Moraima Secada, de Omara Portuondo, de Orlando de la Rosa, de Bola de Nieve, de Celia Cruz y de Beny Moré. Interrumpía sus testimonios para decirme que estaba cansada de hablar, para elogiar los zapatos de alguien o para recordar que no le habíamos dado tiempo a llamar a su peluquero para que la peinara... ¡Dijo tantas cosas, esa tarde, y otras más!, hasta la frase estremecedora que escogí para título del documental: «Yo no me arrepiento de nada, *yo me gasto la vida*, yo viví».

Luego del primer encuentro, Elena no era de ella, si no, mía. Se sentía cómoda porque nunca dejábamos de mimarla y respetarla. De no haber sido porque se sentía enferma nos hubiéramos arriesgado más, ella y yo, por hacer un documental diferente. Al concluir ese primer día, no dormí. Querer y respetar a Elena no podía llevarme a hacer un documental de entrevistas y canciones. Mi propia decisión de salir sin guión previo, ni plan de filmación, aspecto este que tuvo la comprensión de Rafael Solís, el fotógrafo y de Javier, el productor, significó un desafío. Durante la noche debía encontrar ese algo que intuía. Pero no llegó, si no en la mañana cuando sentado en el auto de filmación observo al chofer. Un cuerpo alto, desgarbado y flaco, de noble rostro sesentón que me pareció el de alguien que, sin dejar de haber vivido, toda su vida ha estado esperando algo... ¿Le gustará a este hombre las canciones de Elena Burke? ¿En su vida habrá estado detrás de una barra? ¿Habrá conocido las noches de La Habana? ¿Podrá actuar? Así, sobre la marcha, apareció el barman-fan-enamorado-tímido de Elena Burke. El hombre resultó encomiable, hizo todo lo que le pedí con una disciplina y humildad impresionantes. Nunca olvidaré la pícara reacción de Elena frente a su enamorado, sobre todo cuando este, en la voz de René de la Cruz, dice más o menos así: El día que sea mía, así y viejo como estoy no se olvidará de mí. Puedo decir con orgullo que Elena disfrutó la filmación y fue la mejor espectadora de ella misma una vez editado por Manolito Iglesias. A falta de iniciativa del Icaic, que nunca lo exhibió, ni lo presentó en premier, junto con Cecilia Rodríguez, mi asistente de dirección, organizamos dos proyecciones, una privada para ella sola y su familia y otra en la Uneac. Siempre fue un privilegio verlo con Elena. Recordaré su misteriosa y desenfadada intriga cuando me decía que el documental tenía su *puntillita*, y que ella se la estaba buscando. Nunca me dijo si la encontró. Pero intuyo que esa *puntillita también* fue su regocijo al verse protagonista de un documental polisémico y sutil, que con respeto y responsabilidad la mostraba sencilla e inteligente, accesible dentro de una cubana realidad diversa y compleja, entre la nostalgia y el presente. Porque la verdadera complejidad de la vida siempre estará en la realidad y no en el arte, fue la lección más grande que me dio Elena, sin ella proponérselo, pues quise hacer un documental sobre el desenfado de una mujer artista que ha vivido, apelando a la sonrisa y a la complicidad del espectador. Creo que eso funcionó así mientras ella estuvo viva, lo pude comprobar en una transmisión que hizo la televisión en febrero del 2000 y en las tantas proyecciones privadas a las que he asistido. Pero tras su muerte, las lecturas que desprende Elena van por otro camino. Casi no hay sonrisa, si no dolor, el desenfado es trágica nostalgia. Y la mujer artista que ha vivido parece formar parte de una época irrecuperable. La mujer que con inusual sensualidad cuenta la importancia de una copita de ron antes de cantar será irrepetible, como tantos otros lo fueron. Entonces es que tomo conciencia de lo que anidó entre nosotros, del valor incalculable de lo que hemos perdido. De que nuestra insularidad es fuerte sustancia sobre la que vuela el milagro de la música; Espejo y espacio donde Elena fue mucho más que un sentimiento. Desde la dimensión donde está nos acompañará su misterio. Los que quedamos y los que vendrán, amamantaremos su mito, su leyenda. A través de su voz y de sus imágenes ella posibilitará el gozo y el desparpajo, el sentimiento y la sensualidad, el buen gusto, el amor y las noches. Y su mayor obsesión: La vida. Como *Lo material*, esa gran canción de Juan Formell que ella interpretó y que nunca debí dejar fuera... *Existir me interesa más, que soñar, solo voy a luchar por vivir más y más y más...*[163]

«Elena: el alma misma de la canción»
Nancy Morejón
(Poeta. Premio Nacional de Literatura)

Elena Burke es uno de los grandes momentos del cancionero cubano. Infinidad de adjetivos y epítetos han tratado de definirla: «Su Majestad Elena Burke» o «La Señora Sentimiento», entre los más difundidos. El pueblo, con su sabiduría, la ha definido mucho mejor: Elena. Con esa sencillez, la nombramos todos los días en las avenidas de La Habana, en puertos de mar, en un avión o en cualquier sitio del planeta o de la isla donde se encuentre. Ella misma es la historia de la canción cubana en nuestros días. [...] Temperamental, inquieta como pocas, con un afán perpetuo de creatividad, Elena supo ir buscando y supo encontrar un estilo que, más de

---

[163]. http://www.lajiribilla.co.cu/paraimprimir/nro58/1557_58_imp.html

sus cualidades, le ha dado no sólo el don de la expresión sino una libertad tan palpable que le permite interpretar a José Antonio, Portillo, Marta Valdés, Frank Domínguez e incluso un repertorio que puede ir desde un son montuno y una canción de cuna hasta las obras de Adolfo Guzmán, Orlando de la Rosa, Candito Ruiz, Ernesto Lecuona o Rodrigo Prats. Fue a Elena a quien le oí por primera vez una canción de Silvio Rodríguez y una guajira de Pablo Milanés. No era nada casual sino la prueba más rotunda de su condición de gran estilista que puede abarcar cuanto registro y cuanto acorde existan sobre un pentagrama; porque ella descubre con su voz la maravilla de lo nuevo. En ello descansa su prestigio profesional. Así la he visto siempre: joven audaz, intrépida, animadora insobornable de los reales talentos. He escuchado en su voz el tango más arrabalero, la más patética ranchera o los boleros morunos de la costa veracruzana. Elena canta y dice. México me dio el privilegio de conocer quién era Elena en esa plaza. Oí un acontecimiento en 1981: Elena cantando a Agustín Lara junto a Toña la Negra.

No es posible recibir el mensaje de Elena Burke sin conmoverse, sin entrar a un mundo sonoro de tanta perfección. Todos los públicos, de Kingston a Tokio, la han preferido por lo que comunica y por las dotes con que lo comunica. «Como un Rey Midas ella convierte en oro todo lo que canta», declaró alguien al presentarla en un concierto de gala hace unos años. Al servicio de la canción cubana y su cultura, junto a su pueblo, Elena irrumpió un día para quedarse. Su voz es símbolo de virtud. Todo pasa por el tamiz de Elena; ella todo lo devuelve con su sello natural y con su propio sentimiento. Por eso, nos pertenece y no nos pertenece. América Latina es su otra patria. De Julio Cortázar a Salvador Allende, Elena ha recibido la admiración más encendida en este hemisferio. Siempre quiero escucharla. Siempre quiero aplaudirla. Siempre la aplaudo y siempre que la escucho me convenzo de que su voz es una siempreviva y, sobre todo, el alma misma de la canción.[164]

---

[164] «Elena: el alma misma de la canción», *La Nueva Gaceta*, no. 7 de julio de 1985, pp. 16-17.

«Elena y la noche»
Reynaldo González
(Escritor. Premio Nacional de Literatura)

Años sesenta, plenilunio del *feeling*, recorrido por las estaciones del amor, qué importa si ingrato o cumplido, el amor como un *fatum* en la noche habanera. Y Elena Burke, al fin hallada y mía, o yo suyo, en una entrega renovada desde la sombra en que mejor la veo y oigo. Tintineo del hielo en el vaso, y Elena, presencia, ya atesorado recuerdo. Scheerezada, Saint-John's, el piano de Frank Domínguez, la guitarra de Froilán Amézaga, notas que se dispersan y arraciman, sorpresa de un acorde insólito. Caminos para la voz de Elena, estancias para la intensidad de sus graves y una ternura que duele. Ritmo sosegado donde el sentimiento se desplaza, dicha de estar en el sitio exacto y en la noche de cada noche. Salir a la niebla del salitre habanero con un caudal de sonidos y palabras en el tímpano de la memoria. Son años de iniciación y de incertidumbres. Afirmaciones y dudas hacen un todo. Yo camino.

La conocí antes, en una sala umbría, guarida para sensibilidades raras y refractarias. Éramos lo que llamábamos un grupo, intuíamos la existencia de otros similares, pero desconocidos. Un amigo recién llegado de La Habana a Ciego de Ávila, comarca que ansiaba las palpitaciones capitalinas, enarboló un disco de Elena, el primero que llegaba a nuestras manos. Elena sumada a nuestras tardes con Bessie, Ela, Sarah, joyas de un escueto cofre. Luego un removión dispersó el grupo y cambió nuestras vidas. Cada uno siguió a su camino, sin perder la identificación preciada: éramos *elenistas*. Elena, enigma compartido. Se ampliaba el círculo de la onda en la sentimentalidad. Luego no éramos únicos, sino muchos.

Resonancias de Elena me acompañan en La Habana, voluntad de hallarla. Mis noches de La Habana son noches de Elena. Guitarra tímida, o en *raptus* que dibuja la melodía, acento breve para la expansión de su voz. *Una melodía nace de lo hondo de mi corazón.* Terminada la jornada, los pasos me enrumbaban a sus guaridas. Apariciones raudas, inestables, cada vez un matiz sorpresivo, hallazgos como perlas. *Hecha con mi música que es un poco triste como yo.* ¿Por qué parece que la recuerdo si está presente? ¿Me hago ideas o me está mirando? ¿Canta para mí? Ni soñarlo. Canta para todos y para cada uno. Es su secreto. *Es que me emocionas tú.*

Digo Elena Burke y es como si se me acercara el mar. Una brisa de salitre en la madrugada, en mis oídos sus graves, sus cadencias, la exaltación del amor, qué importa si ingrato e inasible, los deliquios del amor como un vapor que exalta, la noche en que los sonidos arman una filosofía no del pensar, sino del sentir, de ser parte de un rito que enajena y trasciende. La noche habanera con Elena Burke impregnada de salitre —Scheerezada, Pico Blanco, La Gruta— y llegar al malecón, resuena Elena en mis oídos, la hice mía y me hizo suyo. Cadencias de su voz en el aire de salitre, me acarician sus canciones, graves y ternuras, intencionadas cadencias, un baño de aire salitroso como las caricias de su voz, sus graves, ternezas inesperadas, cadencias que se enciman y me rodean. Digo Elena Burke y aunque pasó mucho tiempo, todavía palpita en ese recuerdo inicial, iniciático, de mi juventud. Me siento como un amante que no llega a ser celoso, sería inútil. Para incontables enamorados de la noche habanera Elena Burke fue y sigue siendo la novia. Novia que en la noche nos arma y compone, nos recorre y acompaña. Va conmigo. Los demás también creen que va con ellos.[165]

«Elena lució su voz en la medida en que nos comprendió»
Marta Valdés
(Compositora e intérprete. Premio Nacional de Música)

Elena Burke, con su voz poderosa, con su descomunal sensibilidad, fue a un tiempo sierva y señora de la canción de un siglo entero. No aprendió a vivir en otro reino, no ofició jamás otra acción que no fuera paladear una vez y otra, siempre de manera distinta, la frase más feliz de una canción para renovar de mil formas diferentes un mismo milagro y dejar demostrado que es esa la naturaleza verdadera del gran aporte americano al caudal espiritual del mundo.

[...] Elena lució su voz en la medida en que nos comprendió. No he conocido un solo autor que no se haya sentido complacido con sus interpretaciones; tampoco a muchas personas que, al recibir de ella alguna de las canciones que especialmente caracterizara, no se hayan mostrado reticentes ante las versiones de otros intérpretes.

[...] No fue la fama en el mercado disquero el objetivo de Elena, sino el placer de arrastrar a su mundo lo mismo a muchos que a pocos; y siempre tuvo éxito en sus empresas y salió triunfante en sus empeños porque a ella le iba la vida en la canción que quisiera cantar. Ella lanzaba ahora diez que movían a todos, y en medio de la euforia apostaba por aquella otra que no arrancaba el aplauso pero que a ella le llenaba el corazón. Al final de

---
[165.] Reynaldo González. Elena y la noche, revista *Música cubana* 2-2008, p. 72.

cada presentación salía feliz, verdaderamente iluminada desde dentro. El paso de Elena por nuestras vidas tuvo en cada episodio un matiz diferente. Quienes compartimos la juventud con la suya en los sesenta, siguiéndola a donde se presentara con su Froilán o su Enriqueta —maravillosos cómplices de todas sus aventuras—, fuimos realmente millonarios desde una luneta en un teatro o en una pequeña sala, la banqueta de un bar o la mesa de un cabaret a todo lo largo y ancho de la isla; así tuvimos, en su entrega, la posibilidad de olvidar cualquier penuria material. Fuimos millonarios en momentos en que, según algunos libros que luego he tenido en mis manos, habíamos quedado sumidos en el silencio.

No hubo espacio por donde hacer sonar una canción que aquella presencia poderosa fuera capaz de desdeñar. La labor de Elena Burke en el oficio de sembrar canciones para que la vida espiritual de toda una nación pobre en recursos materiales, y aislada en materia de mercados a nivel trasnacional, pudiera florecer con ese esplendor que todavía nos deslumbra, tendría que valorarse como un capítulo sin precedentes, libre de posibles comparaciones. [...] Somos muchos los compositores que tenemos una deuda con ella [...] José Antonio Méndez, por ejemplo, hubiera podido agradecerle su manera de hacer corpóreo aquel: *me faltaba amor, me faltaba paz, me faltabas tú.* Juan Pablo Miranda proclamaría la magnitud de su deuda por el ímpetu con que se abalanzaba sobre cualquiera diciendo: *prefiero una y mil veces que te vayas.* Jorge Mazón, tan caballeroso, le besaría la mano por haberse encaprichado tantas veces en cantar, ante el desconcierto del acompañante de turno, aquello que decía: *Reyes Magos, ¿por qué no me trajeron juguetes a mí?.* Bobby Capó le haría un guiño por aquella licencia que dejó grabada: *juega que juegues conmigo, y a mí, ¿qué me importa?...* Del lado de acá, Frank Domínguez echaría mano a más de un recuerdo por esa picardía con que cantaba: *no llama la atención, no tiene seducción, apenas sabe enamorar.* Pablito Milanés, como cualquiera de nosotros, oiría sonar muy clarito aquel final: *eso que llaman amor para vivir.* A Ela O'Farrill le tocaría llenarse de valor para escuchar con serenidad: *si entre la gente pasa por mi lado pasas tú.* Así sucesivamente, uno a uno formaríamos una fila interminable, capaz de salvar todas las distancias, enhebrados por el milagro de su voz. César Portillo de la Luz, dueño y señor de la última palabra, empuñaría su guitarra para entonar el homenaje más bello: *se fue, pero al dejarnos se ha quedado para siempre como si nos cantara una eterna canción.* Gracias, Elena, por enseñarnos el valor de cantar.[166]

[166.] Marta Valdés. *El bolero en América Latina*. Compositores e intérpretes. Ponencias del

«Una señora llamada Elena y Sentimiento»
Norge Espinosa Mendoza
(Dramaturgo)

Me cuesta escribir sobre una mujer que rebasó todo elogio posible. Me cuesta también no hacerlo, cuando me pregunto por qué el eco de su voz extraordinaria, ese registro de contralto tan redondo y capaz de contener tantas emociones, no reaparece más entre nosotros. En plena madrugada oigo a Ella Fitzgerald cantando «Detourahead» o «Angeleyes», apenas acompañada por una guitarra eléctrica y comprendo que ya esa intimidad, esa manera tan sutil de manejar una atmósfera desde la canción, la había sentido oyendo a la Burke, con el respaldo de Froilán, entonando un tema que ella hacía indefectiblemente suyo. La busco en las canciones más secretas, como aquellas tan tempranas de Pablo Milanés que me ayudaron mientras recomponía las memorias rotas de Adolfo Llauradó para organizar los textos de ¡*Ay, mi amor*!; o en su grabación de «Canción simple», de Mike Porcel, o «El camino aquel». Todo ello convive con la imagen gloriosa de aquella mujer que en un momento determinado fue la mejor cantante viva de la isla y que no dudó en revivir su carrera con nuevos compositores, a sabiendas de que eso era lo imprescindible, negándose a quedar condenada al repertorio que ya le había regalado tantos aplausos. [...] En 1978 Elena se embarca con la Orquesta Aragón y Los Papines a un encuentro que tendrá como escenario el Lincoln Center. [...] La grabación de esa noche fervorosa nos deja oírla en plenitud. Ni siquiera la ausencia de su acompañante de siempre, Froilán, le impide arrebatar al auditorio, y mucho menos bromear: «me voy a quedar con los dos, con este y con Froilán», anuncia gozosamente. Elena Burke era su propia humanidad hecha canción, una de las escasas cantantes cubanas que rompía la barrera del escenario para hacernos sentir en casa, y que se despojaba de cualquier atavío para que la intimidad nos llevara a la confesión más sentida, lo mismo en un bolero de victrola que en su replanteo tremendo de «Nostalgia», el célebre tango de Cobián y Cadícamo. El disco que dedica íntegramente a Martha Valdés es uno de esos momentos en que no solo se está grabando música, sino un modo de hacer algo más en función de explicar al oyente cómo se calibran ciertos talentos en función de un hecho mayor y trascendental. Y es de algún modo una rehabilitación: cuando Elena estrenó «Llora», en uno de sus célebres conciertos del Amadeo Roldán, no obtuvo

Festival Boleros de Oro, Editorial Oriente, 2017, pp. 219-223.

aplausos; el éxito de la noche fue «El solfeo del amor», apenas recordable por la gracia con la que ella ataca sus fraseos sobre una melodía fácil.
[...] De su amor por México viene también el disco que grabó con temas de Vicente Garrido. Varias de esas canciones integrarían la banda sonora de un espectáculo de esencias piñerianas que estrenó Carlos Díaz con Teatro El Público. De ese montaje conservo un tema en particular: su rendición de «Coincidencia». Y la imagen de la propia Elena Burke, ya enferma y de vuelta a Cuba, en el estreno de aquel suceso, en el Trianón, que se estremecía con su voz trayéndonos de vuelta, además, «Esta casa» y «El último café». La vi en televisión, la oí tantas veces en la radio. Siempre era la Señora. La Señora Sentimiento, epíteto feliz que le regalaron en una de sus noches televisivas. Hay un *clip* delirante que por un tiempo se pudo ver en YouTube: Elena Burke canta «Yo soy tu luz», en *Buenas Tardes*, el *show* del domingo al mediodía, que en su momento más logrado tenía el mayor *rating* de la programación cubana. El público, a espaldas de Elena, apoya su interpretación agitando pedazos de papel brillante, creando reflejos inesperados mientras ella, relajada y feliz, dobla el tema de Formell: una de esas visiones casi ingenuas de un modo de hacer televisión que ya no regresará. Pero mi recuerdo de lujo, ese al que vuelvo cuando visito a Malena Burke en Miami y por un momento nos refugiamos en la habitación de su casa que está cubierta de fotos, afiches y discos de su madre, es aquel concierto de 1995 que Elena ofreció en el Teatro del Museo de Bellas Artes para cantar el repertorio de Martha Valdés. La presentó Corina Mestre y la acompañó al piano en varios números el mismísimo Frank Emilio. Apoyada en sus amigos, volviendo a las canciones con las que se identificaba sin esfuerzo, me regaló una de esas lecciones que querré no olvidar. Incluso, si me arrebatan la memoria.
[...] Se esfumó en el 2002, y recordarla es volver a un espejo donde su voz nos dibujaba en ciertas horas del día, y sobre todo, de la noche. No se puede clasificar a esta mujer, ni fijar su recuerdo bajo un cristal. Se resiste al museo, al papel de la diva, se le escapó a los empresarios del *worldmusic* y pervive como un secreto habanero. Cuando quiero sentirme acompañado, vuelvo a ella como vuelvo a una imagen de mi madre. Ella sigue viva en esa familiaridad, en su cubanía insoslayable, cuando entonaba «Son al son».
En un tiempo en que la música de la isla parece olvidar cuáles son sus mejores amparos, Elena Burke nos los recuerda con la tranquilidad de la reina que no necesita mostrar su corona, sino su autenticidad. Me alegra que la ciudad y el país la recuerden, que volvamos a encontrarla en esas

fotografías o cuando queremos imitarla en sus entradas dichosas, cantando «Amigas» junto a Omara y Moraima. Y siento que le debemos más, que su amplia discografía merece aún un repaso más cuidado, hasta rescatar las joyas que dejó inéditas. No alcanzó el tiempo para oírla lo suficiente, para agradecerle tantas cosas. El tiempo de su vida, digo. Que no falte en el de las nuestras, en las noches de esa Cuba sentimental que tenemos por delante, hora y momento para seguir aplaudiéndola.

«Ella era el filin. Todo el filin»
Pedro de la Hoz
(Escritor y periodista)

A media luz. Únicamente a media luz. No sé dónde, si en el Scherezada o en el Pico Blanco. O tal vez en el bar Escambray del Hotel Jagua, de Cienfuegos. O en el Club 21, con Rubén Rodríguez de mediador, ese compositor y narrador deportivo que merece ser recordado. Mulata, gruesa, con rostro de gozo y sufrimiento según viniera la melodía. Pero definitivamente melancólica. Eterna y fugaz, como la sustancia de su propia existencia. Esta es la Elena Burke que hoy quiero recordar después de saber su adiós en medio de una mañana febril de domingo de junio. No pudo más, aunque pudo demasiado con esa inmunodeficiencia fatal que le destrozó la sangre, no la canción, en estos últimos años. La vi, vimos llegar a El Gato Tuerto, el reducto de la noche habanera, estos tiempos recientes, herida de vida, con su libreta de repertorio, habitada por clásicos y nuevas propuestas, como los boleros innombrables de Elda Carrillo, al filo de la media noche, reina sobre su pedestal, aplaudida por el círculo de sus admiradores de siempre —Raúl Acosta, que sabía todos sus actos, a la cabeza— animada por las cuerdas de una guitarra insomne.

Ella era el filin. Todo el filin. Todo el sentimiento en su voz de contralto. Lucida voz filtrada por el ron añejado en las penas o el estupor de la cerveza... Ella fue un clásico viviente, el vivo rescoldo de una pasión. Me faltabas más, me faltabas tú, me faltabas amor, te decíamos, Elena y nos respondías, como en aquel bolero himno de Olga Navarro: estoy aquí de pie. No hay que decir más: este es tu paisaje.[167]

[167.] Pedro de la Hoz. *Granma* 10 de junio de 2002.

«Nuestra Sarah Vaughan»
Rosa Marquetti
(Escritora y filóloga)

Elena Burke no es solo una de las más grandes cancioneras de su tiempo: es una de las más grandes en la historia de la música cubana. En su caso, se cumple la excepción —cada vez menos excepcional—, según la cual no siempre el *mainstream* hace justicia al talento y a la grandeza interpretativa: tras un tránsito exitoso por el Cuarteto D'Aida, del que fue una de sus fundadoras, Elena comenzaría su triunfal carrera en solitario, que solo tuvo un esbozo en aquella primera grabación que hiciera bajo la marca norteamericana Lina Records entre 1949 y 1950, y como continuidad, su presencia tenaz en los clubes de la noche habanera. Con sus primeros LP grabados con el sello Gema y los que siguieron bajo la marca Areíto-Egrem, el posible posicionamiento internacional de Elena Burke no ocurrió en la magnitud que su enorme aval como cancionera, pues Cuba había salido —o había sido sacada— del mercado internacional de la música. Siempre me sorprende la finura de su sensibilidad a la hora de elegir su repertorio y la agudeza para descubrir diamantes ocultos en compositores emergentes, la capacidad para engrandecer una obra que pudo pasar inadvertida entregando sentir y vivir en los que se identifica el más común de los mortales. Elena fue grande, inmensa, como continuidad de un estilo y fijación del suyo propio en el ámbito del *feeling*. Para mí, Elena Burke es nuestra Sarah Vaughan, con toda la carga de simbolismos y certezas que puede caber en ambos nombres.[168]

---

[168] Rosa Marquetti. Testimonio via email para este libro a Armando Nuviola.

DISCOGRÁFICA

Dada la extensión de su quehacer discográfico, las reediciones e inclusiones en antologías y selecciones de música cubana, muchas de las cuales son reseñadas en el cuerpo del libro, aquí incluimos principalmente los álbumes y *extended plays* más importantes. No obstante, están casi todas sus grabaciones originales. Esta selección parte del estudio que sobre la discografía cubana recoge Cristóbal Díaz Ayala en su libro *Cuba canta y baila*, pero agregando otros fonogramas, precisando fechas.

Con Orquesta Bufartique
Ca1949 Lina 11 CU **Quédate esta noche** / b   G. Porres

Con el Conjunto Pablo Cairo
Lina 1503 CU **Lejano amor** / b
B,P, C – c/ Elena Burke, Modesto Pérez y Pablo Cairo
Ca. 1952 CU **La rumba de hoy** / gu-r PC B,P,C TR-062

Lp Gema 1102 *Elena Burke - Con el calor de tu voz* (La Habana, 1958) Con la orquesta Gema, director y arreglista Rafael Somavilla. Reeditado en 1973 como Gema COL-025

Cara A
Perdido amor / c C. Portillo de la Luz
De ti enamorada / c J.Gutiérrez
Anda, dilo ya / b   E. Duarte
El hombre que me gusta a mí / slow F.Domínguez
Juguete / ft-lto   B. Capó
Mil congojas / b   J. P. Miranda

Cara B
La triste verdad /b M. Ruiz Armengol
Qué dirías de mí /c M. Grever
Aunque tú no me quieras / c M. Ruiz Armengol
Qué tristeza /c M. Ruiz Armengol

Libre de pecado /c A.Guzmán
Vivo en mi soledad / c E. Valera

Lp Gema 1121 *La Burke canta* (La Habana, 1959). Acompañamiento de Meme Solís, p; Pablo Cano, g. elec; Guillermo Barreto, bat; Orlando Hernández, bajo; Angel Ortiz, tumb.

Cara A
Déjame sola / c R. Cantoral.
Ebb tide / c Maxwell-B.Collazo
Hastiada del amor / c E. Valera
Tú no sospechas / c M.Valdés
Nuestro mundo / c R.Touzet
Para seguirte adorando / c M. Solís

Cara B
Idilio / b A. Tariche.
Qué infelicidad / c M. Solís.
Inconsciente corazón y Corazón / c-c R. Barrios-E. Sánchez de Fuentes.
Torpeza / c V. Garrido
Ni llorar puedo ya / c E. O'Farrill
Es una verdad quererte / c M. Solís

Lp Gema 1120 *Gemas de Navidad* (Varios) (La Habana, diciembre 1959) Reeditado como Kristal 55520
A dúo con Omara Portuondo (Piano y ritmo)

La mano de Dios J. A. Jiménez.
Canción de Pascuas (Merry Xmas to you)

Lp Gema 1155 ó 1143 *Es contigo* Elena Burke (La Habana, 1961) Orquesta y arreglos de Eddy Gaytán. Reeditado como Rumba 55555. Los marcados con reeditados en CD ARO 182.

Es contigo / b Marta Valdés
Llanto de luna / b-mb J. Gutiérrez
Tú, mi rosa azul / b Jorge Mazón
Tu razón / b Pablo Reyes

Mala noche / b Alberto Domínguez
Mi carta / b Mario Clavel
No pienses así / b Pepé Delgado
Qué me ha quedado / b F. Domínguez
Brisa tropical / gj-mb Cora Sánchez Agramonte
Si no hay razón / b Piloto y Vera
Anoche fue / b B. Collazo
Te he buscado / bO. Alburquerque

Lp Gema Nac.1145 De los dos-Fernando Álvarez-Elena Burke (La Habana, 1961). Orquesta dirigida por Adolfo Guzmán y Rafael Somavilla. Incluimos aquí solo las cantadas por Elena o a dúo

De los dos / b T. Castellanos dúo
Me miras tiernamente / c Yáñez y Gómez
Burla / bJusto Fuentes
Alma con alma / b Juanito Márquez
No hagas caso / b M. Valdés
Me faltabas tú / bJ.A.Méndez

Lp INC 1004 *Juan Almeida y sus canciones* (La Habana, noviembre de 1961). En este disco Elena canta con el respaldo de las orquestas de Rafael Somavilla o Adolfo Guzmán.

Yo quisiera tenerte
Fue anoche

Lp Gema Nac.1149 *Bellos recuerdos - Elena Burke* (La Habana, ca.1963). Con Froilán Amézaga, g; Frank Domínguez, p; Rolando Aguiló, fliscornio. Reeditado fuera de Cuba como Lp Palma 1002 *A solas con Elena Burke* y Fire 1977 agregando *La sentencia* de Salvador Levy.

Bellos recuerdos / b P.Vega
La dulce razón / c F.Domínguez
Canta lo sentimental / b U.Gómez Montiel.
Aquí de pie / b F.Mulens-O. Navarro.
Cuando pasas tú E.O'Farrill.
Presiento que me perdí / b G. Rodríguez

Canción de un festival / c C. Portillo de la Luz.
Duele / c Piloto y Vera.
Ese hastío / c M. Solís
Me atrevo a jurar / c Carol Quintana.
Por si vuelves / b M. Valdés.

Lp Areito 1026 *Canta La Burke* (La Habana, ca. 1965). Dirección y arreglos de Adolfo Guzmán y Rafael Somavilla. Reeditado fuera de Cuba como Suave 124, eliminando *Tu razón* y *Luna sobre La Habana*.

Burla / bJusto Fuentes
Te he buscado / bOA
Alma con alma / b. Márquez
Me miras tiernamente / c Yánez y Gómez
Me faltabas tú / bJ. A. Méndez
Tu razón / b Pablo Reyes
Si no hay razón / b Piloto y Vera
Qué será, es el amor / b F. Mulens
Fue anoche / b J. Almeida
Tu no hagas caso / b M. Valdés
Luna sobre la Habana / c M. Snekal
Qué desesperanza / c E. Pessino

Lp Egrem 3202 Elena Burke con Frank Emilio y Meme Solís (La Habana, ca.1965), pianos.

Repróchame /b José Antonio Méndez
Miedo de ti /I. Carrillo
No es posible querer tanto /A. Guzmán.
Tú y mi música /Andrés Echeverría (Niño Rivera)
Estás conmigo /José Sabre Marroquín
Esta dicha nuestra /b Ñico Rojas
Yo a ti te adoraba
Amada sombra /U. Gómez Montiel
Ay amor /I.Villa (Bola de Nieve)
Un nombre en la arena /b Orlando de la Rosa
El eco de tu amor
Música de ti /b Armando Guerrero

LP Melodía (URSS). *Juan Almeida. Música y canciones* (La Habana,1966). (Varios). Elena interpreta.

El Puente

Lp Egrem 3249 *Sorpresa Musical* (La Habana, 1967) (Varios). Grabado en Areito EP 6062 de la Aragón con arreglo de R. Lay e incluido en otros discos.

Persistiré /b Rubén Rodríguez

EPA Egrem 6113 *Elena Burke con la Orquesta Sinfónica del Chachachá* (La Habana,1968). Director Enrique Jorrín.

Si te contara / b   F. Reina.
No es posible querer tanto / A.Guzmán.
Me encontrarás /b T. Castellanos.
Ahora sí viviré V. Rodríguez

EPA Egrem 6143 *Elena Burke con la orquesta Revé* (La Habana, 1969) Todas las composiciones de Juan Formell.

259

El chala con cha chá / son shake
Mi optimismo / canción
Un diálogo / afro shake
La chica solitaria / guajira

Lp Polydor 6064 Los pequeños detalles de Elena Burke (Ciudad de México, 1969).

Pequeños detalles/ c S. Santana
Lo sabes A. Zentella
El madrugador / gj J. R. Sánchez
Tengo el secreto V. Garrido
El tiempo dirá Elena Julián
Lluvia en mi corazón T. Randazzo, &
Cuidado Ch Novarro
Aquí o allá Piloto y Vera
Amanecer con mambo O. Peña
Destino incierto R. Rodríguez
La razón de sufrir C. Quintana

Lp Areito 3297 *Elena* (La Habana,1970) Con la Orquesta Cubana de Música Moderna dirigida por Rafael Somavilla. Reeditado como Lp ISA 2002 y como Lp Musicuba 11-1007, este sin *Y como sea* y *Mi guajira de hoy*.

De mis recuerdos / afro-shake J. Formell
Hay un grupo que dice / shake S. Rodríguez
Mis 22 años / gj P. Milanés
Y como sea / c-rk M. Solís-Chucho Herrera
Un diálogo / afro-shake J. Formell
Pero qué será de mí / shake J. Formell

Cara B
Y ya lo sé / shake J. Formell
Hay mil formas / fantasía M. Valdés
Me voy a desquitar / gu-shake Francia Domech
Mi guajira de hoy / gj-shake Piloto y Vera
Lo material / shake-blues J. Formell
Yo soy tu luz / shake J. Formell

Lp Areíto 3374 *Elena Burke* (La Habana, noviembre 1971). Con la Orquesta Cubana de Música Moderna, dirigida por Paquito D'Rivera, y Orquesta ICR con dirección de Adolfo Guzmán, Roberto Valdés Arnau, Rafael Somavilla, Juan Formell y Eddy Gaytán. Arreglistas: Juan Formell, Eddy Gaytán, Pedro Coto, Jorge Estadella y Tony Taño.

Cara A
Y hoy te quiero más / samba-shake J. Formell
Por tu falso amor / c A.Guzmán
ALA-CD700
En nosotros / c T. Castellanos
Y después / c Nenita Sueiro
A ti destino / c-b R. Rodríguez
Con tus mentiras / c E. Gaytán

Cara B
Para vivir / c P. Milanés
Decide tú / c J. Almeida

Y lo que quieras / c C. Ruiz
Niña sin calor de madre / fantasía. Ana. L. Curiel
Y... si llueve / c T. Castellanos.
Amor y solfeo / shake cubano L. Rojas

EPA Areito 6343
Te doy una canción, fantasía de Silvio Rodríguez, arreglo de R. Somavilla (La Habana,1973)

EPA Areito 6349
Pequeños detalles, fantasía de Sarita Santana, arreglo Alfredo Pérez Pérez, (La Habana,1973.)

LP Casa de las Américas- 4
Hasta la victoria siempre, Che querido (Varios) (La Habana, ca 1973).
Canción del Guerrillero Heroico / c D. Viglietti.

Lp Areito 3509 Elena Burke (La Habana, ca.1975) con la orquesta Egrem dirigida por Tony Taño. Orquestaciones: Gustavo Rodríguez (GR), Carlos López (CL), Tony Taño (TT), Josefa Cabiedes (JC), Rembert Egües (RE), Rafael Casas (RC), Pedro Coto (PC), Fabio Landa (FL), Francisco García Caturla (FGC).

El sol apareció para los dos / b G. Rodríguez. GR
Dices que no tengo sentimientos / b C. López CL
Todo comienza de nuevo / Alberto Morgan TT
Tengo de la vida el amor / c-shake Leopoldo Ford JC
Si algún día estás triste / b Nenita Sueiro TT
Puedo mover las montañas / c Gustavo Casals RE
Cementerio de novias / b Gustavo Rodríguez GR
Sin mi no vivirás / b Encarnación Burke RC
De los dos / c T. Castellanos PC
Dí qué puedo hacer / b Baz Tabranes FL
Din dan din don / c Luis Rojas PC
El viento, la lluvia, la noche y tú / bal Rubén Calderiuz FGC

LD-V-3. *Viet Nam canta a Cuba, Cuba canta a Viet Nam* (La Habana, ca 1979) (Varios)

La hora de todos

Lp Areito 3869 *Elena Burke - De lo que te has perdido* (La Habana, 1980). Orquesta Egrem dirigida por Adolfo Pichardo. Orquestación: Enriqueta Almanza, Niño Rivera, Reinaldo Montesinos

De lo que te has perdido / b Dino Ramos
Para gastarlo contigo / b Saturno Bruqueta
Amor en festival / b Niño Rivera
Lo que yo te amé / b-shake Orlando Rosabal
Si vieras / c-b Tite Curet Alonso

ALA-CD700
El amor se acaba / b Osvaldo Rodríguez
Yo no soy tu amiga / b Armando Manzanero
Mitad mujer, mitad gaviota / c Lolita de la Colina
Ausencia / b Rafael Hernández
Llora / c Marta Valdés
Sino / s Enrique Núñez Díaz

Lp Egrem 4012 *Con Jorrín en el Capri* (La Habana, 1980) Grabado en vivo en el cabaret del mismo nombre. Cantan Elena Burke (EB), Tito Gómez (TG), Alberto Bermúdez (AB), Omara Portuondo (OP). Reeditado por Musart lp 70564.

Pelotero la bola / gu Feliciano García TG, EB (pero intercalan boleros) AB,OP
Tranquilidad / mt E. Jorrín EB, AB (pero intercalan boleros) TG,O
Mi corazón es para ti -Nuestras vidas / b-b O. de la Rosa EB,OP

Lp Egrem 3981 *Aragón Volumen 1* (La Habana,1981).Varios
Son al son /C. Portillo de la Luz
Nostalgia /Cobián-Cadícamo

Lp Egrem 3985 *Marta Valdés. Nuestros autores* (La Habana, 1981). Varios. Con orquesta Egrem dirigida por Pichardo.
Elena con Frank Emilio al piano.

En la imaginación / c

Elena con saxofón y arreglo: L. Huergo.
Sin ir más lejos / c

<u>Lp Egrem 4113</u> *Grupo T con E* Dirigido por Lázaro Valdés Espinosa. Ca 1983.

Rica pulpa / pr Eliseo Grenet
Déjame olvidarte /b Yáñez y Gómez
Son de la loma / s M. Matamoros
Tú eres un barco / g Lázaro Valdés Rodríguez
Acaricié también las espinas /b Lázaro Valdés Espinosa

<u>Lp Egrem 4379</u> *25 Aniversario de la música de Juan Almeida* (La Habana, 1986). Varios. Orq. dir. por Adolfo Pichardo.

Decide tú /b J. Almeida
Este son homenaje / s J. Almeida

<u>Lp Areito 4408</u> *Al ritmo del chachachá*, de la Orquesta Jorrín. Cantan Emilia Morales (EM), Bobby Carcassés (BC), Elena Burke (EB), Annia Linares (AL). Orquestación: Enrique Jorrín, Félix Reina, Bobby Cascassés, Jorrín con Alfredo Pérez. Ca 1986.
Este son homenaje J. Almeida EB

<u>Lp Areito 4489</u> *Elena Burke canta a Marta Valdés* (La Habana, 1988).Productora: Marta Valdés. Frank Emilio (piano), Enriqueta Almanza (piano), Carlos Emilio (guitarra).

Llora, llora / c
Como un río / c
Tú no sospechas / c
Tengo / c
Tú no hagas caso / b
Canción sin título / c
Hay mil formas / c
Juego a olvidarme de ti / c
José Jacinto / c
Macayá / c
Aida / c

La canción / c

Lp Egrem s/n *Filin, medio siglo de sentimiento cubano* Varios.

Tú mi adoración / b J. A. Méndez
Sufre más / b J. A. Méndez
Por mi ceguedad /b J. A. Méndez

Lp Egrem 4527 *Varadero 88 en vivo* (La Habana, 1988)(Varios) grupo Arturo Sandoval y Cuarteto Génesis. 1988.

Sin ir más lejos / c M. Valdés
Homenaje /c P. Milanés

LP Egrem 4696 *La música de Frank Domínguez*

Tú me acostumbraste, (La Habana,1990)
Imágenes Elena y Frank Domínguez
Refúgiate en mí Elena
Me recordarás Elena y Frank Domínguez
Mi canción a La Habana Elena

Lp Egrem 4792 ó C-4792 *Aquí de pie - Elena Burke, 50 años de vida artística* Vol.1 (La Habana, 1992). Dirección y arreglos: Enriqueta Almanza. Productores: Jorge Rodríguez e Iraís Huerta.

No te importe saber / b R. Touzet
Aquí de pie / b F. Mulens-O. Navarro
Inolvidable / bJ. Gutiérrez
Humo y espuma / b R. Rabí
La gloria eres tú / b J. A. Méndez
Qué sabes tú / b M. Silva
Cansancio / b O. de la Rosa
La bruma de Efraín y Luis Ríos
Alma libre / b J.Bruno Tarraza
Ya es muy tarde Candito Ruiz
Cómo fue / b E. Duarte
Cuando se dice adiós Efraín y Luis Ríos

Acerca el oído / b A. Rodríguez
Que te vaya bien / b F. Baena

Lp Egrem 4793 ó C-4793 Aquí de pie - Elena Burke, 50 años de Vida Artística Vol. 2. (La Habana,1992). Dirección y arreglos: Enriqueta Almanza. Productores: Jorge Rodríguez e Iraís Huerta.

Todos los ojos te miran / c Pablo Milanés
Mis sentimientos Piloto y Vera
Qué difícil es /b Juan Pablo Miranda
Nuestras vidas / b O. de la Rosa
Mi corazón es para ti / b O de la Rosa
Aburrida / b Concha Valdés
Todo y nada V. Garrido.
Mentiras tuyas / b M. Fdez Porta
No pidas imposibles / b F. Domínguez
Plazos traicioneros / b L.Marquetti
Qué te pedí / b F. Mulens
Quiéreme mucho / b G. Roig
Por eso no debes / b M. Lecuona
Angustia / b O. Brito
Añorado encuentro / b P y Vera

C-4800 *Elena Burke canta a Vicente Garrido* (La Habana, 1992). Producido en 1997. Productora: Marta Valdés. Grabación: Ramón Alom. Piano, Vicente Garrido. Reeditado como CD por la Egrem 1999 y en Pentagrama LPCD-453, pero agregando *Tengo el secreto* y *El verdadero amor*.

En tu lugar
Todo y nada
Tú me olvidas
Tanto daño
Conformidad
Por la rivera del sueño
Mi bolero
No me platiques más
Torpeza
Ojalá

Aunque llegues a odiarme
Coincidencia

CD Orfeón JCD-11967 (2) *Las reinas de Cuba - Olga Guillot y Elena Burke* (Ciudad de México, 1996). Los de Elena son:

Amor que malo eres / b L. Marquetti.
Un poco más / b AC
La puerta / b L. Demetrio
Cenizas / b W. Rivas
Si me comprendieras / b J. A.Méndez
Delirio / b C. Portillo de la Luz
Mala noche / b Alberto Domínguez
Todo y nada / b   V. Garrido
Cómo fue / b E Duarte
Nocturnal / bJ. S. Marroquín
Consentida / b ANB
Ya no me quieres / b M. Grever.
Qué me importa / b M. Fdez Porta
Quiéreme mucho / b G. Roig
Confidencias de amor / b G. Lombida
Albur / b P. Treviño, &

CD Música del Sol 7007 *Elena Burke - Boleros exclusivos* Editado en España, 1997. Contiene 15 números aparecidos en los Lp's Areito 3509 y 3869.

CD DISCMEDI 057 *A solas contigo* Desde 1962 a 1975 se transmitió por la emisora Radio Progreso de la Habana este programa en que Elena Burke, Meme Solís y Luis García fueron las figuras principales. El primer número está cantado por todos, y los siguientes por Elena sola.

Una melodía E. O'Farrill (Tema del programa)
Extraños en la noche B. Kaempfert
Siempre que hablo contigo G. Rodríguez
Buscando un perfil amigo E. O'Farrill
Qué pasará conmigo Teresa Diego
Porqué y porqué A. Larrinaga
Y por tanto Charles Aznavour

El dorado sueño Gustavo Rodríguez
Por qué seguir fingiendo L. F. Vargas
Vivir es vivir Francis Lai
Estuve enamorado M. Alejandro
Tema del filme *Los Paraguas de Cherburgo* M. Legrand
Allá tú /b Álvaro Carrillo

CD Virgin Record 8485722 *Elena Burke en persona* (La Habana, septiembre de 1995). Con Enriqueta Almanza, p.; Felipe Valdés, g.; Tata Güines, tumba; Junio Isel, bg.

El último café / b Cobián-Cadícamo
Una semana sin ti / b V. Garrido
Cosas del alma
Quédate Conmigo / Pepé Delgado.
Siempre junto a ti / b
Y entonces / c Siro Rodríguez
Bonita / b L. Alcaraz
Amor de mis amores / b-s A. Lara
Tú y mi música / c N. Rivera (A.Echeverría)
Temor - Sorpresa - R. Hdez –G. Curiel- A. Lara
Te he visto pasar / b.
Contigo / b C. Estrada
A la orilla de un palmar / b M. Ponce
Esta casa / c Aldemaro Romero
Tu retrato / b A. Lara
Un viejo amor / b A. Esparza Oteo
Quién / c Aldemaro Romero
Y háblame / b Paco Michel
Ahora para qué / c Carol Quintana
Amar y vivir
Vuélveme a querer
 Canción del alma / b C. Velázquez –M. Alvarez –R. Hdez
Tú mi amor divino / b J. A. Méndez
Hay todavía una canción / b M. Valdés

El álbum homónimo de la Egrem 4861/62 contiene los anteriores y además:

Qué par de pájaros /c Paz Martínez
En mi Viejo San Juan /b N. Estrada
Cenizas /b W. Rivas
Llorando por dentro /c Arturo Castro

CD Egrem-ICM ARTISTS 0362 *Concierto en el Lincoln Center. De La Habana a Nueva York.* Grabado el 28 de diciembre de 1978. Producido en Cuba en 1999.Productor: Jorge Rodríguez. Recoge también interpretaciones de la Aragón y Los Papines.

Elena acompañada por la Aragón

Persistiré / b de Rubén Rodríguez
Con el guitarrista Tomás Morales:
Mil congojas /b J. P. Miranda
Tú, mi delirio / b C. Portillo de la Luz
El amor se acaba / b O. Rodríguez
Duele / b Piloto y Vera
Tú, mi rosa azul /b J. Mazón
Una melodía /b Ela O'Farrill
Llegaste a mi cuerpo abierto / c P. Milanés

ALGUNAS CANCIONES DE SU REPERTORIO

Aquí de pie
Texto: Olga Navarro
Música: Fernando Mulens

Estoy aquí de pie
frente al paisaje que nos vio soñar,
estoy aquí de pie
con tu recuerdo y este gran dolor
de no tenerte ya.
Seguiré, hay que seguir viviendo así
aunque no pueda ya soñar,
ni descansar,
hay que seguir, hay que seguir.
Estoy aquí de pie con mi fracaso
que no divulgaré
porque aunque muera sé que siempre seguiré
Aquí de pie.

Canción de un festival
Texto y música: César Portillo de la Luz

Quiero recordar las horas
de los días felices
que vivimos ayer
y volver a caminar las calles
que un día paseamos
y volver a sentarme en los parques
donde te besé,
y recordar,
y recordar,
las horas bellas de nuestro ayer.

Por eso quiero, cuando me recuerdes,
que sea sin rencor, dolor ni pena
porque al fin
son las horas de amor y de dicha
las que vale la pena guardar
para poder encontrar cada día
la razón de vivir.

Canta lo sentimental
Texto: Yodi Fuentes
Música: Urbano Gómez Montiel

Esta tristeza se niega al olvido
como la penumbra a la luz,
quiera el destino que puedas volver
un día para recordar.
Sentimental mi ventana se vuelve,
las cosas parecen pensar,
llueve en la calle
y dentro de mi canta lo sentimental.
Todos los días me duele
la tristeza que me da
y se me cae del recuerdo
un nido de soledad.
Para volar mi paloma se pierde
como un pañuelito de luz,
baila la lluvia y dentro de mí
canta lo sentimental

Cuando pasas tú
Texto y música: Ela O'Farrill

Si entre la gente que pasa por mi lado
pasas tú
me sería imposible ocultar lo que siento
y todos sabrían que yo te quiero a ti.
Por eso me duele que sigas dudando
de esto que siento por ti,

no me reproches por todas las noches
que tuve que vivir.
Fueron noches muy largas,
fueron noches sin luna,
a las que tú pones fin.
Si entre la gente que pasa por mi lado
Pasas tú
no sufrirías al darte cuenta
que en medio de esa multitud
mis ojos van hacia ti.

Duele
Texto y música: Piloto y Vera

Duele, mucho, duele
sentirse tan solo,
nada nace en mi alma
más que este sufrir
que es vivir atado al fracaso,
que es sentir inútil mis brazos.
Duele, mucho, duele
verte sin regreso,
saber que ha llegado el fin
de todos tus besos.
Que es por mi culpa que estoy,
hoy padeciendo mi suerte,
duele mucho ser como soy,
duele, duele,
Vivir.

En nosotros
Texto y música: Tania castellanos

Cuando te vayas de mí
muy quedo
te seguirá mi canción
del alma,
tendrás mi eco de amor

en tu recuerdo,
por eso en vano te irás,
me seguirás queriendo.
Y si vagando sin mí
a solas
ves una estrella cruzar
la noche,
es que te dice por mí
te amo
y que tú sigues en mí
viviendo.

Libre de pecado
Texto y música: Adolfo Guzmán

Aunque sé que tu amor es imposible
mi vida te reclama día a día,
y aunque sé que nunca te he besado
el ansia de besarte es mi tormento.
Quién sabe si el destino alguna vez
nos libere de amores diferentes
y entonces nos hablemos frente a frente
con los labios ausentes de pecado.
Porque amarse con el pensamiento
es el más puro de todos los amores,
vivamos para siempre sin un beso
este amor que está libre de pecado.

Llanto de luna
Texto y música: Julio Gutiérrez

Llanto de luna en la noche sin besos
de mi decepción,
sombra de pena, silencio de olvido
que tiene mi hoy.
Llaga de amor que no puede sanar
si me faltas tú,
ebria canción de amargura

que murmura el mar.
Cómo borrar esta larga tristeza
que deja tu adiós,
cómo poder olvidarte si dentro,
muy dentro estás tú,
cómo vivir así en esta soledad
tan llena de ansiedad de ti.

Inolvidable
Texto y música: Julio Gutiérrez

En la vida hay amores que nunca
pueden olvidarse,
imborrables momentos que siempre
guarda el corazón,
porque aquello que un día nos hizo
temblar de alegría
es mentira que hoy pueda olvidarse
con un nuevo amor.
He besado otras bocas buscando
nuevas ansiedades
Y otros brazos extraños me estrechan
llenos de emoción
pero sólo consiguen hacerme
recordar los tuyos,
que inolvidablemente vivirán en mí.

Me faltabas tú
Texto y música: José Antonio Méndez

Me faltaba amor, me faltaba paz,
me faltabas tú.
Cómo iba a pensar que hoy pudiera amar
más hondo que ayer.
Llegaste a mi vida,
a borrar las noches
de amargo desvelo,
a darme la luz, tú que eres mi sol,

que eres mi consuelo.
Y hoy que siento así, en el corazón,
estar junto a ti,
se enlutó el dolor
y la confusión
ya no existe en mí.
Ahora soy feliz porque la razón
la he encontrado al fin.
Me faltaba amor, me faltaba paz,
me faltabas tú.

Mil congojas
Texto y música: Juan Pablo Miranda

*Prefiero una y mil veces que te vayas
porque no eres leal a mi persona,
prefiero una y mil veces que te vayas
para apartarte así de mi memoria.
No oirás de mí un lamento ni una queja
aunque me estén matando mil congojas,
prefiero una y mil veces que te vayas
porque de ti no quiero ni la gloria.*

Persistiré
Texto y música: Rubén Rodríguez

*Persistiré
aunque el mundo me niegue toda la razón,
aunque me auguren una gran desilusión
pues sé que ha de triunfar mi corazón.
Insistiré,
hay que enfrentarse a la vida con valor,
hay que seguir los dictados del amor,
vale la pena mantener esta ilusión.
Aunque el mundo me diga
que debo dejarte
yo persistiré,
aunque todos me miren*

queriendo burlarse
insistiré.
Persistiré
aunque me auguren una gran desilusión,
hay que enfrentarse a la vida con valor,
vale la pena sufrir por este amor.

Tú, mi rosa azul
Texto y música: Jorge Mazón

Llenaré de mí tu alma,
correrá en tus venas sangre de las mías
y en tu corazón vivirá mi sentir.
Tú en mí y yo en ti,
uno los dos.
Llenaré de ti mi alma,
tú serás mi mundo, tú, mi tierno valle,
tú, mi rosa azul, tú, mi verde amor,
tú, tú.

Nuestras vidas
Texto y música: Orlando de la Rosa

Quiero decirte cuando estemos solos
algo muy profundo, íntimo más bien.
Es para hablarte sobre nuestras vidas,
vidas fracasadas por la incomprensión.
Nuestras vidas quisieron ser algo
pero no son nada,
se han perdido como la mañana
se pierde en la tarde.
Nuestras vidas, líneas paralelas
que jamás se encuentran,
fue el destino que envolvió en sus sombras
nuestro gran amor.
Nuestras vidas que quizás un día
valieron un poco,
hoy no valen no digo ya un poco

ni siquiera nada.
Ya es muy tarde para arrepentirnos,
son cosas que pasan,
nuestras vidas no se comprendieron,
ya no hay más que hablar.

Te doy una canción
Texto y música: Silvio Rodríguez

Como gasto papeles recordándote,
como me haces hablar en el silencio,
como no te me quitas de las ganas
aunque nadie me ve nunca contigo.
Y cómo pasa el tiempo, que de pronto son años,
sin pasar tú por mí, detenido.
Te doy una canción si abro una puerta
y de las sombras sales tú.
Te doy una canción de madrugada,
cuando más quiero tu luz,
te doy una canción cuando apareces
el misterio del amor,
y si no lo apareces no me importa:
yo te doy una canción.
Si miro un poco afuera me detengo:
la ciudad se derrumba y yo cantando,
la gente que me odia y que me quiere
no me va a perdonar que me distraiga.
Creen que lo digo todo, que me juego la vida
porque no te conocen ni te sienten.
Te doy una canción y hago un discurso
sobre mi derecho hablar.
Te doy una canción con mis dos manos
con las mismas de matar.
Te doy una canción y digo Patria
y sigo hablando para ti,
te doy una canción como un disparo,
como un libro, una palabra, una guerrilla:
como doy el amor.

Mis veintidós años
Texto y música: Pablo Milanés

Hace tiempo yo anhelaba
encontrar la dicha eterna.
Pero a base de reveses
pude ver la realidad.
Le cantaba a mi tristeza,
a mi dolor y a mi muerte.
La tristeza en mí vivía,
viniendo el dolor, a veces,
a acompañarme a la búsqueda
del camino hacia la muerte.
Pero como ser humano,
me contradigo y me opongo
al pasado que pasó
pasando por veintidós años
de penas y dolor.
Y de aquí sale mi canción...
Mi tristeza la sepultaré en la nada,
y el dolor siempre del brazo de ella irá.
Nada habrá que me provoque más tristezas
y el dolor siempre del brazo de ella irá.
Y en cuanto a la muerte amada,
le diré si un día la encuentro:
"adiós, que de ti no tengo
interés en saber nada.
Nada."

Para vivir
Texto y música: Pablo Milanés

Muchas veces te dije
que antes de hacerlo había que pensarlo muy bien,
que a esta unión de nosotros
le hacía falta carne y deseo también,
que no bastaba
que me entendieras y que murieras por mí.

Que no bastaba
que en mis fracasos yo me refugiara en ti.
Y ahora ves lo que pasó,
al fin nació,
al pasar de los años,
el tremendo cansancio
que provoco yo en ti.
Y aunque es penoso lo tienes que decir.
Por mi parte esperaba
que un día el tiempo se hiciera cargo del fin;
si así no hubiera sido
yo habría seguido jugando a hacerte feliz,
y aunque el llanto es amargo
piensa en los años que tienes para vivir.
Que mi dolor no es menos,
y lo peor es que ya no puedo sentir...
y ahora tratar de conquistar
con vano afán
ese tiempo perdido
que nos deja vencidos
sin poder conocer
eso que llaman amor para vivir.
Para vivir...

El amor se acaba
Letra y música: Osvaldo Rodríguez

El amor se puede acabar,
si no hablamos de cosas pequeñas,
de cosas absurdas, de cosas tremendas;
si no estamos riendo, llorando,
sufriendo, luchando,
riñendo, jugando;
si no somos uno para el otro,
amantes, esposos, amigos eternos;
si pensamos que lo cotidiano,
bien tiende a aburrirnos,
bien tiende a vencernos.

Si creemos que somos espejo y reflejo
del miedo de no comprendernos;
Si sabemos que ya ha transcurrido
el tiempo asignado para conocernos;
si sentimos que falta el coraje y la fuerza
que antes nos acompañaba;
si no vamos del brazo a la calle,
del talle a la alcoba,
del beso a la vida...
¡el amor se acaba!.
El amor se puede acabar,
el amor se acaba.

Decide tú
Letra y música: Juan Almeida

Decide tú, que vas hacer
con nuestras vidas,
te toca a ti, tomar, ahora
una decisión.
No me preguntes qué será
ni lo que luego pasará
con este amor
la planta suele dar la flor
sin preguntar jamás
Por su destino.
Pero, decide tú qué vas a hacer
conmigo.
La planta...

Son al son
Letra y música: César Portillo de la Luz

Era ya la madrugada
cuando se escuchó una voz
desde el fondo de la noche,
que melodiosa cantó.
El son se escucha muy bien,

el son que no tiene fin,
tocado por Chapotín
y con versos de Guillén.
El son se extiende veloz
de San Antonio a Maisí,
cuando lo canta la voz
de Miguelito Cuní.
Coro:
Mi tierra linda, porque te quiero,
yo a ti te canto mi son entero.
(se repite)
El son tiene la alegría
del canto del tomeguín,
Y si tú no lo sabías
es el padre del beguine,
el son, para que te asombres
ya me lo quieren robar
y me le quieren cambiar
hasta el mismísimo nombre.
El son, como el romerillo,
te conserva la salud,
pregúntaselo a Portillo,
a Portillo de la Luz.
A aquel que dijo que al son
le estaba llegando el fin,
que no me venga llorando
cuando suene el cornetín.
(coro)

Alma con alma
Letra y música: Juanito Márquez

Todo lo que sueño es tan dulce,
tan dulce como tú,
sueño con cositas tan lindas,
tan lindas como tú,
todo lo que ansío es delicia,
delicia para mí

pienso en la más tierna caricia
que darte con amor.
Quiero tenerte cerca
y en un abrazo unirnos
y así decirte
que estemos toda la vida
labio con labio,
alma con alma.
Todo lo que sueño es tan dulce,
tan dulce como tú,
sueño con cositas tan lindas,
tan lindas como tú,
quiero tenerte cerca
y en un abrazo unirnos,
y alma con alma siempre vivir.

Nostalgia
Letra y música: Cobián y Cadícamo

Quiero emborrachar mi corazón
para olvidar un loco amor
que más que amor es un sufrir;
y aquí vengo para eso,
a borrar antiguos besos
en los besos de otras bocas.
¿Por qué causa es siempre mía
esa cruel preocupación?,
quiero por los dos mi copa alzar
para olvidar mi obstinación
y más lo vuelvo a recordar.
Nostalgia, de escuchar su risa loca
y sentir junto a mi boca
como fuego, su respiración;
angustia de sentirme abandonada
y pensar que otra a su lado
pronto, pronto le hablará de amor.
Hermano, yo no quiero rebajarme
ni pedirle, ni llorarle,

ni decirle que no puedo más vivir...
Desde mi triste soledad veré caer
las rosas muertas de mi juventud.
Gime bandoneón tu tango gris,
quizás a ti te hiera igual
algún amor sentimental.
Llora mi alma de fantoche
sola y triste en esta noche,
noche negra y sin estrellas;
si las copas traen consuelo,
aquí estoy con mi desvelo
para ahogarlo de una vez.
Quiero emborrachar mi corazón
para después poder brindar
por los fracasos del amor.

Lo material
Letra y música: Juan Formell

Sí, yo no quiero hablar del sol
solo quiero el calor
sí, yo no quiero hablar del mar
solo quiero su sal
porque de la vida lo material
solo voy a cantar.
Porque existir me interesa más
que soñar
solo voy a luchar por vivir más y más.
No, de las estrellas no voy a hablar
No les voy a cantar
y de la luna cuando estés tú
Solo quiero su luz
porque de la vida voy a cantar
realidad nada más
porque existir me interesa más
que soñar
sólo voy a luchar por vivir más y más.

Ámame como soy
Letra y música: Pablo Milanés

Ámame como soy
tómame sin temor
tócame con amor
que voy a perder la calma
bésame con pasión
trátame con dulzor
mírame por favor
que quiero llegar a tu alma.
Amar es un laberinto
que nunca había conocido
desde que yo di contigo
quiero romper ese mito
quiero salir de tu mano
venciendo todos los ritos
quiero gritar que te amo
y que todos oigan mi grito.
Ámame como soy
tómame sin temor
tócame con amor
que voy a perder la calma
bésame con pasión
trátame con dulzor
mírame, por favor
que quiero llegar a tu alma.
Lo bello es lo que ha nacido
del más puro sentimiento
lo bello lo llevo dentro
lo bello nace contigo.
Yo quiero sientas conmigo
tan bello como yo siento
juntar esos sentimientos
y hacer más bello el camino,
juntar esos sentimientos
y hacer más bello el camino.

Llora
Letra y música: Marta Valdés

Llora, por lo que nunca hiciste
por lo que nunca fuiste
y quieres ser ahora
llora, llora.
Por el amor que vuelve
y por el amor que jamás hallarás
llora, por los amores viejos
que se quedaron lejos
y que tal vez añoras.
Llora, por este amor que crece
y aunque después te pese
confiesa que me adoras
llora, por los amores viejos
que se quedaron lejos
y que tal vez añoras
llora por este amor que crece
y aunque después te pese
confiesa que me adoras
llora, llora, llora.

BIBLIOGRAFÍA

Acosta, Leonardo: *Un siglo de jazz en Cuba*, Ediciones Museo de la Música, La Habana, 2012.

Bracero Torres, Josefa: *La televisión ¿ángel o demonio?*, Ediciones en Vivo, La Habana, 2015.

Cué Fernández, Daisy: *Los narradores cubanos también cantan boleros*, Editorial Oriente, Santiago de Cuba, 2012.

Chorens Dotres, Roberto: *Música y músicos cubanos*, Editorial Adagio, La Habana, 2011.

Depestre Catony, Leonardo: *Artistas en la memoria*, Editorial José Martí, La Habana, 2015.

_____: *Adolfo Guzmán. Apuntes y testimonios*, Editorial Oriente, Santiago de Cuba, 1988.

Díaz, Clara: *Pablo Milanés*, Editorial Letras Cubanas, La Habana, 2007.

Fajardo Estrada, Ramón: *Rita Montaner, testimonio de una época*, Casa de las Américas, La Habana, 1997.

_____: *Deja que te cuente de Bola*, Editorial Oriente, 2011.

Lam, Rafael: *Tropicana, un paraíso bajo las estrellas*, Editorial José Martí, La Habana, 1997.

_____: *Los Cantantes*, Editorial Adagio, La Habana, 2010.

_____: *El imperio de la música cubana*, Editorial José Martí, La Habana, 2014.

_____: *Juan Formell y los Van Van La leyenda*, Ediciones Cubanas, La Habana, 2015.

LÓPEZ, Oscar Luis: *La Radio en Cuba*, Letras Cubanas, La Habana, 1981.

MARRERO, Gaspar: *La orquesta Aragón*, Editorial José Martí, La Habana, 2008.

MARTÍNEZ, Mayra A.: *Cubanos en la música*, Editorial Letras Cubanas, La Habana, 1993, pp 123-131.

MARTÍNEZ Rodríguez, Raúl: *Ellos hacen la música cubana*, Editorial Letras Cubanas, La Habana, 1998.

ORAMAS Oliva, Oscar: *Omara, los ángeles también cantan*, Ediciones Caserón, Santiago de Cuba, 2009.

OREJUELA, Adriana: *El son no se fue de Cuba*, Letras Cubanas, La Habana, 2006.

PALACIOS García, Eliseo: *Omara Portuondo, del filin al Buenavista Social Club*, Editorial Adagio, La Habana, 2010.

PÉREZ Blanco, Armando y José Oliva López: *Farándula 1962-1963*, Editorial Clases, S.A, La Habana,1963.

VALDÉS, Marta: *Donde vive la música*, Ediciones Unión, La Habana, 2004.

_____: *Palabras*, Ediciones Unión, La Habana, 2013.

Publicaciones periódicas

Acosta, Leonardo: «Jazz y filin en los 50», *Clave*, no. 3, 2007, La Habana, pp. 14-16.

_____: «Feeling: notas para un ensayo», *Música Cubana*, La Habana, no. 1 de 2008, p. 19.

Betancourt, Luis Adrián: «Elena, al regreso de México», *El Mundo,* 27 de septiembre de 1968.

Borges Triana, J.: «Elena Burke canta a Juan Formell», *Juventud Rebelde*, 21 de julio de 2011,p, 6.

Brunet, Luis: «Elena Burke, diga usted», *La Nueva Gaceta*, no. 8, 9 y 10 de 1984. Pp. 16-20.

Calderón González, Jorge: «La huella fílmica de La Señora Sentimiento», en *Suplemento Cubadisco* 9/2007.

Capetillo, Enrique: «A las 5 con Elena», *Bohemia*, 22 de enero de 1982.

Castellanos, Tania: «¡Qué bueno decir que soy cubana!», *Hoy*, 6 de noviembre de 1964.

Castillo, Andrés: «Primer disco lp de Juan Almeida», *Bohemia*, 19 de noviembre de 1961.

_____: «Logró la Burke otro galardón para Cuba», *Granma*, 13 de septiembre de 1966.

Contreras, Félix: «La nueva era del filin en el Vedado», Música Cubana número 1 de 1998, p 26

_____: «Vicente Garrido otra vez en La Habana», *Música Cubana*, no. 1 de 2005, pp.56-61.

Cruz, Soledad: «Mano a mano está embelleciendo las noches de los martes», *Juventud Rebelde*, 28 enero de 1983.

_____: «Una noche de estas Elena nos sorprendió», *Juventud Rebelde*, 16 de octubre de 1987.

Estalez, Miralda: «Elena y sus amigos, hoy en Bellas Artes», *Tribuna de La Habana*, 3 de enero de 1990.

Feria, Lina: «El Gato Tuerto in memorian», *Música Cubana*, no. 1 de 2008, La Habana, pp 30-31.

Gabriel: «¿Dónde está Elena Burke?», *Juventud Rebelde*, 16 de septiembre de 1967.

_____: «¿Qué hay de nuevo?», *Juventud Rebelde*, 22 de julio de 1970.

_____: «¿Qué hay de nuevo?», *Juventud Rebelde*, 18 de agosto de 1970.

_____: «¿Qué hay de nuevo?», *Juventud Rebelde*, 27 de enero de 1971.

_____: «¿Qué hay de nuevo?», *Juventud Rebelde*, 26 de febrero de 1971

_____: «¿Qué hay de nuevo?», *Juventud Rebelde*, 10 de mayo de 1971

_____: «¿Qué hay de nuevo?», *Juventud Rebelde*, 24 de julio de 1972.

_____: «¿Qué hay de nuevo?», *Juventud Rebelde*, 28 de julio de 1972.

_____: «¿Qué hay de nuevo?», *Juventud Rebelde*, 18 de agosto de 1972.

GISPERT, Lourdes: «La Señora Sentimiento», Prensa Latina.

GIRO, Radamés: «Como una flor perenne... siempre viva, la Burke», *Tropicana*, no. 18 de 2005.pp 13-15.

GONZÁLEZ López. Waldo: «El bolero es mi vida», *Bohemia*, 17 de mayo 2002.

HERRERA Echavarría, Pedro: «Algunas anécdotas de Romana Burgues», *Juventud Rebelde*, 7 de mayo de 1987.

HOZ, Pedro de la: «En México. La nostalgia mas allá de los boleros», *Granma*, 19 de octubre de 1990, p.3.

_____: «La diva del filin llega hoy», *Granma*,17 de junio de 1995, p. 6.

_____: «La voz del filin», *Granma*, 27 de enero de 1999.

_____: «Elena canta», *Granma*, 1 de octubre de 1999.

_____: «Todo el filin para Elena», *Granma*, 10 de junio de 2002.

_____: «Sepelio de Elena Burke. Eso que llaman amor para vivir», *Granma*, 12 de junio de 2002.

LEDA Rosa: «Falem mal, mas falem de Cauby», *Diario Popular Revista*, São Paulo, 13 de marzo de 1992.

LÓPEZ, Edmundo: «Elena Burke y Enriqueta Almanza», *El Mundo*, 22 de febrero de 1966.

LUJÁN, Ana María: «Elena Burke: un torrente musical», *Opina*, julio de 1980.

MARTÍNEZ, Raúl: «Elena entre nosotros», *Revolución y Cultura*, no. 8 de 1988, pp. 2-7.

_____: «Elena: triunfadora ante su pueblo», *Mujeres*, diciembre 64.

MONTENEGRO, Nivia: «Yo soy el bolero», revista *Encuentro*, no. 21 y 22 de 2001.

ORAMAS, Ada: «Hacia la conquista de Europa», *Romances*, marzo de 1964.

_____: «Europa aclama a Elena», *Mujeres*, 9 de abril de 1964, pp 72-73.

_____: «Elena una gran voz todo sentimiento», *Tribuna de La Habana*, 29 de julio de 1991.

_____: «La Señora Sentimiento en Boleros de Oro», *Tribuna de La Habana*, 21 de mayo de 1995, p. 7.

_____: «Conversación en tiempo de bolero», *Tribuna de La Habana*, 18 de junio de 1995, p. 7.

_____: «Llegó la voz del sentimiento», *Tribuna de La Habana*, 18 de junio de 1995, p. 7.

_____: «Atrapada por el sentimiento», *Tribuna de La Habana*, 23 de junio de 1996, p. 7.
_____: «Sin pedir permiso. Elena entre tú y yo», *Tribuna de La Habana*, 28 de marzo de 1999.
OROVIO, Helio: «Un canto a Elena», *Salsa Cubana*, no. 7-8 de 1999.
_____: «La Habana tiene feeling». *Tropicana* no. 27 de 2007, pp. 9 -12.
PÉREZ, Jorge Ignacio: «Boleros, sentimiento, Elena», *Granma*, 18 de junio de 1996, p. 6.
PINIELLA, Germán: «Elena, Formell, Revé: el son», *El Mundo*, 8 de marzo de 1969.
QUIROGA, Orlando: «Cámara rápida», *Revolución*, 20 de junio de 1964.
_____: «El recital de Elena. Esa cosa que le viene del mismo corazón», *Revolución*, 18 de diciembre de 1964.
_____: «¡Llegó Elena Burke!», *Revolución*, 7 de noviembre de 1964.
_____: «Tania Castellanos, ¿Quién eres tu?», *Bohemia*, 31 de diciembre de 1965.
_____: «Aida y las Aidas. Una fábrica de estrellas», *Bohemia*, 9 de enero de 1970, pp. 32-33.
_____: «¡Aquí Matanzas!. Cita para un Festival», *Bohemia*, 4 de septiembre de 1970,pp 88-89.
_____: «Presencia de Cuba en Viña del Mar en Festival de Málaga», *Bohemia*, s /f.Álbum de recortes Museo Nacional de la Música.
_____: «¿Un buen rato en tv?», *Bohemia*, 7 de mayo de 1971.
_____: «Confesiones de la Señora Sentimiento. Elena Burke; De mis recuerdos», *Opina*, julio de 1985.
Ramón, Neysa:«A Elena, su homenaje», *Juventud Rebelde*, 26 de octubre de 1980, p. 4.
_____: «Elena Burke: siempre una canción», *Bohemia*, 11 de diciembre de 1987.
_____: «Leyenda para una foto», *Bohemia*, 10 de noviembre de 1989.
Río, Joel del: «El ángel de Elena», *Juventud Rebelde*, 25 de junio de 1995.
_____: «Canta Elena», *Juventud Rebelde*, 17 de septiembre de 1995.
Robinson Calvet, Nancy: «Pronto peña de Elena en el Teatro Mella», *Trabajadores*, 10 de septiembre de 1990.
_____: «Brindis por los 50 de la Burke», *Trabajadores*, La Habana, 29 de julio de 1991.
SOREL, Edith:«Elena clausuró el Festival de Cannes», *Revolución*, 18 de mayo de 1964.

SUARDÍAZ, Luis: «Elena», *Granma*, 23 de junio de 2003. Archivo de recortes de prensa de la artista. Museo Nacional de la Música.

TABARES, Sahily: «Estoy Obdara», *Bohemia*, 1 de septiembre de 1995.

_____: «Elena Burke. No se puede decir adiós...», *Bohemia*, 28 de junio de 2002, pp. 58-59.

TROYA, Odalis y Antonieta César: «Con sentimiento señora», *Trabajadores*, 10 de enero de 2002.

ZAMORA, Bladímir: «Elena o la mejor acompañante», *El Caimán Barbudo*, año 31, edición 284, pp. 6 -7.

VALDÉS, Dagoberto: «Meme Solís: un hombre feliz que lleva su arte con libertad», revista *Vitral,* noviembre-diciembre de 2005, pp. 20-22.

VALDÉS, Marta: «Recital de Elena Burke», *Hoy*, 19 de diciembre de 1964.

VALDÉS Sierra, Alain:«Elena, siempre entre nosotros», *Granma*, 8 de marzo de 2013.

VÁZQUEZ, Omar: «Elena Burke en Bellas Artes», *Granma*, 3 de febrero de 1966.

_____: «La Burke representa a Cuba», *Granma*, 23 de julio de 1966.

_____: «Elena Burke, habla de su nuevo estilo», *Revista del Granma*, 6 de mayo de 1967.

_____: «Rindió homenaje la CTC Nacional a Elena Burke», *Granma*, 24 de septiembre de 1968.

_____: «Actuará Elena Burke nuevamente en el Cardini y la tv mexicana», *Granma,*11 de abril de 1969.

_____: «Nuevos éxitos de Elena Burke en México», *Granma*, 18 de abril de 1969.

_____: «Resonante triunfo de Elena Burke en México», *Granma*, 2 de mayo de 1968.

_____: «Reaparece Elena Burke en el teatro Amadeo Roldán», *Granma*, 7 de julio de 1969.

_____: «Seis preguntas y seis criticas a Elena Burke después de su gira por México», *Granma* s/f, File del Museo Nacional de la Música.

_____: «Elena Burke, hoy y mañana, en el Amadeo Roldán», *Granma*, 30 de enero de 1971.

_____: «Destaca prensa chilena actuación de Elena Burke en Viña del Mar», *Granma*, s/f, Álbum de recortes Museo Nacional de la Música.

_____: «Homenaje a Elena Burke por sus 45 años de vida artística», *Granma*, 5 de mayo de 1984.

_____: «A 50 años de su debut Elena Burke», *Granma*, 9 de abril de de 1991.

_____: «Elena Burke: Aquí de pie. Homenaje de la Egrem por sus cincuenta años en la canción», *Granma*, 7 de octubre de 1992.

_____: «Amigas: concierto único de Elena Burke», *Granma*, 19 de julio de 1995, p 6.

Otras fuentes

ÁLVAREZ Verdecia, Luis Yordanis. Impacto sociocultural del evento Encuentro Nacional de Orquestas Charangas Rafael Lay In Memoriam, Universidad de Holguín, 2007.

VILLA Correa, Miriam: Reseña por los 45 años de vida artística de Elena Burke, La Habana,1987.

DATOS DEL AUTOR

Zenovio Hernández Pavón. Báguano, Holguín, 1959. Licenciado en Medios de Comunicación por el ISA y Máster en Desarrollo Cultural Comunitario por la Universidad de Las Tunas. Investigador agregado, promotor cultural y realizador radial. Ha ejercido la docencia en diversos niveles de enseñanza y desde el 2005 se desempeña como investigador en la Empresa Comercializadora de la Música Faustino Oramas en la llamada Ciudad de los Parques.

Por su labor cultural se ha hecho acreedor de numerosos premios y reconocimientos en los Festivales Nacionales de la Radio, Concurso Félix. B. Caignet, Convención Internacional de Radio y Televisión de La Habana, Premio Regino Boti, Premio Memoria del Centro Pablo de la Torriente Brau, el Premio de la Ciudad de Holguín, las distinciones Beby Urbino y la de Hijo Ilustre, así como el Premio Corazón de Oro del Festival Arañando la nostalgia, entre otros. Es autor de títulos como *La música en Holguín* (Ediciones Holguín), *A Puerto Padre me voy…Tuneros en la música cubana*(Editorial Sanlope), *Del órgano a la Original. Siete manzanilleros en la música cubana*(Ediciones Orto), *Ñico Saquito, El guarachero de Cuba* (Unosotros Ediciones), *El Guayabero, rey del doble sentido* y *Barbarito Diez, como el arrullo de palmas* (Editorial Oriente).

Otros títulos

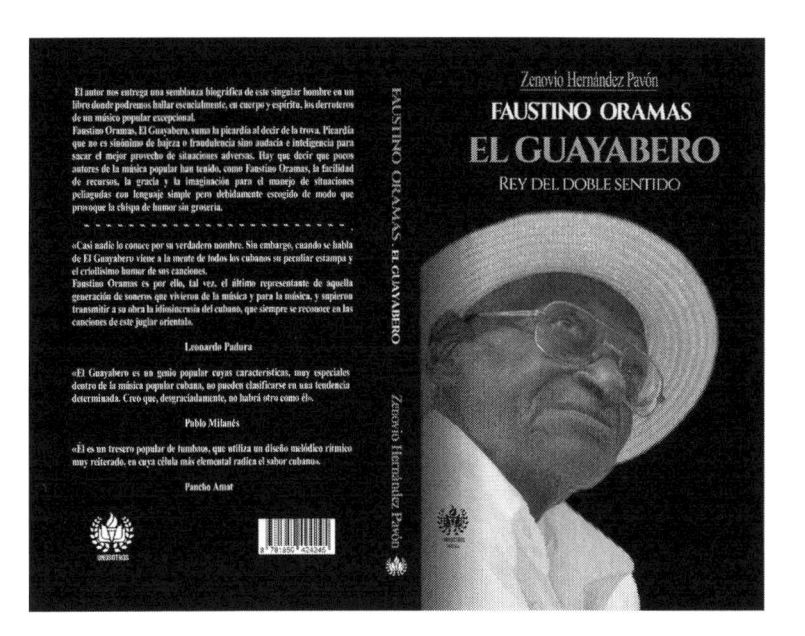

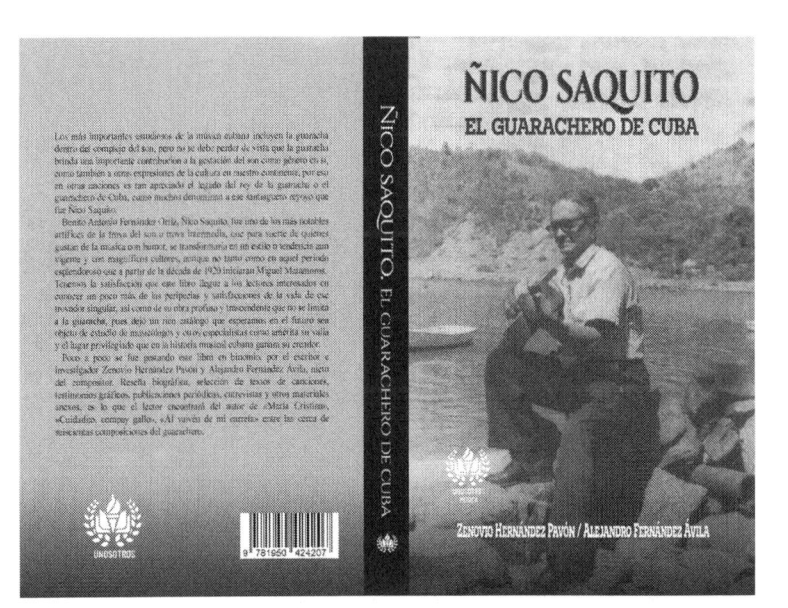

YO SOY EL CHACHACHÁ. ORQUESTA AMÉRICA DE NINÓN MONDÉJAR

Ricardo R. Oropesa

La orquesta América y el ritmo chachachá constituyó un fenómeno musical sobresaliente del siglo pasado de Cuba, así de exitoso hoy el mundo sigue disfrutando del sin igual baile, pero si es grande su historia, ha sido de igual disputada la paternidad de su creación. Muchos la atribuyen a Enrique Jorrín Alcaga y otros a Ninón Mondéjar. Esta controversia persiste hoy en día en la historia de la música popular cubana, pero en su momento también derivó en la irreparable y definitiva ruptura entre Ninón Mondéjar y Enrique Jorrín: La guerra del chachachá.

Ricardo Oropesa realiza en este libro una valoración integral del surgimiento y desarrollo del chachachá a partir de conformar la historia de la Orquesta América cesada con testimonios de músicos, notas de prensa, registros de canciones, otros documentos y fotografías inéditas del archivo personal de Ninón.

El cometido de esta investigación —por más de veinte años—, no pretende ser una biografía de la Orquesta América ni de su líder, sino un intento por explorar la trayectoria de esta agrupación desde su fundación en 1942 hasta 1974 en que Mondéjar se retira de la vida artística. No se puede hablar del chachachá sin hablar del creador del género: Ninón Mondéjar.

El lector tiene por primera vez un sin número de argumentos para llegar a una conclusión de esa vieja polémica: ¿Quién fue el creador del chachachá?

LA REINA DE LAS CHARANGAS. ORQUESTA ARAGÓN

NUEVA EDICIÓN AMPLIADA

GASPAR MARRERO

Es curioso que en el ámbito de la música universal se publiquen menos biografías de orquestas, que de cantantes, tanto del género popular, como del clásico.

Cuando recibí la reciente biografía sobre la orquesta Aragón, del destacado investigador y escritor cubano Gaspar Marrero, sentí gran sorpresa, pues ya esta agrupación había sido objeto de un trabajo investigativo del propio Marrero…

La diferencia entre esta y los anteriores trabajos sobre el grupo, radica en el riguroso detalle con que el autor analiza el aporte individual de todos sus integrantes, desde un recuento pormenorizado de la hoja musical de cada uno de los fundadores y su historial: las características de los músicos en el uso del instrumento de que se trate, hasta el mínimo dato referente a cantantes y directores. Con igual enumeración se describen sus viajes, sus grabaciones, que son muchas los cambios de personal, que lógicamente en un período tan extenso son frecuentes.

Existe la posibilidad, de que Estados Unidos sea el país que reúna mayor número de grupos musicales con grabaciones realizadas, pero muy pocos de ellos han sido biografiados, y ninguno con la puntualidad de Marrero. No creo que exista, en lengua española, otra publicación tan voluminosa ni con tan importante contenido, dedicada a la biografía de un grupo musical determinado.

Por supuesto, es un libro indispensable para cualquier lector que quiera saber a fondo sobre la música cubana.

Cristóbal Díaz Ayala

¡DE PELÍCULA!
ROLANDO LASERIE

Un día, el novelista cubano Guillermo Cabrera Infante le pidió a Rolando Laserie, compañero suyo en el exilio y su amigo personal, que le escribiera unas memorias sobre su vida. Realmente no sabemos qué pretendía, si hacer una novela, una biografía o un cuento, pero el mero hecho de que se haya interesado en el músico Laserie, demuestra la admiración y respeto que siente hacia su coterráneo. Entonces el «viejo Laserie» lleno de nostalgia, música y recuerdos, disciplinadamente pone en papel su historia y gracias a ello, hoy contamos en este libro con confesiones suyas sobre músicos como El Benny Moré, Ernesto Duarte, Agustín Lara, Lola Flores, Álvarez Guedes, Olga y Tony, y Celia Cruz, entre otros.

Distingue este apasionante libro un testimonio fotográfico de un valor incalculable que fue celosamente guardado, primero por la esposa de Rolando, Tita y después por la sobrina-hija, Giselita, que le puso en manos de este autor como un regalo para la cultura cubana y latinoamericana.

Lázaro Caballero, ha sabido mezclar la voz de Laserie a su propia voz como narrador, con respeto, sin altanería o exhibicionismo de intelectual de pose, es un cubano amante de la música, el que cuenta una historia donde se pone en primer lugar el amor a la patria, a la pareja, a la amistad, un amor que derriba la discriminación racial y la distancia. Es un homenaje, en la figura de Rolando, a esos artistas que un día abandonaron la isla y expandieron su cubanía más allá del suelo que los vio nacer. En cuanto a Cabrera Infante, mencionó en su obra en más de una ocasión a Rolando Laserie, así recuerda cuando lo conoció en 1958: «Cantando, él era muy grande, en segundo lugar, después de Benny Moré»

ROLANDO LASERIE
Lázaro Caballero Aranzola

LÁZARO CABALLERO ARANZOLA

HISTORIA IMPRESCINDIBLE DE LA MÚSICA
FÉLIX J. FOJO
DESDE SUS ORÍGENES HASTA EL REGGAETÓN

El presente libro es un fascinante e insólito relato de los grandes acontecimientos que tuvieron una importancia fundamental en la evolución de la música. El autor, con un lenguaje accesible para cualquier público, repasa la historia y los aportes de algunos países en los diversos géneros musicales, así mismo nos habla de tonalidad y oído absoluto, instrumentos, artistas, compositores, música clásica, ópera, rock, jazz, teatro musical, big bands, rock and roll, bolero, salsa, reggae, etcétera.

La música nace con el hombre y lo acompaña hasta la muerte. No puede concebirse un mundo sin música. Nietzsche lo expresó con una sola frase: «Sin música la vida sería un error». Disfrutar de la música, en general, o entender la que escuchamos cada día, requiere conocer y entender cómo y por qué ha evolucionado a lo largo del tiempo. Esta obra no es un ensayo crítico y profundo, es un libro ilustrado que se disfruta, que nos invita a visibilizar nombres, hechos y circunstancias para comprender por qué amamos la música. El propio autor nos aclara: «... la música que nos pertenece a todos, no necesita demasiadas palabras ni un exceso de detalles académicos para gozarla y amarla. Y así, sin demasiadas palabras ni detalles académicos, pero partiendo del gozo y el amor por la música, escribimos este libro».

HISTORIA IMPRESCINDIBLE DE LA MÚSICA
FÉLIX J. FOJO

CLAVELITO
EL HOMBRE DETRÁS DEL MITO

NARCISO RAMÓN ALFONSO GÓMEZ

¿Cree usted en los Milagros? ¿Cree usted en el poder de la mente?, ha logrado mantener la fe en estos tiempos difíciles. Primero tome un vaso con agua y póngalo en el lugar más elevado de su casa y ponga su pensamiento en Clavelito, antes de comenzar a leer este apasionante libro. Es él, Miguel Alfonso Pozo, quien regresa, después de cuarenta y cinco años de haber abandonado este mundo físicamente, porque en espíritu, se quedó en el imaginario de un pueblo que nunca lo olvidó y como compositor de música campesina ocupa un lugar privilegiado en el patrimonio cultural cubano. Afirmó: «soy el cronómetro de la humanidad, para mí no hay pasado, presente ni futuro, yo soy el tiempo». Clavelito les va a contar su vida, el por qué tuvo tantos seguidores y les va ofrecer consejos muy valiosos para la salud mental.

Solo pidió un sombrero de guano, una bandera y no son para bailar, aunque no lo sepamos, casi todos los cubanos hemos escuchado su música, «El caballo y la montura», «El Rinconcito», «Chupando caña», entre otras, ya sea en la voz del Benny Moré, Celina González, la Reina de la música campesina; Pototo y Filomena; Abelardo Barroso; Cascarita con La Casino de la Playa, las voces que interpretaron sus canciones acompañados de la gran Sonora Matancera como la de Bienvenido Granda y la orquesta Sensación, entre otras. Clavelito derrocha a través de sus composiciones cubanía por el mundo, en sus letras está la vida del guajiro, la flora y fauna de los campos cubanos, la belleza de nuestras mujeres. Como se anuncia en «Oye mi Olelolei», tema que tanto hemos escuchado en el programa de televisión Palmas y cañas.

Homenaje muy merecido es esta publicación, con un testimonio de primera mano, nos devuelve a aquel que a decir de Germán Pinelli: «Cuando se hable de la historia de la radio en Cuba, hay que hablar de Clavelito, como nadie supo integrar su arte y carisma al entretenimiento radial».

PASIÓN DE RUMBERO

Entrevistas, anécdotas, crónicas, testimonios, reseñas y fichas con datos de rumberos

María del Carmen Mestas

Este libro es, sobre todo, un homenaje a todos los rumberos cubanos que en distintas épocas han contribuido a engrandecer el género. Hay que sentir verdadera pasión por la rumba para escribir algo así, a ritmo de tambor bailan los recuerdos a través de testimonios de primera mano recogidos durante más de cincuenta años a personajes de la talla de Mañungo, el Rafael Ortiz del 1,2,3..., la conga más famosa del mundo, a Tío Tom porque a esta fiesta de caramelos sí pueden ir los bombones o a Petrona, orgullosa de haber nacido en la Timba, la hermana de Chano Pozo, bebe de la fuente original y nos brinda un valioso documental para saciar nuestra insaciable sed por la música cubana. Como es mujer, la autora, no olvidó a la mujer rumbera, tan preterida, tan maltratada hasta por el propio ritmo y los propios rumberos, aquí estamos con Nieves Fresdena, Merceditas Valdés, Celeste Mendoza, Teresa Polledo, Natividad Calderón, Manuela Alonso, Zenaida Almenteros, Estela, con Yuliet Abreu, La Papina, representantes de la nueva generación. Y si de juventud y relevo se trata hay que resaltar en esta edición la inclusión de las generaciones actuales de rumberos, los encargados de seguir el legado y mantenerlo vivo, fresco en los bailadores en estos tiempos de reguetón. Aquí también están Iyerosun, Timbalaye, Osaín del Monte y Rumbatá.

Y ya el Benny no podrá lamentarse en su centenario de la muerte física: Qué sentimiento me da, cada vez que yo me acuerdo de los rumberos famosos... volveremos a ir a la rumba con Malanga... con Chano y con María del Carmen Mestas, porque la rumba tiene nombre de mujer.

ROSA MARQUETTI TORRES

CHANO POZO
LA VIDA (1915 - 1948)

Es un libro mayor que va a sentar una pauta, un modelo a seguir, porque es un libro de etno-historia, un estudio de caso que se inserta dentro de la etno-historia musicológica.

Miguel Barnet

El más completo trabajo publicado sobre Chano Pozo hasta la fecha.

Cristóbal Díaz Ayala

Libro singular si los hay, donde la autora con muestras de conocimiento, paciencia y pasión que la llevaron a hurgar en las más disímiles fuentes documentales: biografías, autobiografías, prensa, entrevistas a músicos o amigos que lo conocieron y su discografía –hasta hora no explorada–, le han permitido situar las actuaciones de Chano en Cuba, Estados Unidos y Europa, hecho este último que no había sido estudiado hasta ahora.

Radamés Giro

Este es un libro de esos que cuando uno llega al final y cierra la tapa, tiene que reflexionar un instante para esbozar una sonrisa de satisfacción, esa sonrisa que brota cuando uno se dice: acabo de leer una obra excelente.

Tony Pinelli

Esta obra debía ser lectura obligada para todos aquellos que de alguna forma se inclinen hacia ese género musical que hoy llamamos Jazz Latino o *Latin Jazz*.

Paquito D'Rivera

Siempre tuve temor a que perdiéramos la memoria histórica de nuestra cultura musical, tan importante para todos y que las nuevas generaciones desconocieran a las figuras que hicieron posible el desarrollo de nuestro presente musical, de ahí la importancia de obras como esta.

Chucho Valdés

RAMÓN FAJARDO ESTRADA

RITA MONTANER
TESTIMONIO DE UNA ÉPOCA

Rita Montaner: testimonio de un época, lo considero un libro obediente, porque al empeñarlo a leer no nos podemos detener; tenemos que seguir y seguir, debido a cuatro valores que, en mi opinión posee esta obra.

El primero es la fidelidad histórica. (...) Un segundo lugar, la acertada captación del entorno que rodea a la Montaner. (...) la justa apreciación de la personalidad de la Montaner, a quien muchos del pueblo nada más conocían como la bella realista que marcó pautas en la interpretación de melodías afrocubanas y llenaba a los máximos plenos de popularidad sus personajes de la radio, el teatro y la televisión (...) Y, la suficaz información que aparte de testimonios se plasman en el libro a través de programas, fotografías y otros materiales investigativos para lograr una siempre cabal de la inolvidable artista.

Camilo Oliver Labra

Rita la única, Rita de Cuba, Rita del Mundo.// Para mí, sencillamente, Rita Montaner. Un nombre que abarcó todo el arte.// Porque eso fue ella; el arte en forma de mujer.

Ernesto Lecuona

Rita de Cuba, Rita la Única... No hay tan adecuado modo de llamarla, si ello se quiere hacer con justicia. «De Cuba», porque su arte expresa hasta el heraldo humano lo verdaderamente nuestro. «La Única», pues solo ella, y nadie más, ha hecho del «solar» habanero, de la calle cubana, una categoría universal.

Nicolás Guillén

«Ella debe haber vivido tan feliz de ser Rita Montaner, La Única, la artista que representaba el sentimiento del pueblo cubano con una gracia y donaire irrepetibles»

Eduardo Leal

MÍSTER BABALÚ

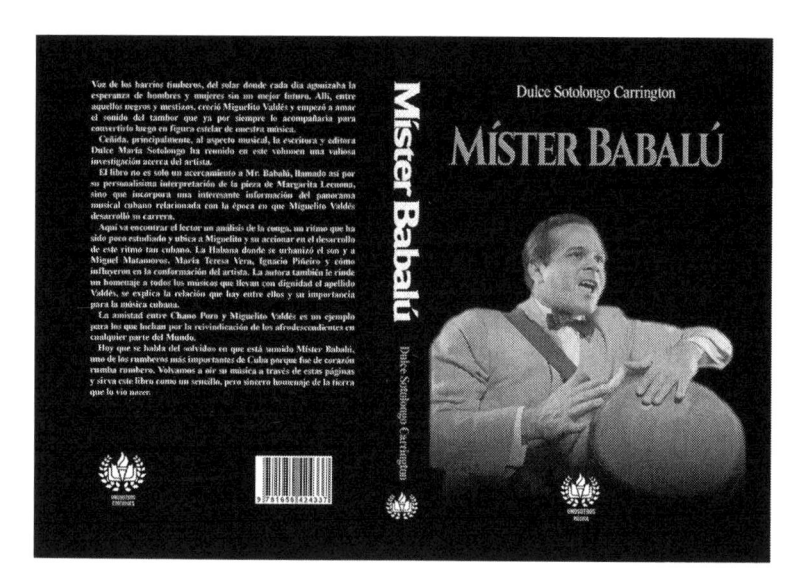

Dulce Sotolongo Carrington

Voz de los barrios rumberos, del solar donde cada día agonizaba la esperanza de hombres y mujeres sin un mejor futuro. Allí, entre aquellos negros y mestizos, creció Miguelito Valdés y empezó a amar el sonido del tambor que ya por siempre lo acompañaría para convertirlo luego en figura estelar de nuestra música.

Cubana, principalmente, al aspecto musical, la escritora y editora Dulce María Sotolongo ha reunido en este volumen una valiosa investigación acerca del artista.

El libro no es solo un acercamiento a Mr. Babalú, llamado así por su personalísima interpretación de la pieza de Margarita Lecuona, sino que incorpora una interesante información del panorama musical cubano relacionado con la época en que Miguelito Valdés desarrolló su carrera.

Aquí va encontrar el lector un análisis de la conga, un ritmo que ha sido poco estudiado y ubica a Miguelito y su accionar en el desarrollo de este ritmo tan cubano. La Habana donde se urbanizó el son y a Miguel Matamoros, María Teresa Vera, Ignacio Piñeiro y cómo influyeron en la conformación del artista. La autora también le rinde un homenaje a todos los músicos que llevan con dignidad el apellido Valdés, se explica la relación que hay entre ellos y su importancia para la música cubana.

La amistad entre Chano Pozo y Miguelito Valdés es un ejemplo para los que luchan por la reivindicación de los afrodescendientes en cualquier parte del Mundo.

Hay que se habla del olvidado en que está sumido Míster Babalú, uno de los rumberos más importantes de Cuba porque fue de corazón rumba rumbero. Volvamos a oír su música a través de estas páginas y sirva este libro como un sencillo, pero sincero homenaje de la tierra que lo vio nacer.

ORQUESTA Hermanos Castro
LA ESCUELITA

María Matienzo Puerto

Libro biográfico acerca de la agrupación más duradera, de las llamadas orquestas familiares de Cuba: Orquesta Hermanos Castro. La autora, valiéndose del archivo familiar de los Castro, hace un recorrido por la trayectoria musical de esta pionera *big band* a la que se llamó «La escuelita» y de la que surgieron numerosos talentos, que luego hicieron carrera bien como solistas, o como integrantes de otras agrupaciones.

«Pienso que hay que revalorizar el aporte de los Hermanos Castro a la música cubana, ahí están los discos, el repertorio, su música perfecta, todo, todos los boleros y los Chachachá son joyas, hay que revalorizar esa orquesta como una de las grandes *big band* que tuvo Cuba».

Helio Orovio

«La Orquesta Hermanos Castro, a mi juicio era la mejor, por una sencilla razón, era muy estable, con orquestaciones con un rango mantenido durante casi treinta años ... ».

Radamés Giró

Andrés Echevarría Callava, Niño Rivera

El Niño Rivera, uno de los treseros más importantes de la historia de la música cubana, fue un innovador, vanguardista, uno de los compositores y arreglista más importante de su tiempo. Su obra «El Jamaiquino» se convirtió en un *standart* de la música cubana.

CHUCHO VALDÉS

Esta es la historia de uno de esos pioneros que hoy se describen como progenitores de la música cubana, y de su extraordinaria y productiva vida. El libro recoge momentos importantes de la vida del Niño, en su trabajo y su colaboración con numerosos conjuntos y solistas como tresero, arreglista, transcriptor y director. La autora presenta con sustentados detalles la contribución del músico al género mundial más conocido de la música cubana —el son—, con un análisis enfático de otro género surgido en Cuba: el *feeling*.

NELSON GONZÁLEZ

La creación de este documento histórico, que contribuirá a poner el nombre de Andrés Echevarría Callava, el Niño Rivera, en el lugar que merece dentro de la lista de los imprescindibles de nuestro mundo musical.

PANCHO AMAT

El Niño con su tres
Rosa Marquetti Torres

Andrés Echevarría Callava, Niño Rivera
El Niño con su tres
Rosa Marquetti Torres

Kabiosiles
Los músicos de Cuba

Aquí están reunidos sesenta y seis retratos de nuestros dioses terrenales: los músicos de Cuba. Esos que andan en nuestra memoria, en nuestra piel y en la niebla de nuestra identidad. Son los rostros que conforman nuestro ADN sonoro. Estos «Kabiosiles», son saludos desde lo más profundo del corazón.

Vicentico, Benny Moré, Rita, La Lupe, Bola de Nieve, Celia Cruz, Machín, Arsenio Rodríguez, son algunos nombres en ese mapa de lo que somos. Porque, como escribió el poeta Ramón Fernández-Larrea, el autor de este libro: «Baja la noche catalana, en las calles de melancolía de París, en viejos pueblos volcánicos de Canarias tengo una luz. De esa luz baja una lluvia como un son esplándido como la vida, con guiños de mujer y olores que me mecen, y el alma se divierte y se expande, y es la única razón que nos une y nos abraza a todos por igual. A tristes y serenos, a poetas y amargados, a viudos y cumbancheros, a cercanos y lejanos. Los que siempre nos encontraremos en el único mar de nuestros sueños remisos.»

KABIOSILES
LOS MÚSICOS DE CUBA
Ramón Fernández-Larrea

www.unosotrosediciones.com
infoeditorialunosotros@gmail.com

UnosOtrosEdiciones

Siguenos en Facebook, Twitter e Instagram:

www.unosotrosediciones.com

Made in the USA
Columbia, SC
05 May 2023